全国高等院校管理类专业改革创新示范规划教材

实用商品学

主　编　王余明
主　审　刘伯超

中国商业出版社

图书在版编目(CIP)数据

实用商品学/王余明主编.——北京:中国商业出版社,2019.7
ISBN 978—7—5208—0316—8

Ⅰ.①实… Ⅱ.①王… Ⅲ.①商品学—教材 Ⅳ.①F76

中国版本图书馆 CIP 数据核字(2019)第 138644 号

责任编辑:蔡 凯

中国商业出版社出版发行
010—63180647　www.c—cbook.com
(100053　北京广安门内报国寺 1 号)
新华书店经销
涿州市荣升新创印刷有限公司印刷

* * * * *

787 毫米×1092 毫米　1/16 开　13.75 印张　230 千字
2019 年 9 月第 1 版　2019 年 9 月第 1 次印刷

定价:58.00 元

* * * *

(如有印装质量问题可更换)

前　言

2018年，学院启动了新一轮课程改革，按照专业群平台课程、专业群模块课程和专业群互选课程的三个层次结构构建了供应链服务专业群全新模式的课程体系，将《实用商品学》课程定位为供应链服务专业群的平台课程，课程的主要任务是依托物流管理专业，培养学生从事供应链服务类专业岗位群必需的基本知识、基本技能和基本素养。为了上述目标，我们组织编写了这本《实用商品学》教材。

本教材以岗位群所需知识和能力要求为切入点，结合各类商品的特点，围绕商品质量这个中心内容，介绍了商品分类、商品标准、商品的检验与评价、商品包装、商品储存与养护的基本知识和基本能力，为充分体现理论知识与实践的结合，教材结合常见几大类商品（食品类商品、纺织品类商品、日工业品类商品、家用电器类商品、汽车类商品）的分类、检验、储存与养护的要点，以此培养理论联系实际的思想方法和严谨踏实、爱岗敬业的职业素养。

教材介绍的基本知识，贴近工作与生活实际，充分体现专业素养的要求，具有贴近专业人才培养目标、贴近供应链服务专业岗位群知识和能力需要、贴近教学实际需要的鲜明特色，避免了空洞深奥的理论说教，体现了易教好学的初衷。

在教学内容的组织上，贯穿了商品流通活动的全过程，每一阶段都有明确的知识和能力要求；力求结合生产生活实际，将陈述性知识贯穿在商品流转的实际过程中，努力突出实用性和专业适用性，在切实降低理论深度和难度方面进行了大胆尝试，尽力解决现有商品学教材普遍存在的理论过深和条理性不足的问题。本教材适合高职、高专物流管理、市场营销、电子商务、国际商务等专业的在校学生教学用书，也适合上述专业从业人员的培训和自学。由于编者学识、水平和能力有限，书中不当之处在所难免，敬请广大同行和读者朋友们批评指正。

作者
2019年9月

目 录

第1章 商品与商品学 (1)
1.1 商品 (1)
1.1.1 商品的概念 (1)
1.1.2 商品的构成 (3)
1.2 商品学 (4)
1.2.1 商品学研究的对象 (4)
1.2.2 商品学研究的内容 (4)
1.2.3 商品学的任务 (5)
1.2.4 商品学研究的方法 (6)
本章练习 (7)

第2章 商品质量与质量管理 (10)
2.1 商品质量 (10)
2.1.1 商品质量的概念 (11)
2.1.2 商品质量的构成 (12)
2.1.3 商品质量的发展 (13)
2.2 商品质量的基本要求 (13)
2.2.1 食品类商品质量的基本要求 (14)
2.2.2 纺织品类商品质量的基本要求 (15)
2.2.3 日用品类商品质量的基本要求 (15)
2.2.4 家用电器类商品质量的基本要求 (16)
2.3 影响商品质量的因素 (17)
2.3.1 商品的生产过程 (17)
2.3.2 商品的流通过程 (18)

2.3.3 商品的消费过程 …………………………………………………………… (19)
2.4 **商品质量管理** ……………………………………………………………………… (19)
2.4.1 商品质量管理的概念 ……………………………………………………… (19)
2.4.2 质量管理的发展历程 ……………………………………………………… (20)
2.4.3 全面质量管理的基本方法 ………………………………………………… (21)
2.4.4 流通领域的商品质量管理 ………………………………………………… (25)
本章练习 ……………………………………………………………………………… (27)

第 3 章 商品的分类与编码 ………………………………………………………… (30)
3.1 **商品分类的概念和意义** …………………………………………………………… (31)
3.1.1 商品分类的概念 …………………………………………………………… (31)
3.1.2 商品分类的意义 …………………………………………………………… (32)
3.1.3 商品分类的原则 …………………………………………………………… (32)
3.1.4 商品分类的方法 …………………………………………………………… (32)
3.2 **商品编码** …………………………………………………………………………… (36)
3.2.1 商品编码的概念 …………………………………………………………… (36)
3.2.2 商品代码的编制方法 ……………………………………………………… (37)
3.2.3 商品条形码 ………………………………………………………………… (40)
3.3 **商品目录** …………………………………………………………………………… (45)
3.3.1 商品目录的概念 …………………………………………………………… (45)
3.3.2 商品目录的种类 …………………………………………………………… (45)
本章练习 ……………………………………………………………………………… (47)

第 4 章 商品标准 …………………………………………………………………… (51)
4.1 **标准与标准化的概念** ……………………………………………………………… (51)
4.2 **标准的分类** ………………………………………………………………………… (52)
4.3 **标准化与国际贸易** ………………………………………………………………… (53)
4.3.1 标准化在国际贸易中的作用 ……………………………………………… (53)
4.3.2 国际贸易中的技术壁垒 …………………………………………………… (55)
4.4 **国际标准简介** ……………………………………………………………………… (57)
4.4.1 国际标准及其表示 ………………………………………………………… (57)
4.4.2 我国采用国际标准状况 …………………………………………………… (57)
4.5 **我国的商品标准** …………………………………………………………………… (58)
4.5.1 商品标准的概念 …………………………………………………………… (58)

4.5.2 我国商品标准的分类与分级 ………………………………………… (59)
本章练习 ……………………………………………………………………………… (66)

第5章 商品检验与评价 ………………………………………………………… (69)
5.1 商品检验的内容和形式 ………………………………………………… (70)
5.1.1 商品检验的概念 …………………………………………………… (70)
5.1.2 商品检验的分类 …………………………………………………… (70)
5.1.3 商品检验的作用 …………………………………………………… (72)
5.1.4 商品检验的内容 …………………………………………………… (73)
5.2 商品的抽样 ………………………………………………………………… (73)
5.2.1 商品抽样的概念 …………………………………………………… (73)
5.2.2 商品抽样的原则 …………………………………………………… (74)
5.2.3 商品抽样的方法 …………………………………………………… (74)
5.3 商品检验的方法 ………………………………………………………… (76)
5.4 商品质量评价与监督 …………………………………………………… (79)
5.4.1 商品品级 ……………………………………………………………… (79)
5.4.2 商品质量评价 ………………………………………………………… (80)
5.4.3 商品质量监督 ………………………………………………………… (82)
5.5 认证认可 …………………………………………………………………… (85)
5.5.1 认证认可的概念 …………………………………………………… (85)
5.5.2 认证证书和认证标志 ……………………………………………… (86)
本章练习 ……………………………………………………………………………… (88)

第6章 商品包装 ………………………………………………………………… (92)
6.1 商品包装及其作用 ……………………………………………………… (93)
6.1.1 商品包装的概念 …………………………………………………… (93)
6.1.2 商品包装的功能 …………………………………………………… (94)
6.1.3 商品包装的合理化 ………………………………………………… (95)
6.1.4 商品包装的分类 …………………………………………………… (97)
6.2 商品的运输包装 ………………………………………………………… (97)
6.3 商品的销售包装 ………………………………………………………… (103)
6.3.1 销售包装技法 ……………………………………………………… (103)
6.3.2 销售包装标签 ……………………………………………………… (105)
6.3.3 销售包装装潢 ……………………………………………………… (106)

6.4 商标 …………………………………………………………………… (106)
本章练习 …………………………………………………………………… (108)

第 7 章 商品的储存与养护 …………………………………………… (111)
7.1 储存期间商品的质量变化 ……………………………………………… (113)
7.2 商品的储存管理 ………………………………………………………… (115)
  7.2.1 商品的入库管理 ………………………………………………… (115)
  7.2.2 商品的在库管理 ………………………………………………… (120)
  7.2.3 商品的出库管理 ………………………………………………… (121)
7.3 储存商品的养护技术 …………………………………………………… (122)
  7.3.1 商品的防锈蚀 …………………………………………………… (122)
  7.3.2 商品的防霉腐 …………………………………………………… (122)
  7.3.3 虫害的防治 ……………………………………………………… (123)
  7.3.4 商品的防老化 …………………………………………………… (124)
  7.3.5 仓储商品的防燃爆 ……………………………………………… (124)
本章练习 …………………………………………………………………… (126)

第 8 章 食品类商品 …………………………………………………… (130)
8.1 食品的分类与营养卫生 ………………………………………………… (131)
8.2 酒类商品 ………………………………………………………………… (135)
8.3 茶叶 ……………………………………………………………………… (140)
本章练习 …………………………………………………………………… (144)

第 9 章 服装 …………………………………………………………… (147)
9.1 纺织纤维 ………………………………………………………………… (148)
9.2 服装面料及服装 ………………………………………………………… (156)
本章练习 …………………………………………………………………… (163)

第 10 章 日用工业品 ………………………………………………… (166)
10.1 洗涤用品 ……………………………………………………………… (167)
10.2 化妆品 ………………………………………………………………… (170)
10.3 皮革与皮鞋 …………………………………………………………… (173)
10.4 塑料制品 ……………………………………………………………… (178)

本章练习 ··· (185)

第 11 章　家用电器类商品 ································· (188)
　　11.1 电视机 ··· (189)
　　11.2 电冰箱 ··· (191)
　　11.3 空调器 ··· (194)
　　11.4 洗衣机 ··· (196)
　　本章练习 ··· (198)

第 12 章　汽车 ·· (200)
　　12.1 汽车的分类 ··· (201)
　　12.2 汽车的总体结构 ··· (202)
　　12.3 汽车的总体布置 ··· (203)
　　12.4 汽车的主要技术参数和性能指标 ······················ (204)
　　12.5 欧、美、日三大车系介绍 ································· (207)
　　本章练习 ··· (209)

参考文献 ··· (211)

第 1 章

商品与商品学

教学目标

☞ **知识目标**

掌握商品的概念和商品的属性,理解商品的构成;

掌握商品学的研究对象与内容;

理解商品学的研究任务;

了解商品学的研究方法。

能力目标

能够运用商品使用价值理论,指导学习和商务活动。

素质目标

培养学生理论联系实际的思想方法,提高分析问题和解决问题的能力。

1.1 商品

1.1.1 商品的概念

商品是用来交换的劳动产品,它是人类社会生产力发展到一定阶段的产物。随着生产力的发展,人类社会从简单的以物换物,逐步发展成为以货币为媒介的比较高级的交换方式,这就是商品交换的发展历程。商品生产和商品交换的出现,标志着人类社会进入了商品经济阶段。

商品是使用价值和价值的统一体,使用价值和价值是商品的两个基本属性。

使用价值是指商品能够满足人们某种需要的属性,也就是商品的有用性。不同的商品具有不同的使用价值,商品的使用价值是人类生存、社会发展所必需的,不论财富的社会形式如何,使用价值总是构成财富的物质内容。商品的使用价值是由商品的物理性质、化学性质和生物学特性等自然因素决定的,因此,使用价值是商品的自然属性,它体现了人与自然的关系。

价值是凝结在商品中的无差别人类劳动。不同商品的价值,只有量的差别而无质的不同。价值存在于商品体内,是商品的社会属性,体现着商品生产者相互交换劳动的社会关系。商品的价值是通过交换价值来体现的,价值既是商品交换的基础,也是商品价格的重要依据。一种使用价值与另一种使用价值相交换的量的比例关系,就是商品的交换价值。两种不同的使用价值之所以能按一定的比例相交换,是因为两者之间在本质上存在某种共同的东西,这种共同的东西就是商品的价值,正是因为有了价值,不同的使用价值才可能在量上进行比较,因此,交换价值是价值的表现形式,而价值则是交换价值的基础。

商品存在的形式称为商品形态。早期的商品都是有形的物质形态,随着社会经济的不断发展,人们对商品概念的认识不断深入,今天,商品概念已经从早期的纯物质形态逐步发展到了能够满足人们消费需要的所有形态。现代社会的行业分类很多,有的出售有形商品,有的出售无形服务,有形的商品和无形的服务都属于商品。有形的商品是可见的、可以衡量的,而无形的服务则是无法看到具体价值的,也无法进行具体的衡量,但这也是商品存在的形态。

商品的物质形态包括商品实体本身及其有形附加物,这些有形附加物包括商品名称、商标或品牌、商品条码、商品包装及其标志、专利标记、商品原产地标志或证明、质量,安全及卫生标志、环境标志、商品使用说明标签或标识、检验合格证、使用说明书、维修卡、购货发票等看得见、摸得着的东西;非物质形态的商品则包括劳务形态、资本形态、知识形态等(见图1—1)。

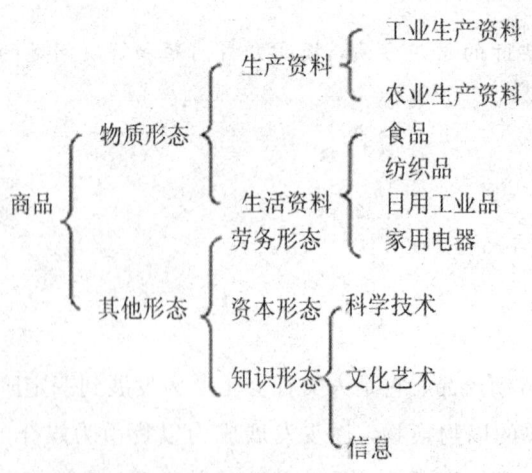

图1—1 商品的形态

1.1.2 商品的构成

人们购买商品，本质上购买的是一种需要，这种需要其实就是商品的有用性，也就是商品的使用价值。人们购买的需要不仅体现在商品的消费过程中，也体现在商品的购买过程中，换句话说，商品不仅是使用价值和价值的统一，还是有形实体和无形服务的统一，所以，购买商品不仅能给人们带来实际利益，还能给人们带来心理利益，实际利益和心理利益两部分加起来才构成商品的整体。从这个意义上来说，商品整体是由核心部分、形式部分和延伸部分共同组成的。

商品的核心部分是指商品能满足人们某种需要的功能，如食品可以充饥和提供营养；洗衣机能够洗涤衣物；电冰箱可以为人们提供冷藏或冷冻保鲜条件等。显然，商品构成的核心部分就是商品的使用价值。

商品的形式部分是指商品呈现出来的具体形态，如商品的成分、结构、外观、质量、品牌、说明书、包装等，显然，形式部分是商品使用价值形成的物质基础。

商品的延伸部分是指商品的无形附加物，也就是人们购买商品时获得的附加利益和服务，如商品信息咨询、安装服务、免费培训、维修服务等。显然，延伸部分是促进商品销售的重要手段。

上述商品整体的构成可以用一个模型来形象地进行描述，称为商品球，如图 1-2 所示。商品球分成四个层次，从里到外分别是功能、商品体、有形附加物和无形附加物。其中，功能对应于商品的核心部分，商品体和有形附加物则对应于上述的形式部分，无形附加物则与延伸部分相对应。

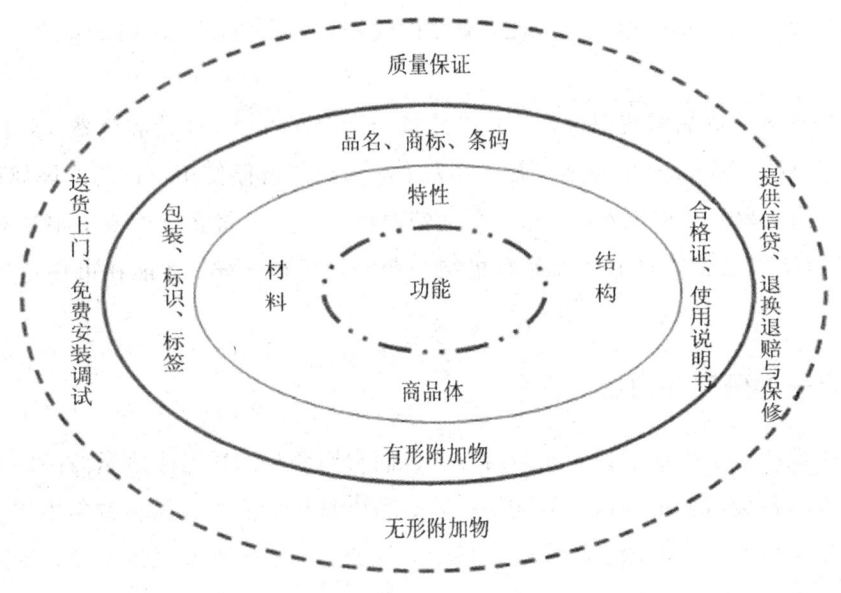

图 1-2 商品球示意图

1.2 商品学

商品学是研究商品的使用价值及其发展规律的科学,是一门以自然科学为主,将社会科学、经济学融合起来的一门应用性学科。商品学起源于18世纪末的德国,其创始人是约翰·贝克曼教授,他在1793—1800年编著出版的《商品学导论》是人类历史上第一部商品学专著,书中系统介绍了商品生产技术方法,商品的性能、用途、质量、规格、分类、包装、鉴定保管等内容,创立了商品学的学科体系。

1.2.1 商品学研究的对象

从商品学的定义中可以看出,商品学研究的对象是商品的使用价值,而商品的使用价值是由商品的自然属性决定的,因此,商品的自然属性就成为研究商品使用价值的立足点和出发点;同时,商品的使用价值与人和社会紧密相连,所以研究商品的使用价值还必须研究商品与人、商品和社会需要之间的关系。

由此可见,研究商品的使用价值不仅要研究商品的成分、结构、外形、物理性质、化学性质和生物学特性等自然属性,还必须要研究商品的流行性、时代性、地区性和经济性等社会属性。

需要指出的是,商品的使用价值是一个动态的、综合性概念,这是因为一方面商品的使用价值是随着科学技术和社会经济的发展而发展的,也是随着人们的认知水平提高而不断完善的;另一方面,不同的人群对同一种商品的使用价值的期望是不相同的,而且同一种商品,在不同历史时期也会有不同用途。因此,商品的使用价值是不断变化和发展的,而不是一成不变的。

全面准确地理解商品的使用价值,并以此指导商品的生产、经营和消费,对社会商品经济的发展具有重要意义。商品的生产者和经营者,都必须遵循使用价值的发展规律,一切从市场出发,从消费者的需求出发,注重生产适销对路的商品,将企业主观上追求利润与客观上生产、经营具有社会使用价值的商品有机结合起来,只有这样,才能在市场竞争中立于不败之地。

1.2.2 商品学研究的内容

商品学研究的对象决定了其研究的内容。人们常用商品的质量来表示商品的有用性,反映商品满足人和社会需要的程度。换句话说,商品质量是商品使用价值的集中体现,因此商品质量是商品学研究的中心内容。在此基础上,与商品质量密切相关的问题,包括商品的组成成分、结构、生产工艺与方法、功能与用途、商品的分类品种、质量要求、检验评价、使用维护,乃至商品与人、商品与时代、商品与环境等诸多方面的问题都是商品学研究的范畴。具体来说，商品学研究的内容可以概括为以下 12 个方面：

(1) 商品的质量特性及影响因素；

(2) 商品质量标准和商品质量的评价方法；

(3) 商品质量的维护方法；

(4) 商品质量管理的方法；

(5) 商品质量监督和商品质量认证；

(6) 商品分类的理论和实践；

(7) 商品品种的分析；

(8) 商品品种的发展规律；

(9) 商品市场分析；

(10) 商品新品种开发；

(11) 商品的使用与消费者保护；

(12) 商品经营与环境保护。

1.2.3 商品学的任务

商品学研究的总的任务是促进生产力的发展，提高现代管理水平，满足人们日益增长的物质文化生活需要。具体任务是：

(1) 指导商品使用价值的形成

通过商品资源和市场调查预测、商品需求研究等举措，为有关部门实施商品结构调整、商品科学分类、商品的进出口管理与质量监督管理、商品的环境管理、商品标准的制定及相关政策法规、商品发展规划等的制定，提供决策的科学依据；为企业提供商品质量要求，指导商品质量改进和商品开发，提高管理者经营管理水平，保证市场商品物美价廉、适销对路。

(2) 评价商品使用价值的高低

通过商品检验与监督等手段，确保商品质量符合标准规定的要求，维护正常的市场秩序，保护买卖双方的合法权益，创造公平、平等的商品交换环境。

(3) 防止商品使用价值的降低

通过适当的包装运输、创造适宜的保管条件、运用恰当的养护方法，保持商品质量，防止因商品质量发生不良的变化而造成损失，从而防止商品使用价值的降低。

(4) 促进商品使用价值的实现

通过大力普及商品知识和消费常识，使广大消费者认识和了解商品，学会科学选购和合理使用商品，掌握正确的消费方式和方法，由此促进商品使用价值的实现。

(5) 研究商品使用价值的再生

通过对商品废弃物处置、回收或再利用等方面的政策、法规和技术的研究，推动绿色生产和绿色消费，从而有效地节约资源，保护环境。

1.2.4 商品学研究的方法

研究商品学的方法很多,常用的方法主要有:

(1)科学实验法

在实验室运用一定的仪器设备,对商品的成分、结构、性能等进行分析鉴定的方法,称为科学实验法。采用科学实验法得到的结论正确可靠,所以科学实验法是分析商品成分、鉴定商品质量、开发研制新产品常用的方法,但科学实验法通常需要一定的技术与设备以及相关专业人才,投资也较大。在实际工作中,通常采用委托具有相关资质的单位进行,如高等院校、科研机构等。

(2)现场实验法

这是一种通过专家或有代表性的消费者,凭借人体感观和经验对商品质量作出评价的方法,这种方法简单易行。许多商品的质量评比、商品的现场试用等都是典型的现场实验法。需要注意的是,现场实验法与实验参与者的个体素质具有密切关系,实验参与者的知识技术水平、专业背景、个人习惯等因素都将会直接影响实验结果的正确性。

(3)技术指标法

技术指标法就是根据国内外生产力水平,在科学实验的基础上,对商品确定质量技术指标,提供给商品生产者和消费者共同鉴定商品质量的方法。该法有利于提高商品质量,但由于商品品种繁多,质量要求千差万别,因此,确定各类商品的技术指标是一项复杂而艰巨的工程。

(4)社会调查法

社会调查法就是通过社会调查来判定商品的质量的方法,主要有现场调查法、调查表法、直接面谈法和定点统计法等。显然,该方法结论的可靠程度与调查对象的选择关系密切,所以在调查对象的选择上,应该采用严谨、科学的方法。

(5)对比分析法

对比分析法就是将不同时期、不同国家和地区的商品资料收集整理,并加以分析比较,从而找出提高商品质量途径的方法。

(6)系统分析比较法

商品的质量除了商品本身外,还必须考虑环境、人等多方面的关系,如果单从某一个方面来研究难免会有偏差,所以需要把商品质量作为一个系统,放在社会大环境中来研究考察,这样才能得到全面科学的结论,这就是系统分析比较法。

本章练习

一、名词解释

1. 商品学

2. 商品的使用价值

3. 商品的交换价值

二、单项选择题

1. 商品能满足某种用途的功能属于商品构成的（   ）。
   A.核心部分　　　　B.形式部分　　　　C.延伸部分　　　　D.附加部分
2. 商品学研究的中心内容是（   ）。
   A.商品质量　　　　B.商品的价值　　　C.商品的使用价值　D.商品的价值规律
3. 运用一定的仪器设备，对商品的成分、性能等进行分析鉴定的方法是（   ）。
   A.科学实验法　　　B.对比分析法　　　C.社会调查法　　　D.现场实验法
4. 商品是（   ）发展到一定历史阶段的产物。
   A.劳动力　　　　　B.社会生产力　　　C.工业化　　　　　D.现代化
5. 从本质上来说，消费者购买的不是商品本身，而是它的（   ）。
   A.有用性　　　　　B.附加服务　　　　C.价格　　　　　　D.价值
6. 商品的使用价值就是商品的（   ）。
   A.品质　　　　　　B.有用性　　　　　C.价值　　　　　　D.价格
7. 商品学是研究（   ）的科学。
   A.商品质量　　　　　　　　　　　　　B.商品品种
   C.商品消费　　　　　　　　　　　　　D.商品使用价值及其发展规律
8. 制定商品质量技术标准，供商品生产者和消费者评定商品质量的研究方法是（   ）。
   A.科学实验法　　　B.社会调查法　　　C.技术指标法　　　D.对比分析法
9. 商品学起源于（   ）。
   A.美国　　　　　　B.中国　　　　　　C.法国　　　　　　D.德国
10. 商品的成分、结构等属于商品构成的（   ）。
    A.核心部分　　　　B.形式部分　　　　C.延伸部分　　　　D.主要部分
11. 商品的使用价值是由商品的（   ）决定的。

A.社会属性　　　　B.自然属性　　　　C.经济属性　　　　D.劳动特性

12.不同商品的价值(　　)。

A.只有量的差别,没有质的不同　　　B.既有量的差别,也有质的不同

C.既无量的不同,也无质的差别　　　D.只有质的差别,没有量的不同

三、多项选择题

1.商品流通包括(　　)等环节。

A.商品运输　　B.商品装卸　　C.商品储存　　D.商品销售　　E.商品生产

2.商品的无形附加物包括(　　)等。

A.送货上门　　B.售后维修　　C.免费调试　　D.使用说明书　　E.商品包装

3.下列项目中,属于商品学研究范畴的是(　　)。

A.商品质量　　B.商品标准　　C.商品检验　　D.商品包装　　E.商品养护

4.属于商品物质形态的是(　　)。

A.商品实体　　B.商标　　C.价值　　D.商品包装　　E.合格证

5.下列关于商品的叙述,正确的是(　　)。

A.商品是劳动产品　　B.商品是随着《商品学》的产生而产生的

C.商品都具有价值　　D.商品都是有形实体　　E.商品都具有使用价值

四、填空题

1.商品整体由_____、_____和_____三部分构成。

2.商品学研究的中心内容是_____。

3.商品学研究的方法主要有科学实验法、现场试验法、_____、_____、系统比较分析法等。

4.商品的使用价值是商品的_____属性,价值则是商品的_____属性。

5._____是商品整体构成的形象化描述。

五、判断题

1.商品的使用价值就是商品的有用性。　　　　　　　　　　　　　　　　(　　)

2.商品体是有形实体和无形服务的统一。　　　　　　　　　　　　　　　(　　)

3.商品的价值就是商品的价格。　　　　　　　　　　　　　　　　　　　(　　)

4.商品就是指工厂生产的有形实体。　　　　　　　　　　　　　　　　　(　　)

5.商品是随着《商品学》的诞生而出现的。　　　　　　　　　　　　　　(　　)

六、简答题

1. 商品整体由哪几部分构成？举例说明。

2. 商品学的任务是什么？

3. 商品学研究的方法有哪些？

4. 商品学研究的对象和中心内容各是什么？

5. 为什么说商品的使用价值是一个动态的、综合性的概念？

6. 为什么两种不同的使用价值之间能够按照一定的比例相互交换？

第 2 章

商品质量与质量管理

教学目标

☞ **知识目标**

掌握商品质量的概念及商品质量的构成,理解食品、纺织品、家用电器类商品质量的基本要求;

掌握影响商品质量的因素;

了解商品质量管理的基本概念,理解全面质量管理理论的基本要点,了解全面质量管理的工具;

掌握流通领域商品质量管理的基本要素。

能力目标

能够运用商品学的相关知识分析、判断、鉴别常见商品的质量状况;

能够运用商品质量管理理论分析常见商品质量管理出现的问题。

素质目标

培养学生运用所学的知识分析、解决实际问题的能力;

培养学生的质量意识,树立现代质量管理观念;

培养学生爱岗敬业的工作态度,指导学生树立大局观念。

2.1 商品质量

大家对 2008 年的三鹿奶粉事件一定还记忆犹新,2008 年 6 月 28 日,位于兰州的解放军第一医院收治了一位患肾结石病的婴幼儿,家长反映,孩子从出生起就一直食用河北石家庄三鹿集团生产的三鹿婴幼儿奶粉。随后的 2 个多月,该院收治的同类患儿迅速增加到 14 人。

7月中旬，甘肃省卫生厅报告了国家卫生部并展开调查，结果表明，三鹿奶粉受到了三聚氰胺污染。三聚氰胺是一种常见的化工原料，人食用后可导致泌尿系统产生结石。随即，三鹿集团发布召回声明称，为对消费者负责，公司决定召回700吨奶粉产品。9月13日，卫生部证实，三鹿牌奶粉中含有的三聚氰胺，是不法分子为增加原料奶的蛋白质含量而人为加入的。至此，三鹿奶粉事件真相大白。有毒的三鹿奶粉共导致6个婴儿死亡，超过30万名儿童患病，随后三鹿集团宣告破产，相关责任人被追究责任。

上述案例告诉我们，商品质量是企业赖以生存的基础，是企业的生命，没有质量，任何企业在市场上都将失去立足之地。

2.1.1 商品质量的概念

商品质量是商品实现其使用价值的前提，是商品学研究的中心问题，商品质量也是商品进入流通领域的通行证。商品质量关系着千家万户，与人民群众的生产和生活息息相关，所以商品质量问题不仅是一个经济问题，也是一个社会问题，是值得商品生产者、商品经营者和消费者关注和重视的问题。那么，什么是商品质量呢？

要理解商品质量，首先要理解质量的概念。根据国际标准化组织(ISO)在ISO9000(质量管理体系基础和术语)中的定义，质量是指一组固有特性满足要求的程度。借用这个定义，我们认为，商品质量就是商品满足规定或潜在要求(或需要)的特征和特性的总和(GB6583－1986)。

商品质量有狭义商品质量和广义商品质量两层意思。

狭义的商品质量主要是指商品质量与其标准规定的技术要求的符合程度，它以国家有关法律法规、商品标准或买卖合同条款为基本依据，是商品在质量方面所要达到的最低要求，是检验商品是否合格的技术依据。例如，我国乳粉强制性国家标准(GB19644－2010)中关于蛋白质含量规定在非脂乳中固体≥34%，这就是乳粉蛋白质含量的最低要求，含量低于该标准的就是不合格产品。

广义的商品质量也就是商品的市场质量，是指商品适合其用途所需的各种特性的综合及其满足消费者需求的程度，是消费者的感官质量。随着商品生产和经济的发展，商品由供不应求转变为供过于求，人们已不再满足于基本的物质需要，而是有了更高层次的需求，即文化精神的需要，因此，对商品质量的要求除了商品的内在质量(如商品的实用性、寿命、安全和卫生等)外，商品的外观质量(如商品的外观造型、质地、色彩、气味、手感、表面疵点和包装等)、商品的社会质量(如商品是否违反社会公德、是否污染社会环境、是否浪费能源或资源等)和商品的经济质量(如商品是否有较好的性能价格比、商品在消费中的使用和维护成本等)各个方面都越来越受到消费者的重视，这些都是广义商品质量的内容。

传统的商品质量观是物质需要占主导地位，主要强调商品的内在质量；现代的商品质量观不仅考虑商品实体的内在质量，而且越来越注重商品的审美性、外观质量和社会质量。显然，狭义的商品质量是围绕有形商品实体阐述的，是与商品的自然属性相联系的，是传统的商品质量观;而广义的商品质量则包含了诸多的社会因素,是与社会属性相联系的,是现代质量观的集中体现。

2.1.2 商品质量的构成

商品质量的构成可以从商品质量的表现形式、商品质量的形成环节和商品质量的组成三方面来分析:

(1)在表现形式上,商品质量由外观质量、内在质量、附加质量三部分构成

商品的外观质量是指商品的外部形态以及通过感官能直接感受到的质量特性,这些特性包括商品的形态、结构、色泽、气味、味道等,它们通常难以用仪器准确测量,一般直接通过感官来判断。

商品的内在质量是指商品在生产过程中形成的商品本身固有的特性,包括商品的物理性质、化学性质和生物学特性等,这些性质常常需要借助于仪器设备,通过实验才能反映出来。

商品的附加质量是指商品的信誉、经济性、售后服务等,这些特性对商品的销售具有重要意义。

需要指出的是,不同类型的商品,其外观质量、内在质量和附加质量可各有侧重,而且内在质量往往能够通过外观质量表现出来,并通过附加质量得以实现。

(2)在形成环节上,商品质量由设计质量、制造质量和市场质量构成

设计质量是指在商品生产之前的设计过程中,对影响商品质量的诸多因素(如品种、规格、造型、花色、质地、包装等)进行设计而形成的质量因素;制造质量是商品生产过程中形成的符合设计要求的质量因素;市场质量则是指商品在流通过程中对已有质量的维护保证和一些附加的质量因素。

设计决定了一种商品的"先天"质量,设计质量是商品质量形成的前提和条件,是商品质量的起点。不难想象,如果一个产品在设计时就不具备优良的品质,那么,即使使用世界上最先进的生产工艺和生产管理手段,也难以达到期望的质量。制造质量则是商品质量形成的主要因素,商品的质量是"生产"出来的,而不是检验出来的,所以,制造质量对商品质量起着决定性的作用。市场质量是商品质量实现的保证。

(3)在组成上,商品质量由自然质量、社会质量和经济质量构成

自然质量是指商品的自然属性给商品带来的质量因素,这些自然属性包括商品的成分、形态、规格、结构、强度、硬度、弹性、塑性、透气性、耐腐蚀性等。

社会质量是指商品社会属性所要求的质量因素,是商品质量满足社会需要的具体体现。社会质量具有发展性,是随着经济的发展、消费观念的提升和社会消费习惯的转变而不断变化和发展的;社会质量具有相对性,受时间、地点、用途及其他市场因素的影响,是相比较而言的;社会质量具有主观性,不同地域、民族、职业、文化程度、心理素质的消费者对商品质量做出的评价各不相同。

经济质量是指商品消费时投入方面需要考虑的因素,主要有商品的成本、使用寿命和使用费用等。对消费者来说,商品成本包括商品价格、运输、安装、配套等费用。使用费用包括水、电、气、煤、油的能耗,维修养护费用,学习操作费用,商品使用后放置与安装占用的地面和空间位置等。商品使用寿命包括商品的自然寿命和社会寿命,一般来说,商品使用寿命短,则意味着商品经济质量低、商品使用寿命长,则意味着商品经济质量高,故经济质量反映了人们对商品质量经济方面的要求。

2.1.3 商品质量的发展

前已述及,商品质量是发展变化的。首先,不同时代、不同地区、不同的消费者对同一商品具有不同的质量要求;其次,随着科学技术的发展、生活水平和人们认识水平的不断提高,同一个人对同一种商品质量的要求也是不断变化的。消费者对商品的要求,起初较注重其使用价值,后来则既要求使用价值又要求审美价值;不仅如此,人们使用商品,在满足物质享受的同时,还要求能获得一定程度精神享受的愿望日益强烈。比如羽绒服,开始出现时以保暖御寒为目的,所以做得厚,保暖效果极好,慢慢地逐步要求轻巧、美观、具有装饰功能等,于是就产生了秋羽绒等新产品;再比如,电视机经历了黑白电视——彩色电视——直角平面电视——平板电视——高清信号电视——网络电视等的变化,这些都是商品质量发展的最好证明。

2.2 商品质量的基本要求

商品质量的基本要求是根据其用途、使用方法以及消费者的期望和社会需求来确定的。不同的商品有不同的用途,其质量的基本要求也就不同,概括起来说,商品质量具有针对性和相对性。

商品质量的针对性,就是指商品质量是针对一定的使用条件和一定的用途而言的。在不同的使用条件下,同一种商品的质量要求是有区别的,如家用的电器开关和插座,在开闭和插拔的时候会产生电火花,在通常情况下是安全的,但是如果将这样的开关和插座用于乙炔气体的等危险品储存的仓库,使用过程中产生的电火花将可能引发严重的安全事故,所以是不合格的。

商品质量的相对性,是指商品质量是一个比较的概念,也就是说,商品质量具有可变性,即人们对商品的质量要求会随着科学发展和消费水平等因素的变化而变化。比如,在平板电视、高清电视流行的今天,再回过头来评价过去使用旋转天线的黑白球面电视,相信大家很容易得出结论。

在这里主要介绍几类常见商品质量的基本要求。

2.2.1 食品类商品质量的基本要求

食品类商品是指经过加工制作可以供人食用的商品,它是人类生存的基本条件之一,是保证人体健康的物质基础,所以食品质量的基本要求应围绕这个中心,从以下几个方面确定:

1.安全无害

食品的安全无害性是指食品中不应含有或不超过允许限量含有的有害物质和微生物等,这是食品类商品质量的最起码要求。食品安全关系到人们的身体健康和生命安全,将会影响到子孙后代,是事关民族兴衰的大事,来不得半点马虎草率。为此,国家专门制定了《食品安全法》,对食品安全、食品添加剂、包装容器及包装材料、食品用具、生产设备、经营场所以及与之相关的环境等诸多方面,都做出了明确的规定。

2.营养价值

食品的营养价值主要体现在供给人体能量、形成细胞组织、调节人体各种生理代谢三个方面,食品营养价值的高低,取决于食品中营养要素是否齐全和含量的多少,相互比例是否适宜以及是否易于消化、吸收等。一般来说,食品中所提供的营养素种类及其含量越接近人体需要,则该食品的营养价值就越高,如母乳对婴儿来说,其营养价值就很高。

判断食品营养价值的指标主要有三个,即营养成分、可消化率和热量。

(1)营养成分:食品的营养成分主要包括六大类,它们分别是蛋白质、脂肪、糖类、矿物质、维生素和水,它们都是食品营养价值的基础,缺一不可。不同的食品具有不同的营养功能,根据上述物质在机体内的作用,这些营养成分可以分为构成物质、供能物质和调节物质三大类,一般来说,蛋白质、无机盐和水是构成物质,糖和脂肪是供能物质,维生素则是调节物质。

(2)可消化率:指食品在食用后,人体能消化和吸收其中营养成分的百分率。食品中所含的营养成分,除了小部分能直接被人体吸收利用外,大多数需要在体内进行分解转化,将复杂的大分子物质降解成为简单的小分子物质后才能供人体各器官吸收利用,一些不能被吸收利用的物质就成为代谢废物排出体外。所以,无论是蛋白质、脂肪还是糖类,都不是百分之百被消化吸收的。在食品的消化和吸收过程中,酶起着极其重要的作用,离开了酶,食物中的许多营养成分都无法被消化吸收。

(3)热量:指食品的营养成分经人体消化吸收后,在人体内能够产生的能量。据测算,1克葡萄糖在人体内完全氧化时产生的热量约为16800焦,人体所需的能量70%以上都是由糖类氧化分解提供的;1克脂肪完全氧化时放出的热量约为37700焦,比糖分子多1倍以上;1克蛋白质氧化时放出的能量约为16800焦。一般来说,当人体所需能量供应不足时,原来储存在体内的供能物质(甚至蛋白质)将被消耗,体重将会减少;反之,当摄入的热量过剩时,多余的能量将会转化成糖类或脂肪在体内储存起来,体重将会增加。蛋白质、脂肪和糖类都是高能量物质,所以要保持人体健康,就必须摄入合适的蛋白质、脂肪和糖类。

3. 色、香、味、形

色、香、味、形是评定食品的新鲜度、成熟度、加工精度、品质风味等的重要外观指标，也是美食的基本要求。在中国传统的饮食文化中，食品的色、香、味、形是评价菜肴品质的重要标准，具有良好色、香、味、形的食品能激发人的食欲，有助于消化吸收。

2.2.2 纺织品类商品质量的基本要求

纺织品是人们生活中不可缺少的生活资料，人的衣、食、住、行四大基本生活要素中，"衣"是排在第一位的，其重要性可见一斑。人们穿衣不仅仅是为了"蔽寒暑"、防虫防风雨、遮体避羞等，而且还具有装饰身体、美化生活、显示身份地位、民族信仰等作用。我国很多古代服饰成为民族历史、文化的一个重要载体，这就是为什么我国许多少数民族生活条件很一般，但其民族服饰之精美令人惊叹的根本原因所在。因此，对纺织品类商品质量的基本要求除了应从适用性、卫生安全性方面考察外，还需要从结构、外观等方面进行评价。

1. 材料的适宜性

一般来说，纺织品都是由面料构成的，而面料又都是由纺织纤维织成的，所以纺织品的基本性能和外观特征，主要是由纺织纤维决定的，纤维的种类和品质对纺织品的性能有重要影响。因此，不同用途的纺织品，应当选用不同的纺织纤维，也就是说，材料的适宜性是对纺织品质量的基本要求。

2. 组织结构的合理性

纺织品的组织结构是指织物的纱线和织纹组织的类型和紧密度等，这种组织结构对织物的外观和性能有很大的影响。多数情况下，冬天人们都希望穿的衣服紧密厚实一些，以便有良好的保温作用；夏天则希望凉爽轻薄一些，透气性好一点，以便获得更好的舒适感。这些特征除了与材料的适宜性有关外，更多的是由织物组织结构决定的，因此组织结构也是对纺织品质量的基本要求。

3. 良好的服用性

服用性是指纺织品在穿戴过程中舒适、美观的性能，具体指标包括缩水率、悬垂性、吸湿性、透气性等，这些性能对服装穿着的舒适和美观程度将产生很大的影响，所以良好的服用性是衡量纺织品类商品质量的一个重要内容。

4. 卫生安全性

纺织品的加工生产过程中不可避免地要使用一些化学品，如印染和后整理过程常常需要使用各种染料和助剂等，这些化学品可能对人体有害；同时，纺织品在运输或储存过程中容易受到微生物（如霉菌和其他致病菌）的污染和影响，一些有害微生物（如螨虫）可能对人体健康带来不利的影响。因此，卫生安全性对纺织品来说也是商品质量的基本要求之一。

2.2.3 日用品类商品质量的基本要求

日用工业品，又称日用百货，其种类繁多，常见的有文化用品、洗涤用品、化妆品、厨房用品、塑料制品、玻璃器皿、陶瓷制品、箱包、鞋帽等，各种商品有着各自不同的用途和使用特点。根据日用工业品的用途和使用特性，日用工业品质量的基本要求主要从适应性、耐用性、安全卫生性、造型结构合理性等方面进行评价。

1. 适应性

适应性是指日用工业品满足其主要用途所必须具备的性能，如炒锅需要很好的耐高温性能和良好的导热性能；肥皂需要有良好的去除污垢能力、保温瓶必须具有良好的保温性能等，也就是说，适应性是构成这类商品使用价值的基本条件，由于不同用途的商品其适应性各不相同，因此，适应性是对工业品质量最基本的要求。

2. 耐用性

日用品顾名思义就是天天都要使用的商品，其耐用性就显得格外重要。耐用性就是指日用品类商品在使用过程中抵抗各种外界因素对其破坏的性能，也就是商品的耐用程度。例如，皮鞋的鞋底每时每刻都在磨损，因而需要较强的耐磨性能；各种塑料容器都需要有一定的强度、电灯需要能长时间发光等，这些指标都反映了商品的使用寿命和使用效能，也就是耐用性。对消耗性的商品来说，其耐用性就是其使用效能，即用量和使用效果，如洗涤剂，在相同去污能力的前提下，用量较少的品牌耐用性就较好；对非消耗性的商品，其耐用性是指其使用寿命，如玻璃制品、搪瓷或不锈钢制品，其使用寿命越长，其耐用性就越好。

3. 安全卫生性

安全卫生性是指日用工业品在使用过程中对保护人体健康和环境所必须具备的既安全又卫生的性能。例如，盛放食品的器皿、餐具、玩具、化妆品、牙膏、肥皂等及其包装材料都应无毒、无害、安全卫生。对其他日用工业品，在使用过程中应当安全可靠，同时还应要求在使用过程中或使用后不污染环境、不产生公害，这都是安全卫生性的要求。

4. 造型结构合理性

造型结构主要是指商品的外观形状、大小、部件装配及花纹色彩等。造型结构合理性要求式样大方新颖、造型美观、色彩适宜、装潢适度，具有艺术感和时代风格，并且应无严重影响外观质量的瑕疵。对那些起着美化装饰作用的日用工业品，其造型结构更具有特殊的意义。

2.2.4 家用电器类商品质量的基本要求

家用电器种类繁多，用途功能各异，其使用过程有着自身的特殊性，这类商品的基本要求有以下几个方面：

1. 安全可靠性

大多数家用电器都使用交流电源，并且是带电工作，因此，家用电器必须有良好的电绝缘性和防护设施，以保证使用过程的绝对安全，否则不仅会从经济上给消费者带来损失，而且还会造成人身伤害或火灾等严重事故。所以，家用电器首先必须具有安全性。

另外，家用电器大多属于耐用消费品，而且一般价格较高。工作时要求平均无故障时间长、可维修性强、维修方便,同时有较长的使用寿命,否则,不仅会使消费者经济上受损,生活上也会产生诸多不便。因此,要求家电商品必须具有很好的可靠性。

2. 适用性和多功能性

适用性是指各种家用电器必须具备其应具有的各种性能,如电冰箱的制冷性能,必须达到其星级的规定值;电视机要灵敏度高、图像清晰、画面柔和不失真、音质效果好等。

随着生活水平的不断提高,家用电器正逐步由单一功能向多功能发展,自动化程度也越来越高,人们要求一物多用、自动控制、操作简单、使用方便等的愿望日益提高。例如,洗衣机就从开始时单一功能的单缸洗衣机逐步发展成为今天集洗涤、漂洗、甩干、烘干等多种功能为一体的全自动洗衣机;同时,根据绿色节能的要求,无论哪种家用电器都要求耗电量小、节约能源。

3. 美观性

家用电器商品具有装饰环境和美化生活的作用,为此人们对外观质量的要求也不断提高,如造型的美观性、结构的合理性、色调的柔和、装饰的新颖等都是必不可少的。

综上所述,各种不同类型的商品都有基本的质量要求,但由于不同商品具有不同的用途,所以不同种类的商品质量,其基本要求是各有侧重的,如食品首先必须安全无害,然后才是具有营养价值;纺织品首先要求材料的适宜性、家用电器首先必须安全可靠、日用工业品首先必须适用等。

2.3 影响商品质量的因素

质量是企业的生命线,今天的质量就是明天的市场,因此,产品质量是事关企业生存和发展的大事,研究影响商品质量的因素具有重要意义。

影响商品质量的因素很多,社会再生产过程的每一个领域,都有许多因素在直接或间接地影响着商品的质量,如生产领域的原材料、生产工艺;流通领域的储存、运输、搬运装卸;消费领域的使用与保养、使用习惯和使用环境等,都会对商品质量产生这样或那样的影响。

2.3.1 商品的生产过程

商品生产其实就是商品制造的过程。俗话说得好,商品的质量是制造出来的,不是检验出来的,意思就是商品质量是在商品生产的过程中形成的,因此,生产过程是影响商品质量的根本因素。

对农业、畜牧业、林业、渔业等种植或养殖产品来说,其质量主要取决于品种的选择、种植或饲养方法、动物或植物生长的自然环境以及收获的季节和收获方法等因素;对工业产品来说,其质量与生产过程的每个环节都息息相关,从产品的开发设计到原材料的使用,从产品的生产工艺到商品包装等,都会对质量产生影响。

1. 开发设计

产品生产的第一个环节是开发与设计，所以，开发设计既是形成产品质量的前提，也是商品质量的起点。只有科学合理的设计，才有可能生产出高质量的产品，如果产品在设计时就存在缺陷，无论采用多么先进的技术和工艺都不可能生产出符合质量要求的合格商品。开发设计的内容包括原料选择，产品的结构、性能、外观、包装装潢等要素。

2. 原材料

原材料是构成商品的物质基础，其质量是决定商品质量的重要因素。由于不同原材料在成分、性质、结构等方面存在差异，所以使用不同的原材料，即使按照相同的生产工艺生产同一种商品，其质量也不相同。比如，市场上常见的皮鞋有猪皮鞋、羊皮鞋、牛皮鞋等，由于使用了不同的原料皮，成品的质量差异十分明显，价格也很悬殊；再如我们平常穿的T恤，可选用的原材料有棉、麻、毛、丝、化纤、混纺等许多品种的面料，即使我们采用相同的工艺，制成相同款式的成衣，它们的质量也是截然不同的。

3. 生产工艺

商品的使用价值和外形等质量因素，都是在生产过程中形成的，因此，生产工艺对商品质量同样起着决定性作用。相同的原材料在不同的工艺路线下可形成不同的商品品种和质量，最典型的例子就是茶叶。我们知道，茶叶的原料都是茶树上采摘的鲜茶叶，将鲜茶叶按照不同的生产工艺，可以制成绿茶、青茶、红茶等品质、功能和风味截然不同的成品茶。就拿绿茶来说，鲜茶叶采用铁锅加热炒制工艺可以制成炒青茶，采用烘笼通过烘干工艺可以制成烘青茶，通过太阳光晒制工艺可以制成晒青茶，虽然它们都属于绿茶，但其特点、营养成分、风味等却完全不同。

4. 包装

绝大多数商品在离开生产领域前都需要进行包装，因此，可以说包装是商品生产的终点，是商品进入流通领域的起点。商品包装可以减少和防止环境因素对商品内在质量的影响，并能起到装饰、美化商品和促进销售的作用，同时，也便于商品的装卸和储运，还可以使商品增值。对商品生产企业来说，品牌包装既是企业形象的代表，也是企业的无形资产。在企业发展的过程中，由于企业规模、市场环境、市场需求等因素的不断变化，企业会根据自身战略发展和市场发展的趋势，对品牌进行适时、适当的内涵提升、形象提升或改变等，更换包装是最常见的方式，这对产品销售的影响也是最为直接的。

2.3.2 商品的流通过程

流通过程是指商品离开生产领域，尚未进入消费领域的整个过程，也就是商品从生产者到消费者的中间过程。除了生产过程对商品质量产生影响外，流通过程中商品的装卸、运输、储存等环节都可能对商品质量产生影响。

1. 运输

运输对商品质量的影响是显而易见的,这种影响与路程的远近、时间的长短、运输的线路、运输的方式、运输的工具等密切相关。通常情况下,运输距离越远,时间越长,气候条件和道路状况越差,运输方式和运输工具选择的不合理,对商品质量的影响就越大。因此,运输应以最少的环节、最近的路程、最短的时间、最恰当的方式、最合理的交通工具,安全准确地把商品运到目的地,这是防止运输对商品质量产生影响的最有效措施。

搬运和装卸是商品运输的重要步骤,在物流配送作业中占有60%以上的工作量,无论采用哪种搬运和装卸的方式,震动、撞击、挤压等,都容易使货物包装和货物损坏、变形、破碎、散失、流溢等,从而对商品质量产生不良的影响。

2. 储存

这里的储存是指商品离开生产领域,进入消费领域之前的存放。储存过程中,商品质量的变化除了受自身的性质影响外,还会受到储存场所的环境条件、储存时间的长短、储存措施与技术水平等因素的影响。一般来说,商品自身的性质是其质量发生变化的根本原因,是内因,商品的性质越不稳定,其质量就越容易发生变化,储存就越困难;储存环境则是商品质量发生变化的外部条件,是外因。我们要通过适当的技术措施,对仓储商品进行有效的养护管理,控制适宜的环境条件,减少或减缓储存期间环境对商品质量的不良影响。

2.3.3 商品的消费过程

消费过程中影响商品质量的因素主要是消费习惯,如果使用方法不当、环境条件不利、违反使用规定的要求等,都会损坏商品,降低其使用价值,而且还有可能危及人的生命财产安全。如在毛、丝类纺织品的使用和保养过程中一定要注意防止霉变和虫蛀;机电类商品在安装和使用过程中一定要注意安全,防止事故的发生;有些商品,如手表等在使用过程中一定要注意使用环境,如避免接触强磁场、防止强震动、注意防水。

另外,消费者的消费心理,商品的使用环境、使用方法以及维护保养,甚至商品使用后的废弃物处理等都影响着商品质量。

2.4 商品质量管理

2.4.1 商品质量管理的概念

为了理解商品质量管理的概念,我们先介绍质量管理。什么是质量管理呢?简单来说,质量管理就是由企业最高管理者领导,由企业全部员工参与,为使产品和服务能更好地满足不断变化的顾客要求而开展的计划、实施、检查和处理等一系列管理活动的总和。质量管理是保证商品质量的重要举措,是企业管理的重要组成部分。

理解了质量管理，我们再来介绍商品质量管理。根据 GB/T19000－2008/ISO9000－2005 的定义，商品质量管理是"在质量方面指挥和控制组织的协调活动"。具体来说，就是指以保证商品应有的质量为中心，运用现代化的管理思想和科学方法，对商品生产和经营活动过程中影响商品质量的诸多因素(生产过程、流通过程、消费过程)加以控制，使用户得到满意商品或服务而进行的一系列管理活动。

商品质量管理是随着现代化工业生产的发展而逐步形成、发展和完善起来的，如今已经应用到社会生活的各个领域。为了实施质量管理，企业通常要建立质量管理体系，也就是在质量方面指挥和控制组织的管理体系。

2.4.2 质量管理的发展历程

按照质量管理的手段和方法，商品质量管理发展到今天，大致可以划分为三个阶段，每个阶段都有不同的特点。

(1)质量检验管理阶段(20世纪初—40年代)

20世纪初，人们对质量管理的理解还只限于质量检验，也就是通过各种检测设备和仪器，采用严格把关的方式，进行百分之百的检验。其间，美国出现了以泰罗为代表的"科学管理运动"，提出了在人员中进行科学分工的主张，并将计划职能与执行职能分开，在中间再加一个检验环节，以便监督、检查对计划、设计、产品标准等项目的贯彻执行情况。这就是说，计划设计、生产操作、检查监督各有专人负责，从而产生了一支专职的检查队伍，形成了一个专职的检查部门，这样，质量检验机构就被独立出来了。质量检验是在成品中挑出废品，以保证出厂产品的质量。但这种事后检验把关，无法在生产过程中起到预防、控制的作用，废品已成事实，很难补救，且百分之百的检验，使检验的费用增加较多，随着生产规模的进一步扩大，在大批量生产的情况下，这种管理的弊端就日益凸显出来。

显然，上述质量检验管理的管理对象只限于产品本身的质量，管理领域局限于生产制造的过程，所以，质量检验管理是一种事后把关，是不能起到预防控制作用的消极防范型管理。

(2)统计质量管理阶段(20世纪40年代—50年代)

统计质量管理阶段的特征是数理统计方法与质量管理的结合。第一次世界大战后期，为了在短时期内解决美国300万名参战士兵的军装(规格尺寸是服从正态分布规律的)问题，休哈特运用统计学原理，建议将军装按十种规格的不同尺寸分别加工不同的数量，得到美国国防部的认同，结果制成的军装基本能够符合士兵体型的要求。后来他又将上述数理统计的原理运用到质量管理中，他认为质量管理不仅要搞事后检验，而且应该在发现有废品产生的先兆时就进行分析改进，从而预防废品的产生。1924年，休哈特研究统计学在生产中的应用时，运用数理统计原理绘制了第一张工程质量控制图，通过控制图上产品质量特性值的分布情况，可以分析和判断生产过程是否发生了异常。一旦发现异常，就能够及时采取措施加以消除，使生产过程恢复正常。此后，控制图被广为采用，成为质量管理不可或缺的重要工具。

因此，控制图的出现，既是质量管理从单纯的事后检验转入检验加预防的标志，也是质量管理成为一门独立学科的开始。

但是，统计质量管理也存在缺陷。首先，统计质量管理过分强调质量控制的统计方法，使多数人感到高不可攀；其次，统计质量管理对质量的控制和管理只局限于制造和检验部门，忽视了其他部门工作对质量的影响，不能充分发挥各个部门和广大员工的积极性，这些问题制约了它的推广和运用。

综上所述，统计质量管理的管理对象包括产品质量和工序，管理领域从生产制造过程扩大到设计过程，所以，统计质量管理是一种预防型管理，能够将质量问题消灭在生产过程中。

(3) 全面质量管理阶段（20 世纪 60 年代至今）

自 20 世纪 50 年代以来，生产力迅速发展，科学技术日新月异，特别是火箭、宇宙飞船、人造卫星等大型、精密、复杂产品的出现，对产品的安全性、可靠性、经济性等要求越来越高，质量问题就更为突出。这些特点需要人们运用"系统工程"的概念，把质量问题作为一个有机整体加以综合分析研究，实施全员、全过程、全面的管理。随着市场竞争，尤其国际市场竞争的加剧，各国企业都十分重视"产品责任"和"质量保证"问题。加强内部质量管理，确保产品安全、可靠成为广大企业生存和发展的基础。仅仅依靠质量检验和运用统计方法已经难以保证和提高产品质量，在这样的背景下"全面质量管理"的理论逐步形成。最早提出全面质量管理概念的是美国通用电气公司质量经理阿曼德·费根堡姆。1961 年，他在著作《全面质量管理》中强调，执行质量职能是公司全体人员的责任，提出"全面质量管理是为了能够在最经济的水平上考虑到充分满足用户要求的条件下进行市场研究、设计、生产和服务，把企业各部门的研制质量、维持质量和提高质量活动构成一体的有效体系"。此后，全面质量管理的概念逐步被世界各国所接受，随着生产力和科学技术的发展，质量管理的理论逐步趋于完善，更趋科学性和实用性。

我国自 1978 年推行全面质量管理（简称 TQM）以来，在实践上、理论上都有所发展，但还有待于进一步探索、总结和提高。

综上所述，全面质量管理强调全面、全员、全程，它关注系统各要素间的相互联系、相互作用，从商品设计、开发、生产、流通到消费的全过程均处于监控状态，从而保证商品质量符合用户的需要。全面质量管理的核心思想是持续改进，也就是不断寻求改进机会，不断提高产品质量，所以，全面质量管理是一种科学的方法。

2.4.3 全面质量管理的基本方法

1. 全面质量管理的概念

ISO8402-1994《质量管理和质量保证术语》给出的全面质量管理（TQM）的定义是："一个组织以质量为中心，以全员参与为基础，目的在于通过让顾客满意和本组织所有成员及社会受益而达到长期成功的管理途径。"具体一点说，全面质量管理就是以质量为中心，全体员工和有关部门积极参与,把专业技术、经济管理、数理统计和思想教育结合起来,建立起产品的设计、生产、服务等全过程的质量保障体系,从而有效地利用人力、物力、财力和信息等资源,以最经济的手段生产出顾客满意、组织及其全体成员和社会都得到益处的产品,从而使企业获得长期的成功和发展。

从上面的定义中可以看出,全面质量管理具有以下特点:

(1)把满足消费者或用户的需要放在第一位;

(2)运用现代化综合管理手段和方法,将商品开发设计、生产、流通、使用、售后服务及用后处置的全过程都纳入管理范围;

(3)既管产品质量,又管工作质量;

(4)不仅要保证产品质量,还要做到成本低廉、服务周到;

(5)与商品使用价值形成和实现有关的所有部门和人员都是质量管理的主体;

(6)实行标准化,不仅要求贯彻成套技术标准,而且要求管理业务、管理技术、管理方法的标准化。

2. PDCA 循环

PDCA 循环是美国质量管理专家休哈特博士首先提出的,后由戴明博士采纳、宣传并获得普及,所以又称为戴明循环,PDCA 循环是全面质量管理的思想基础和方法依据。

PDCA 循环的含义是把质量管理过程分成四个阶段,即计划(Plan)、执行(Do)、检查(Check)、处理(Action)。其核心思想就是要求各个环节、各项工作按照 PDCA 循环的要求,周而复始地运转,每进行一轮循环,质量水平就得到一次提升,从而实现产品和服务质量的持续改进。这一工作方法既是质量管理的基本方法,也是企业管理各项工作的一般规律。

PDCA 循环的四个阶段可以细分成八个步骤,如图 2-1 所示:

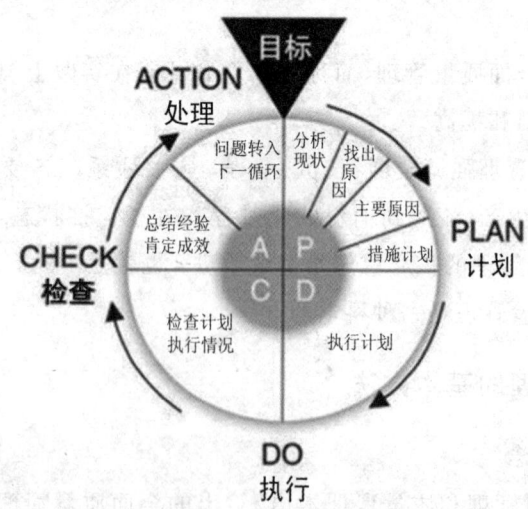

图 2-1　PDCA 循环示意图

第一阶段——计划(Plan)

计划简称为 P，这阶段的主要任务是制订措施计划。根据现状存在的问题或用户提出的质量要求，找出问题存在的原因和影响产品质量的主要因素，以此为依据制订措施计划，确定质量方针和质量目标、确定具体的活动计划和措施并明确管理事项，也就是找出存在的问题，分析产生问题的原因，找出主要原因，并制定对策。

计划阶段分成四个步骤：

(1)分析现状，找出目前存在的质量问题；

(2)找出产生问题的原因或影响因素；

(3)找出原因(或影响因素)中的主要原因(或影响因素)；

(4)针对主要原因制订解决问题的措施计划。

措施计划需要明确为什么要采取该措施(Why)，执行该措施预期达到的目的是什么(What)，在哪里执行措施(Where)，由谁来执行(Who)，什么时候开始执行以及何时完成(When)，如何执行(How)，这些问题通常简称为5W1H问题。

第二阶段——执行(Do)

执行简称为 D，该阶段的主要任务是按 P 阶段确定的计划，落实具体措施，并收集相应的数据，作为下一步工作的依据。

第三阶段——检查(Check)

检查简称为 C，该阶段的主要任务是检查计划的执行情况，调查计划执行的结果，并将工作与计划加以对照，得出成功的经验，找出存在的问题。

第四阶段——处理(Action)

处理简称为 A，这个阶段的主要任务是对 C 阶段执行的结果进行总结处理。对成功的经验加以肯定，并纳入标准或管理规范，形成制度；对失败的教训加以总结，防止类似问题的发生；遗留的问题则转入下一个循环，这是 PDCA 循环的关键步骤。

上述 PDCA 循环不仅适用于整个企业的质量管理，也适用于各部分、各环节工作的质量管理。实施全面质量管理，就必须要求各个环节、各项工作都按照 PDCA 循环的要求，周而复始地运转，不断发现问题和解决问题，从而实现持续改进的目标。

通过上面的分析不难看出，PDCA 循环具有以下特点，如图 2-2 所示。

(1)大环套小环，互相促进：企业是大循环，各部门又有小循环和更小的循环，具体落实到每个人都有一个自己的小小循环，环环相扣，各个循环之间彼此协调、相互促进。

(2)螺旋式上升：PDCA 循环不是停留在一个水平线上的循环，不断解决问题的过程就是管理水平逐步提升的过程。与前一次循环相比，每一次新的循环都有新的内容和目标，也就是前进了一大步，这样不断上台阶，质量管理水平就会逐步提高。

(3)关键在"处理"阶段：通过总结，肯定成效，找出问题，将取得的经验固定下来，并以此做为新的标准，纳入管理规范；对存在的问题则纳入下一个循环，制订新的计划和措施，加以改进，这是达到成功的关键环节。对一个循环完成以后的总结，无论是经验还是教训，对下一个循环都有无可替代的指导意义。

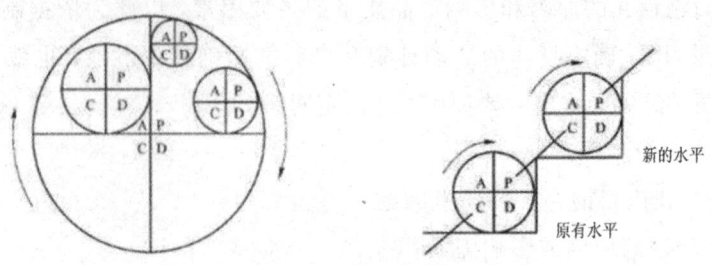

图2-2　PDCA循环的特点示意图

3. 全面质量管理的工具

全面质量管理的工具，就是在开展全面质量管理活动中，用于收集和分析质量数据，分析和确定质量问题，控制和改进质量水平的方法。这些方法都来自实践，不仅科学，而且实用性强，实行全面质量管理就应该学习和掌握这些方法，并应用到生产实际中，只有这样才能实现持续改进，不断提高质量管理水平。常见的方法有：

(1) 统计分析表法

质量管理讲究科学性，不是凭主观臆断，而是凭数据说话。因此，对生产过程中原始的质量数据进行收集、统计、分析是一项十分重要的工作。为此必须根据本班组、本岗位的工作特点，设计相应的统计分析表，进行有针对性的调查，收集相关数据，作为判别影响商品质量因素的重要依据。

(2) 排列图法

排列图法是找出影响产品质量主要因素的一种有效方法。

收集一定时期内有关产品质量问题的数据，列成数据表，将这些数据按不同的问题类型进行分类处理，作出排列图，借此可以找出影响产品质量的主要因素。例如，收集1个月或3个月或半年等时间段的废品或不合格品的数据，然后根据废品或不合格品产生的原因分门别类，作出排列图，就能够找出在对应时间段内影响产品质量的主要因素。

(3) 因果分析图法

因果分析图又叫特性要因图，因其外形像鱼刺，故而又叫鱼刺图，它是寻找质量问题产生原因的一种有效工具。

因果分析图由日本管理大师石川馨先生发明，也称为石川图，这是一种发现问题"根本原因"的方法，其特点是简洁实用、深入直观。它看上去有些像鱼骨，问题或缺陷(后果)标在"鱼头"外。在鱼骨上长出鱼刺，上面按出现概率的多少列出产生问题的可能原因，有助于说明各个原因之间是如何相互影响的。

(4) 分类法

分类法又叫分层法,是分析影响质量原因的方法。把收集的数据按照不同目的加以分类,把性质相同、在同一生产条件下收集的数据归在一起,这样可使数据反映的事实更明显、更突出,便于找出问题,并采取针对性措施解决问题。

分类的目的是把不同性质的问题分清楚,同时,便于分析问题,找出问题的成因,所以分类的方法可以根据需要而定,并没有任何硬性的规定。

(5) 直方图法

直方图是频数直方图的简称,它是用一系列宽度相等、高度不等的长方形表示数据的图表。长方形的宽度表示数据范围的间隔,长方形的高度表示在给定间隔内的数据值。直方图能够显示商品质量的波动情况,通过分析这种波动,就可以确定什么地方需要改进。

(6) 控制图法

控制图法是用以判断和预报生产过程中质量是否发生波动的一种常用方法,通过控制图能够区分质量发生波动的原因是偶然因素还是系统因素,因而能直接监视生产过程中产品的质量动态,具有稳定生产、保证质量、积极预防的作用。

(7) 散布图法

散布图法能够分析商品质量和影响商品质量因素之间的关系,大致显示商品质量和哪些因素相关,运用这种关系,有助于采取针对性措施,提高商品质量,是控制影响产品质量的相关因素的一种有效方法。

2.4.4 流通领域的商品质量管理

商品质量管理不是只局限在具体的产品质量上,而是注重建立企业产品的质量保障体系,也就是质量管理和保证的国际标准(习惯上称为ISO9000系列),从而保证与商品质量相关的所有因素均符合标准的要求。对商品流通领域来说,其质量管理与其中的各个环节都密切相关,这些环节主要有市场调研、采购、运输、储存、销售和售后服务质量管理等方面。

1. **市场调研质量管理**

市场调研也称为市场调查,是运用科学的方法,有目的地系统收集、记录、整理有关市场信息和资料,分析市场情况,了解市场现状及其发展趋势,为市场预测和决策提供正确依据的活动。通过市场调研质量管理能有效地减少企业在经营活动中的盲目性;有助于企业制订科学的购销计划,组织适销对路的商品;同时,也能够促进工业企业的更新换代和结构调整,为改进和提高商品质量提供可靠的依据。市场调研质量管理的主要内容包括消费者需求调查、经营商品的质量要求和特色调查、经营管理的费用调查等。

2. **采购质量管理**

采购是指个人或单位在一定的条件下从供应市场获取产品或服务作为自己的资源,满足自身需要或保证生产、经营正常开展而进行的一项经营活动。采购的基本作用就是将资源从供应者手中转移到用户手中,这既是一个商流过程,也是一个物流过程,前者是指通过商品交易、等价交换来实现商品所有权的转移;后者则是指通过运输、储存、包装、装卸、流通加工等手段来实现商品空间和时间的完整结合。采购质量管理，就是指对采购质量的计划、组织、协调和控制，通过对供应商的质量评估和认证，建立采购管理质量保证体系，保证企业物资供应的管理活动。

严格把好进货关，防止不合格商品和假冒伪劣商品进入流通领域，既是企业搞好商品质量管理的重要环节，也是流通领域质量管理的基础。采购质量管理的内容主要有：建立进货管理制度；编制采购计划；合理选择货源；签订商品质量合同；建立商品验收、检验制度；培训检验人员；对经销商品进行科学合理的分类管理等。采购质量管理是防止不合格产品和假冒伪劣产品进入流通领域的关键。

3. 运输质量管理

运输是指用特定的设备和工具，将物品从一个地点向另一个地点运送的物流活动。它是在不同地域范围内，通过对物进行的空间位移来实现商品的使用价值，满足社会的不同需要。运输是物流的中心环节之一，也是现代物流活动最重要的一个功能。

运输质量管理是流通领域质量管理的重要环节，商品运输质量管理要遵循及时、准确、安全、经济的原则。运输质量管理的主要内容是制订科学合理的运输计划；选择合理的运输路线；确定适宜的运输条件和运输工具；建立商品交接验收制度；采用先进合理的运输方式；科学堆放；文明装卸等。

4. 储存质量管理

通常情况下，储存就是指物品的存放、管理和保护，狭义的储存质量管理就是指应用科学原理方法对仓储商品进行的管理与养护。

储存质量管理应贯彻"预防为主"的原则，最大限度地避免或减少商品在储存期间的质量变化和损失。储存质量管理的主要内容是：制订商品储存计划、建立商品出入库验收制度和仓库管理制度、选择适宜的储存条件、科学进行商品养护、做好商品的在库检查，及时发现和处理商品质量问题、加快商品出库速度，提高经济效益。

5. 销售质量管理

销售是以一定的方式向第三方提供产品或服务的行为，还包含为促进该行为进行的有关辅助活动。销售质量管理直接影响着企业的信誉和消费者的利益，也直接影响着商品质量。销售质量管理的主要内容是编制商品销售计划、制定合格营业员条件、确定适宜的销售环境、规定销售过程及其质量要求、培训营业员，提高服务质量，保护企业信誉和消费者的合法权益。

6. 售后服务质量管理

售后服务就是在商品售出以后所提供的各种服务活动。从推销的角度来看，售后服务本身就是一种促销手段，推销人员要充分利用售后服务来提高企业的信誉，扩大产品的市场占有率，提高推销工作的效率。

为做好售后服务工作，商业企业要收集和整理商品质量信息，提高服务质量。售后服务质量管理的主要内容有制定和实行三包规定、送货上门、免费安装调试、免费培训、开展技术咨询服务和质量信息反馈等。

本章练习

一、名词解释

1. 商品质量

2. 全面质量管理

二、单项选择题

1. 下列各项不是判断商品质量依据的是（　）。
   A.法律法规　　　　　B.商品标准　　　　　C.购销合同条款　　　D.商品价格

2. 全面质量管理的核心思想是（　）。
   A.PDCA 循环　　　　B.持续改进　　　　　C.总结经验　　　　　D.全员参与

3. 在形成环节上，（　）不是商品质量构成的要素。
   A.设计质量　　　　　B.制造质量　　　　　C.市场质量　　　　　D.附加质量

4. 在组成上，（　）不是商品质量构成的要素。
   A.自然质量　　　　　B.社会质量　　　　　C.经济质量　　　　　D.附加质量

5. 下列各项（　）不是食品类商品质量的基本要求。
   A.安全无害　　　　　B.营养价值　　　　　C.色香味形　　　　　D.物美价廉

6. 衡量食品营养价值的主要指标不包括（　）。
   A.营养成分　　　　　B.可消化率　　　　　C.热量　　　　　　　D.食品价格

7. 家用电器类商品质量的基本要求中最重要的是（　）。
   A.多功能性　　　　　B.美观性　　　　　　C.安全可靠性　　　　D.价廉物美

8. 商品全面质量管理的工具和技术中，用于寻找影响产品质量主要问题的方法是（　）。
   A.排列图法　　　　　B.因果分析图　　　　C.直方图法　　　　　D.控制图法

9. 防止不合格商品和假冒伪劣商品进入流通领域的关键是（　）。
   A.市场调研质量管理　B.采购质量管理　　　C.运输质量管理　　　D.销售质量管理

10. （　）是商品进入市场的通行证。
    A.商品的包装　　　　B.商品品种　　　　　C.商品质量　　　　　D.商品价格

11. PDCA 循环的关键环节是（　）。
    A.计划　　　　　　　B.执行　　　　　　　C.检查　　　　　　　D.处理

12. 商品质量管理是对（　）的质量管理。
    A.生产领域　　　　　B.流通领域　　　　　C.消费领域　　　　　D.以上所有领域

三、多项选择题

1.在商品生产过程中,影响商品质量的因素主要有(　　)。
　A.产品开发设计　　　B.原材料　　　　C.生产工艺　　　　D.商品包装　　　　E.商品运输
2.在流通领域,影响商品质量的因素有(　　)。
　A.商品运输　　　　　B.商品储存　　　C.商品装卸　　　　D.商品包装　　　　E.原材料
3.戴明循环的内容包括(　　)。
　A.计划　　　　　　　B.执行　　　　　C.检查　　　　　　D.处理　　　　　　E.反馈
4.人们对商品质量的认识和理解,是随着(　　)而变化的。
　A.生产环境　　　　　B.社会生产　　　C.经济发展　　　　D.技术进步　　　　E.商品价格
5.全面质量管理常用的方法主要有(　　)。
　A.排列图　　　　　　B.因果分析图　　C.直方图　　　　　D.控制图　　　　　E.散布图

四、填空题

1.狭义的商品质量是指商品与_____规定的符合程度。
2.商品质量在表现形式上由_____、_____、_____三部分构成。
3.商品质量在形成环节上由_____、_____、_____三部分构成。
4.商品质量在组成上由_____、_____、_____三部分构成。
5.食品类商品质量的基本要求是_____、_____和_____。
6.影响商品质量的主要因素有_____、_____、包装、运输、储存、消费心理和消费习惯等。
7.质量管理发展的三个阶段是_____阶段、_____阶段和_____阶段。
8.PDCA循环的四个阶段是指_____、_____、_____和_____,关键是_____。
9.全面质量管理的技术和工具主要有_____、_____、_____、控制图法、散布图法等。
10.流通领域的商品质量管理主要内容有_____、_____、销售质量管理、_____,其中_____是预防不合格商品进入流通领域的关键。

五、判断题

1.防止不合格商品和假冒伪劣商品进入流通领域的关键是采购质量管理。　　　　(　　)
2.因果分析法是寻找产品质量问题产生原因的一种有效工具。　　　　　　　　　(　　)
3.全面质量管理是一种消极的事后管理。　　　　　　　　　　　　　　　　　　(　　)
4.商品质量是由原材料和生产工艺共同决定的。　　　　　　　　　　　　　　　(　　)

5.商品质量事关商品销售,所以商品质量问题就是一个经济问题。 ( )
6.商品的质量管理就是指商品生产过程的质量管理。 ( )
7.流通领域的商品质量管理就是商品采购的质量管理。 ( )
8.PDCA 循环的关键是计划的制订。 ( )
9.商品质量管理不是只局限在具体的商品质量上,而是应该建立质量保障体系。 ( )
10.全面质量管理的核心思想就是持续改进。 ( )

六、简答题

1.简述商品质量的构成。

2.简述食品类商品的质量要求。

3.影响商品质量的因素有哪些?

4.商品质量管理的发展经历了哪几个阶段?各阶段的主要特征是什么?

5.PDCA 循环的四个阶段和八个步骤分别是什么?

6.流通领域的商品质量管理包含哪些方面?

第 3 章

商品的分类与编码

教学目标

☞ **知识目标**

掌握商品分类的概念和分类的意义,掌握商品分类的原则和方法;
掌握商品分类标志的概念,理解常见的分类标志;
掌握商品分类的方法,理解商品的线分类体系和面分类体系以及各自的特点;
理解商品代码的概念,理解商品编码的原则,了解层次编码法、平行编码法和混合编码法,了解EAN-13码的结构,了解ISBN、ISSN编码体系,理解条形码的基本概念;
了解商品目录的概念和商品目录的种类。

能力目标

初步具备按经营需要进行商品分类的能力,能正确选择商品分类标志;
具备使用线分类法对商品集合体进行分类的能力,能理解商品在分类体系中位置代表的含义;
初步具备按需要进行商品编码的能力;
能读懂商品目录。

素质目标

培养学生科学的思想方法和理论联系实际的能力;
培养学生严谨的工作态度和认真细致的工作作风;
培养学生的整体观念和统筹协调能力;
培养学生梳理按规则办事的意识。

市场上商品种类繁多，品种琳琅满目，各种商品的质量要求千差万别，面对数以十万计的商品，如何满足生产、流通、经营、服务等各方面管理的需要，方便消费者购买，商品的分类就是简单有效的方法。对商品进行科学合理的分类，并编制出简便实用的商品目录，这也是商品学研究的一个重要内容。

3.1 商品分类的概念和意义

3.1.1 商品分类的概念

商品分类是指根据一定的目的，选择恰当的标志，按照一定的原则和方法，将一个商品集合体逐级进行划分并形成系统的过程。商品分类的方法很多，不同组织的管理目的、范围和需要并不相同，因此，商品分类的结果，也就是最终形成的商品分类体系也不一样。

多数情况下，商品分类都是将商品划分成大类、中类、小类、品种、细目等多个层级，范围逐渐缩小，特征趋于一致的局部集合体。

商品大类一般是按商品生产和流通的行业划分的，大类的划分既要与生产行业对接，又要与流通环节相适应，如五金类、化工类、食品类、水产类等都属于商品大类。

商品中类一般是指具有若干共同性质或特征商品的总称，如食品类商品又可分为蔬菜和水果、肉和肉制品、乳和乳制品、蛋和蛋制品等。

商品小类是根据商品的某些特点和性质进一步划分的，如针棉织品又可分为针织内衣类、针织外衣类、羊毛衫类等。

商品品种是按商品的特性、成分等特征来划分的，一般指具体商品的名称，如西服、洗衣机、皮鞋、啤酒等都属于品种。

商品细目是对商品品种的详细区分，包括商品的花色、规格、品级等，如 180/112 A 型男式西服、23 号女式高跟皮鞋等。

在不同的时期，商品的范围、分类对象并不完全相同，因此，商品分类的层次也不一样。表 3—1 中列出了部分商品的分类。

表 3—1　　　　　　　　　　　　商品分类应用实例

商品类目名称	应用实例	
商品大类	食品	日用工业品
商品中类	食粮	家用化学品
商品小类	乳和乳制品	洗涤用品
商品品种	全脂饮用牛奶	茉莉香型香皂
商品细目	180/112 A 型男式西服	23 号女式高跟皮鞋

3.1.2 商品分类的意义

商品分类既是商品学研究的基础,也是国民经济管理现代化的先决条件。随着科学技术的进步和市场经济的不断发展,商品种类日趋增多,商品分类的意义也显得越来越重要。

通过商品分类,可以将成千上万种商品在生产、流通、经营管理中,应用科学的方法进行条理化、系统化,以实现商品使用的合理化和流通管理的现代化;商品分类为国民经济各部门各企业实施各项管理活动奠定了科学的基础;商品分类既有利于推行标准化活动,也有利于开展商品研究和教学工作,便于消费者和用户选购商品。

3.1.3 商品分类的原则

为了使商品分类能够满足特定的管理目的和需要,商品分类时必须遵循以下基本原则:

(1)科学性原则:指商品在分类时所选择的标志必须能反映商品的本质特征并具有明显的区别功能和稳定性,以满足分类的客观要求,发挥分类的作用。科学性是商品分类的基本前提。

(2)系统性原则:商品分类的系统性是指以选定的商品属性或特征为依据,将商品总体按一定的排列顺序予以系统化,并形成一个合理的科学分类系统。商品总体分成若干门类,门类下划分为若干大类,大类再分为若干中类,中类分为若干小类,直至分为品种、规格、花色等。系统性是商品分类的关键。

(3)实用性原则:商品分类首先应满足国家政策、总体规划的要求,同时应充分考虑满足生产、流通及消费的需要。因此,商品分类应尽最大的努力结合各部门、各系统、各行业、各企业及消费者的实际,满足各方面的需要。实用性是检验商品分类合理性的实践标准。

(4)可延性原则:又称后备性原则,是指商品分类时,要事先设置足够的收容类目,以保证新产品出现时不打乱原有的分类体系和结构,同时为下级部门在本分类体系的基础上进行细分创造条件。

(5)兼容性原则:商品分类不仅要与国家政策和相关标准协调一致,还应与原有的商品分类保持连续性和可转换性,以便进行历史资料对比。

(6)唯一性原则:商品分类体系中的每一个分类层次只能对应一个分类标志,以免产生子项互不相容的逻辑混乱。

3.1.4 商品分类的方法

1.商品分类标志

商品分类标志是表明商品特征,用以识别商品类别的属性,是商品分类的重要依据和基准。要对商品进行科学合理的分类,就必须选择合适的分类标志。商品的用途、商品的原材料、商品的生产工艺和加工方法、商品的主要成分或特殊成分等,都是常用的商品分类标志,在某些特殊情况下,商品的质量、市场范围、产地,甚至商品的形状、重量、花色等,也可以作为分类标志使用。

(1) 以商品的用途作为分类标志

商品的用途是商品使用价值的直接体现,是商品构成的核心要素,同时也是判定商品质量的重要依据,所以按商品的用途进行分类,在实际工作中应用最为广泛,它不仅适用于商品大类的划分,也适用于对商品种类、品种等的进一步细分。

例如,根据商品的基本用途,将商品分为生产资料与生活资料两大类;生活资料商品又按不同用途分为食品、衣着用品、家用电器、日用品等类别;在日用商品类中,可按用途分为鞋类、玩具类、洗涤用品类、化妆品类等;在化妆品中,按用途还可以再分为皮肤用化妆品和毛发用化妆品等;在此基础上还可以进一步细分,如毛发用品还可以继续分为清洁类、护发养发类、染发剂等。

以用途为标志的分类方法,便于对相同用途的商品质量进行分析比较;有利于消费者按用途选购商品;有利于商品生产者提高商品质量,开发商品新品种;有利于商业部门搞好商品的经营管理。但要注意的是,对多用途商品进行分类时,不宜选择用途作为分类标志,否则就会产生一种商品在某个分类体系中重复出现的情况,造成混乱。

(2) 以商品的原材料为分类标志

原材料的种类和质量,在很大程度上决定了商品的性能和质量,所以选择以原材料为标志的分类方法也是商品的重要分类方法之一。

例如,纺织品以原材料为标志可以分为棉织品、麻织品、丝织品、毛织品、化纤织品、混纺织品等;皮鞋以原材料为标志可以分为牛皮鞋、猪皮鞋、羊皮鞋等。

以原材料为分类标志进行分类,条理清楚,区分度好,但对于由多种原材料构成的商品,则不宜采用原材料作为标志进行分类,如电冰箱、电视机、钟表等,它们由多种原材料制成,不能选择以原材料为标志进行分类。

(3) 以商品的生产加工方法为分类标志

我们知道,原材料是决定商品性能与质量的重要因素之一,但是有很多商品,即使采用相同的原材料,由于生产方法和加工工艺不同,所形成商品的质量水平、性能、特征等都有明显的差异。因此,对相同原材料并且有多种加工方法生产的商品,常常选择生产加工方法作为分类标志进行分类。

例如,酒类商品大多是以粮食为原料经发酵而成的,但按酿造工艺的不同得到的酒的品质有着显著差别,按酿造工艺的不同,酒类可分为蒸馏酒、发酵酒、配制酒等不同类型。又如茶叶按加工方法的不同可以分为发酵茶、半发酵茶和不发酵茶等类型。

需要强调的是,对那些虽然生产方法不同,但产品质量、特征没有实质性区别的商品,则不宜选择生产加工方法作为分类标志进行分类。比如,平板玻璃的生产方法有浮法和垂直引上法,两者的生产工艺显著不同,但最终获得的产品质量和特征并没有实质性不同,所以玻璃的分类不宜采用以生产工艺为分类标志。

(4) 以商品的主要成分或特殊成分为分类标志

商品的许多性能、质量、用途往往由商品的成分决定,其中,尤为重要的是组成商品的主要成分或特殊成分,对这样的商品进行分类时,可以选择商品的主要成分或特殊成分作为分类标志，反映其主要性能和用途。

例如，塑料制品可按其主要成分——合成树脂的不同，分为聚乙烯塑料制品、聚氯乙烯塑料制品、聚苯乙烯塑料制品、聚丙烯塑料制品等；又如，玻璃的主要成分是二氧化硅，其中的一些特殊成分对玻璃的性能和质量以及用途会产生重要影响，选择这些特殊成分作为分类标志，可以很清楚地进行玻璃的分类，习惯上根据玻璃中添加的特殊成分可将玻璃分为钠玻璃、钾玻璃、铅玻璃、钴玻璃、硅硼玻璃等类型。

值得注意的是，对化学成分比较复杂或化学成分不明显的商品，则不宜采用以主要成分或特殊成分作为分类标志进行分类。

(5)以商品的其他特征为分类标志

除上面介绍的这些分类标志外，商品的形状、结构、尺寸、颜色、重量、产地、产季等均可作为商品分类的标志，这些分类标志特点是概念清楚、形象直观、特征具体、通俗易记、便于区别，也更容易为消费者所接受。

2.商品分类的方法

商品分类的基本方法有两种：一种是线分类法，另一种是面分类法。在建立商品分类体系或编制商品分类目录时，也常常将这两种方法结合起来使用。

(1)线分类法

线分类法又称层级分类法，它是将拟分类的商品集合体按选定的分类标志逐次分成若干个层级，并编制成一个有层级的、逐级展开的分类体系，这个体系称为线分类体系。

线分类体系的一般表现形式是按大类、中类、小类等级别不同的类目逐级展开，在这个体系中，同一个层级上只能使用一个分类标志，不同的层级上所选用的分类标志既可以是相同的，也可以是不同的；分类体系中上下层级的类目之间具有相互的隶属关系，也就是说下一层级必须隶属于上一层级，或者说上一层级必须包含下一层级，而同一个层级上各个类目之间则构成并列关系，图3－1是线分类体系结构示意图。

从图中可以看出，左右的类目是上下层级关系，上下类目则是同一层级，它们之间的隶属或并列关系是一目了然的。

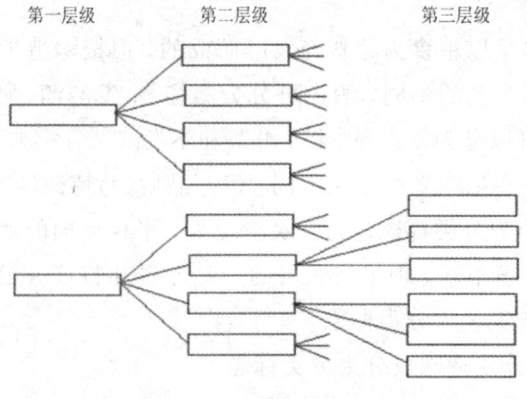

图3－1 线分类体系结构示意图

需要强调的是,采用线分类法进行商品分类时,同一层级上只能选择一个分类标志,这是唯一性原则的必然要求,不同层级可以选用不同的分类标志,类目之间不重复、不交叉。表 3-2 是线分类法的示例。

表 3-2　　　　　　　　　　　　　物质的分类(线分类法示例)

	第一层级	第二层级	第三层级	举例
物质	单质	金属	活泼金属	钾、钙、钠、镁
			较活泼金属	锌、铁、铅
			不活泼金属	金、银、铜、铂
		非金属	活泼非金属	硫、氟、氯、氧
			不活泼非金属	碳、硅、砷
	化合物	碱	强碱	氢氧化钠、氢氧化钾
			弱碱	氨水
		酸	强酸	盐酸、硫酸、硝酸
			弱酸	醋酸、氢硫酸
		盐	强酸强碱盐	氯化钠、硝酸钾
			强酸弱碱盐	氯化锌、硫酸铜
			弱酸强碱盐	硫化钠、醋酸钾
			弱酸弱碱盐	醋酸铵、氟化铵

从上面的例子中可以看出,线分类体系的优点是分类层次清楚、信息容量大;缺点是结构弹性较差,所以分类时应该留有补充的余地。

(2)面分类法

面分类法又称平行分类法,它是将拟分类的商品集合总体根据选取的分类标志,分成相互之间没有隶属关系的若干个面,每个面都按照各自的分类标志包含一组类目,使用时将每个面中的一种类目与另一个面中的一种类目组合在起来,就组成一个复合类目,图 3-2 就是面分类体系的结构示意图。

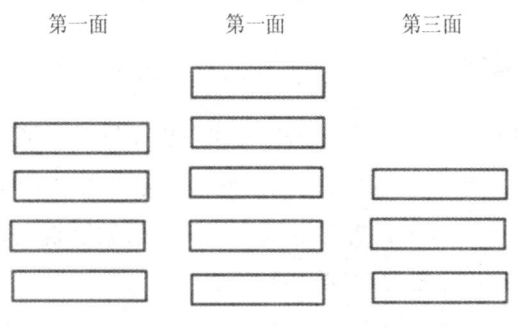

图 3-2　面分类体系结构示意图

服装的分类通常按照面分类法进行，把服装的面料、服装的款式、服装的穿着用途分为三个互相之间没有隶属关系的面，每一个面又分成若干个类目。使用时，将各个面中的有关类目组合搭配起来就构成了分类类目，如纯毛男式西装、纯棉女式连衣裙等。表3-3是面分类法的一个示例。

表3-3 服装的分类（面分类法示例）

面一	面二	面三
服装面料	服装式样	服装款式
纯 棉	男式	中山装
纯 毛		西 装
真 丝		猎 装
涤 棉	女式	夹 克
毛 涤		连衣裙
中长纤维		衬 衫

由面分类法构成的分类体系称为面分类体系。从上面的例子中可以看出，面分类法的优点是结构弹性好，容量可以扩充；缺点是结构较复杂，还有些组合没有意义，如将表3-3中所列的三个分类标志进行组合，可以得到72种不同方式，其中大部分组合方式是合理的，但也有一些组合，如纯毛男式连衣裙等，明显没有意义。所以，面分类法通常不单独使用，一般作为线分类法的补充。

在商品分类的实际工作中，通常的做法是先选择一个主要标志，将商品分成若干个大类，然后再按不同的标志依次地将每个大类的商品划分成若干个中类、小类直至细目等，这样就形成了一个完整的商品分类体系，这样的一个分类体系必须涵盖所有的商品总体，而且每一种商品只能出现一次。

3.2 商品编码

3.2.1 商品编码的概念

商品编码就是用一组有序的符号来标识分类体系中不同类目商品的过程，编码中使用的标识性符号称为商品代码，所以，商品编码就是根据一定的规则赋予分类体系中各种商品以相应代码的过程。商品代码通常由具有一定规律的阿拉伯数字组成，它是商品目录的组成部分，商品分类与代码共同构成了商品目录的完整内容。

使用商品代码，有利于加强企业的经营管理，提高工作效率；也便于开展计划、统计、物价管理及核算工作，可以简化业务手续；使用商品代码还便于记忆和清点商品，便于实现计算机管理;对容易混淆的商品名称,使用商品代码还可以避免差错。

3.2.2 商品代码的编制方法

从功能上划分,商品代码可以分为分类代码和标识代码两类。

1. 商品分类代码的编写原则

分类代码能够表明某种商品在分类体系中所处的位置,反映该商品在分类体系中与其上下层级类目的隶属关系,或者同一层级类目之间的并列关系。显然,分类代码是有含义代码,它不仅可以作为编码对象的唯一的记号,起到代替编码对象名称的作用,还能够提供编码对象的相关分类信息。

编写商品分类代码时,应遵循唯一性、简明性、层次性、可扩性、稳定性、统一性和协调性原则。

(1) 唯一性原则

是指必须保证每一个编码对象只有唯一的商品代码,即每个商品代码只能与指定的商品类目一一对应,从而确保一种商品在一个分类体系中只出现一次。

(2) 简明性原则

是指商品代码应简明、易记,尽可能减少代码长度,这样既便于手工处理,减少差错率,也能减少计算机的处理时间,节省存储空间。

(3) 层次性原则

是指商品代码要层次清楚,能清晰地反映商品的分类关系、分类体系以及目录内部固有的逻辑关系。

(4) 可扩性原则

是指在商品代码结构体系里,应留有足够的备用码,以适应新类目的增加和旧类目删减的需要,使扩充新代码和压缩旧代码成为可能,从而保证分类代码结构体系可以进行必要的修订和补充。

(5) 稳定性原则

稳定性原则是指商品代码确定后,要在一定时期内保持稳定,不能频繁变更,以保证分类编码系统的稳定性,避免造成人力、物力、财力的浪费。

(6) 统一性和协调性原则

是指商品代码要同国家商品分类编码标准相一致,与国际通用的商品分类编码标准相协调,以利于实现信息交流和信息共享。

总之,在编制商品分类体系和商品分类目录时,对上述编码原则应根据使用的要求综合考虑,力求达到最优化的效果。

2. 商品标识代码的编写原则

商品标识代码,通常是指由国际物品编码协会 EAN·UCC 系统的编码标准规定,并用于全球统一标识商品的数字型代码。它包括EAN/UCC-13、EAN/UCC-8、EAN/UCC-12和EAN/UCC-14共四种代码,这些标识代码又成为商品条形码(商品条码),商品条码是用来表示国际通用的商品标识代码的一种模块组合型条码,可被计算机快速识读和处理。

中国物品编码中心(ANCC)成立于1989年,由国务院授权,统一组织、协调、管理全国的条码工作。1991年,ANCC代表中国加入EAN。经过多年的探索,研究制定了一套适合我国国情、技术上与国际接轨的标识系统,称为ANCC系统。

在编写商品标识代码时,必须遵守唯一性、稳定性、无含义性等原则。

(1)唯一性原则

唯一性原则是商品编码的基本原则,也是商品编码最重要的一条原则。它是指同一项目的商品应分配相同的商品标识代码,不同项目的商品必须分配不同的商品标识代码,基本特征相同的商品应视为同一商品项目,基本特征不同的商品应视为不同的商品项目。商品的基本特征通常包括商品名称、商标、种类、规格、数量、包装类型等。商品的基本特征一经确定,只要商品的一个基本特征发生变化,就必须分配一个不同的商品标识代码。

(2)稳定性原则

是指商品标识代码一旦分配,只要商品的基本特征没有发生变化,就应保持不变。同一商品项目,无论是长期连续生产,还是间断式生产,都必须采用相同的标识代码。即使该商品项目停止生产,其标识代码应至少在4年内不能用于其他商品项目。另外,即便商品已不在供应链中流通,由于要保存历史记录,需要在数据库中较长期地保留它的标识代码,因此,在重新启用被淘汰的商品标识代码时,需要考虑这个因素。

(3)无含义性原则

商品标识代码是无含义代码,代码本身不提供任何有关编码对象的信息,代码作为编码对象的唯一标识,只起到代替编码对象名称的作用。通常情况下,商品标识代码仅仅是一种识别商品的手段,而不是商品分类的手段。无含义性原则使商品编码具有简单、可靠、灵活、充分利用代码容量、生命力强等优点。

商品标识代码和商品条码主要用于对零售商品、非零售商品的统一标识。零售商品就是指在零售端POS系统自动扫描结算的商品;非零售商品则是指不经过POS系统扫描结算,主要用于配送、仓储或批发等环节的商品,包括单个包装的非零售商品和含有多个包装等级的非零售商品。

上面提到的POS(Point of Sale)系统,全称为销售时点信息系统,它是利用收款机作为终端与计算机相连,并借助于光电识读设备作为计算机录入商品信息的结算系统。当带有条码符号的商品通过扫描时,商品条码的信息被输入计算机,计算机会自动从数据库文件中调阅到该商品的名称、单价、销售数量、销售时间、销售店铺等信息,经过数据处理后,自动打印出相关信息,同时通过通信网络和计算机系统传送至有关部门进行分析加工,从而提高经营效率。

3.商品分类代码的编写方法

从形式上来看,商品代码按其所用的符号类型,可以分为数字型代码、字母型代码、字母和数字混合型代码、条码四类,其中,普遍采用的是数字型代码和条码两类。

数字型代码是用若干个阿拉伯数字(一般为2位数字)表示商品所属类别的代码,其特点是结构简单、使用方便、易于推广,便于计算机处理,是目前使用最普遍的代码。

经国务院批准,1987年我国颁布了全国工农业产品(商品及物资)分类代码标准 GB7635-87,统一了全国商品的分类和代码。根据这一国家标准,数字型代码通常采用顺序编码法、系列顺序编码法、层次编码法、平行编码法、混合编码法等方式进行编写。

(1)顺序编码法

顺序编码法就是按照商品类目在分类体系中出现的先后顺序,依次给予商品数字代码的编码方法。该法的优点是简单方便,易于编写;存在的不足是,代码本身与编码对象在分类体系中的位置信息之间没有关联,代码无法提供更多分类对象的信息。

为了满足信息处理的要求,顺序编码法一般采用等长码,也就是分类集中每个对象被赋予的代码长度(位数)都相同。显然,当分类对象集体很大的时候,这一点很难满足要求,所以顺序编码法通常用于容量不大的编码对象集合体。

(2)系列顺序编码法

将顺序数字代码分成若干系列(或称为段),并使其与编码对象的某个分类标志一一对应,在此基础上再赋予每段分类编码对象以一定的顺序代码,这样的编码方法称为系列顺序编码法。应用这个方法时,首先要将整个编码对象集合体按一定的分类标志划分为几个系列,每个系列再按顺序给予相应的代码,并在每个系列中都留有足够的备用代码,以方便补充完善。显然,当分类深度较大的时候,代码的系列会比较多,赋予对象的代码也会越来越长,所以,系列顺序编码法只适用于分类深度不大的编码对象集合体。

系列顺序编码法的优点是代码与编码对象的属性或特征之间存在直接联系,也就是说代码能够提供编码对象的某些特征信息,这与线分类体系的特点相一致;存在的不足是当代码过多时会影响计算机处理的速度。

(3)层次编码法

层次编码法是代码层次与分类层次相一致的编码方法,该方法按商品目录在分类体系中的层级顺序依次赋予各层次相应的数字代码,主要用于线分类体系。

层次编码法的优点是代码比较简单、信息容量大、逻辑性强,能明确反映分类编码对象的属性或特征及其相互关系,便于计算机汇总数据;缺点是结构弹性较差,需要预留出相当数量的备用号码从而使得代码延长。

层次编码法编制方法为:代码结构共分四层,即大类、中类、小类、品种,由8位数字组成,每2位为一层,从01~99。当第一、第二、第三层类目不需要进行细分时,其代码后面补"0",直至第八位。各层均留有适当空码,以备增加或调整类目时使用,各层数字为"99"的代码均表示收容类目。当某一层内分成若干区间时，每个区间的收容类目一般用末位数字为"9"的代码表示，图3-3是层次编码结构示意图。

```
    ××      ××      ××      ××
    第一层    第二层    第三层    第四层
    大类     中类     小类     品种
```

图3-3　层次编码结构示意图

(4)平行编码法

对每个分类层面确定一定数量的码位，用代码表示各组数列之间是平行关系的代码编制方法，称为平行编码法，该法主要用于面分类体系。

(5)混合编码法

混合编码法是层次编码法和平行编码法的合成，即把分类对象的各种属性或特征分别列出来，其中，某些属性或特征用层次编码表示，另一些特征用平行编码法表示，是层次编码法和平行编码法的混合，该法吸收了两种方法的优点，效果通常比较理想。

需要注意的是，采用英文字母作为商品代码编制字母型代码时，I/O/Q/Z四个字母由于容易和某些数字混淆，所以弃之不用，因此，常用的字母只有22个。

4.商品标识代码的编写方法

中国物品编码中心ANCC（Article Numbering Center of China）制定的ANCC系统，是一套全球统一的标准化编码系统，国际上称为EAN/UCC系统。该系统对流通领域中所有的产品与服务的标识代码及附加属性代码都进行了规定，由于比较复杂，这里不做详细介绍。

3.2.3 商品条形码

1.条码的技术

商品条形码是商品包装上常见的一种图形，它是由一组宽窄不同、黑白或彩色相间的平行线及其对应的字符，依照一定的规则排列组合而成的条空数字图形，是利用光电扫描设备进行识读，并实现实时计算机输入的一种特殊代码。条形码中规则排列的条、空及其对应字符组成的标记，可以用来表达制造厂商、产地、名称、规格、特性、生产日期、数量、价格等信息，因而成为了商品的"身份证"。

条码技术是迄今为止最经济、最实用的一种自动识别技术，它具有以下几个方面的优点：

(1)输入速度快：与键盘输入相比，条码输入的速度是键盘输入的5倍，并且能实现"即时数据输入"。

(2)可靠性高：一般情况下，键盘输入数据的出错率约为三百分之一，利用光学字符识别技术出错率约为万分之一，而采用条码技术的误码率低于百万分之一。

(3) 采集信息量大：利用传统的一维条码一次可采集几十位字符的信息，二维条码更可以携带数千个字符的信息，并有一定的自动纠错能力，这些携带的信息包括商品名称、产地、价格、数量、厂家、国别等，通过解码器识别后进入计算机系统进行加工处理。

(4) 灵活实用：条码标识既可以作为一种识别手段单独使用，也可以和有关识别设备组成一个系统实现自动化识别，还可以和其他控制设备连接起来实现自动化管理。

另外，条码还具有标签制作容易、设备和材料要求低、识别操作简单，不需要进行特殊培训，而且设备也相对便宜等许多优点。

商业是最早应用条码技术的领域。在商业自动化系统中，商品条码是关键。前面介绍的POS系统就是条码技术最早应用的典型实例。POS系统以条码为手段，以计算机为中心，借助光电识读设备为计算机录入商品信息，实现对商品的进货、销售、存货的实时管理，快速反馈进、销、存各个环节的信息，为经营决策提供实时、准确的信息。

自动化立体仓库是现代工业生产的一个重要组成部分，在自动化立体仓库中利用条码技术，可以完成仓储货物的导向、定位、入格等自动操作，大大提高了识别速度，减少了人为差错，从而大大提升了仓储管理水平。

条码技术还广泛应用于交通管理、金融文件管理、商业文件管理、病历管理、血库血液管理以及各种分类技术方面。如今，作为数据标识和数据自动输入的一种手段，条码技术已被人们广泛使用，并已渗透到计算机管理的各个领域。

2. EAN 码

EAN(European Article Numbering System)码，是国际物品编码协会制定的一种商品用条码，通用于全世界。EAN 码符号有标准版（EAN－13）和缩短版（EAN－8）两种，我国的通用商品条码与 EAN－13 等效。EAN 码是当今世界上广为使用的商品条码，已成为电子数据交换（EDI）的基础，我们日常购买的商品包装上所印的条码一般都是 EAN 码。

EAN－13 码由前缀码（又称国别码，前 3 位）、厂商识别码（其后 4 位）、商品项目代码（5 位）和校验码（最后 1 位）组成。

前缀码是国际 EAN 组织标识各会员组织的代码，中华人民共和国可用的国家代码有 690～695，生活中最常见的国家代码为 690～693；厂商识别码是 EAN 编码组织在 EAN 分配的前缀码的基础上分配给厂商的代码；商品项目代码由厂商自行编码；校验码是为了校验代码的正确性而设置的。在编制商品项目代码时，厂商必须遵守商品编码的基本原则，对同一商品项目的商品必须编制相同的商品项目代码，对不同的商品项目必须编制不同的商品项目代码，以此保证商品项目与其标识代码的一一对应，即一个商品项目只有一个代码，一个代码只标识一种商品项目。

从结构上来看，EAN－13 商品条码是表示 EAN/UCC－13 商品标识代码的条码符号，由左侧空白区、起始符、左侧数据符、中间分隔符、右侧数据符、校验符、终止符、右侧空白区及供人识别字符组成，如图 3－4 所示。

图3-4 EAN-13码结构示意图

左侧空白区:位于条码符号最左侧与空的反射率相同的区域,其最小宽度为11个模块。

起始符:位于条码符号左侧空白区的右侧,是表示信息开始的特殊符号,由3个模块组成。

左侧数据符:位于起始符右侧,是表示6位数字信息的一组条码字符,由42个模块组成。

中间分隔符:位于左侧数据符的右侧,是平分条码字符的特殊符号,由5个模块组成。

右侧数据符:位于中间分隔符右侧,是表示5位数字信息的一组条码字符,由35个模块组成。

校验符:位于右侧数据符的右侧,表示校验码的条码字符,由7个模块组成。校验符的作用是检验前面12个数字的设置是否正确,在条码机每次读入数据时,都会自动进行一次数据符的计算并将计算结果与校验符进行比对,从而判断正确与否。校验符的计算方法非常简单,就是将12个数据符从左侧起所有奇数位的数字相加得到一个和值a,将所有偶数位的数字相加得到一个和值b,然后将b乘以3再与a相加得到数值c,用10减去c的个位数,如果计算的结果不是10,则该结果就是检验符本身;如果结果正好是10,则规定检验符为0。

终止符:位于条码符号校验符的右侧,是表示信息结束的特殊符号,由3个模块组成。

右侧空白区:位于条码符号最右侧与空的反射率相同的区域,其最小宽度为7个模块。为保护右侧空白区的宽度,可在条码符号右下角加">"符号。

供人识别字符:位于条码符号的下方,是与条码字符相对应的供人识别的13位数字,最左边一位称前置码。供人识别字符优先选用OCR-B字符集,字符顶部和条码底部的最小距离为0.5个模块。标准版商品条码中的前置码都印制在条码符号起始符的左侧。

如听装健力宝饮料的条码为6901010101098,其中,690代表我国EAN组织,1010代表广东健力宝公司,10109是听装饮料的商品代码。这样的编码方式就保证了无论在何时何地,6901010101098均对应于广东健力宝公司生产的听装健力宝饮料。

此外,北美通用产品条码,即UPC(Universal Product Code)码,也是国际上较为常见的条形码,它是美国统一代码委员会制定的一种商品用条码,主要用于美国和加拿大地区,我们在美国进口的商品上可以看到,这里不再介绍。

3.店内码

日常生活中我们经常看到,在拥有自动扫描系统的商店内,为方便POS系统对商品的自动扫描结算，商店对一些没有条码或无法识别条码的商品自行进行编码，这种仅限于商店内部使用的条码，称为店内码，现行许多中、小型超市都使用店内码。

店内条码的使用大致有两种情况：一种是用于商品变量消费单元的标识，如鲜肉、水果、蔬菜、熟食等散装商品，它们一般都是按基本计量单位计价，满足随机数量销售要求的，其编码生产厂家无法承担，只能由零售商完成。零售商进货后，常常要根据顾客的不同需要重新分装，采用专有设备(如具有店内条码打印功能的智能电子秤)对商品称重并自动编码同时制成店内条码标签；另一种是用于商品定量消费单元的标识，它们大多为规则包装的商品，都是按商品件数计价销售的，本来应该由生产厂家编印条码，但由于厂家对其生产的商品未申请使用商品条码或厂家印制的商品条码质量不高而无法识读时，商店必须自己制作店内条码并将其粘贴或悬挂在商品外包装上，便于商店 POS 系统进行扫描结算。

4. 图书和期刊的条码

图书和期刊作为特殊的商品也采用了 EAN-13 编码标识系统，介绍如下：

ISBN 是国际标准书号(International Standard Book Number)的简称，采用 ISBN 的目的就是使每一种出版物都有一个唯一且简单的编号，以便有效使用计算机系统进行管理。我国的标准书号由标识符 ISBN 和 13 位数字组成，分别为 EAN 前缀码、组区号、出版者号、出版序号和校验码，ISBN 通常都印在图书的封底或版权页上。

前缀码"978"是由国际物品编码系统专门提供给 ISBN 的标识编码，所以我们看到的图书编码都是以"ISBN 978"开头的。

组区号，国际 ISBN 管理机构分配给我国的组区号是"7"，代表汉语。

出版者号，用于标识具体的出版者，我国的出版者号是由中国 ISBN 管理机构设置和分配的。

出版序号，由出版者按照出版物的出版次序进行编制。

检验码，也就是最后一位数字，采用确定的方法计算得出。

ISSN 是国际标准连续出版物号(International Standard Serial Number)的简称，是为不同国家、不同语言、不同机构(组织)间各种媒体的连续性资源(包括报纸、杂志、电子期刊、动态指南、年报等)进行信息控制、交换、检索而建立的一种标准、简明、唯一的识别代码。国际标准期刊号以"ISSN"为前缀，由 8 位数字(两段 4 位数字，中间以连字符"—"相接)组成。如 ISSN 1234—5679，其中，前 7 位为单纯的数字序号，无任何特殊含义，最后一位为计算机校验位，其数值根据前 7 位数字依次以 8~2 加权之和、以 11 为模数的方法计算得到。在前缀 ISSN 与数字之间留有一个字符的空位。

目前，ISSN 网络已标识了全世界一百多万种连续出版物，形成了世界上最大规模的连续出版物书目数据库，成为世界上最权威的编码系统。1985 年，我国政府正式批准 ISSN 中国国家中心成立，中心设在国家图书馆内。ISSN 中国国家中心负责经国家新闻出版署正式批准出版的连续出版物 ISSN 的分配、管理、使用和咨询、中国连续出版物书目数据送交 ISSN

国际中心数据库等项工作。截至2007年年底,我国已有约13600种连续出版物获得ISSN。

顺便介绍一下以中国国别代码"CN"为标识的期刊国内统一刊号,其一般格式如下:

CN××-××××/YY

国内统一刊号中国国别代码"CN"为识别标志,由报刊登记号和分类号两部分组成;前者为国内统一刊号的主体,后者为补充成分,其间以斜线"/"隔开,结构形式为:CN报刊登记号/分类号。

报刊登记号:报刊登记号由6位数字构成,代表地区号(2位数字)和序号(4位数字)两部分,其间以连字符"-"相接。序号由报刊登记所在的省、自治区、直辖市新闻出版管理部门分配,各地区的刊号范围一律从0001~9999,其中0001~0999统一作为报纸的序号,1000~4999统一作为期刊的序号,5000~9999暂不使用。

分类号:作为国内统一刊号的补充,其作用是用来说明报刊的主要学科范畴,以便于分类统计、订阅、陈列和检索。一种报刊只能给定一个分类号。期刊按《中国图书馆图书分类法》的基本大类给出,其中文化教育(G类)、自然科学(O类)和工业技术(T类)的期刊按该分类法的二级类目给出,如CN-11-1340/G4。

随着国外条码技术的应用,我国于20世纪70年代末到80年代初开始对其进行研究,并在部分行业完善了条码管理系统,如邮电、银行、连锁店、图书馆、交通运输及各大企事业单位等。1988年12月,我国成立了"中国物品编码中心",并于1991年4月19日正式申请加入了国际编码组织EAN协会。近年来,我国的条码事业发展迅速,条码技术得到了广泛的应用。为了规范商品条码的应用,保证商品条码质量,加快商品条码普及,促进社会主义市场经济的发展,国家质量技术监督局制定并发布了《商品条码管理办法》。该办法已于1998年12月1日起正式施行。

二维条码是一种比一维条码更高级的条码格式,它是按一定的规律在平面(二维方向)上分布的黑白相间的图形来记录数据符号信息的特定几何图形,一般为正方形。二维条形码最早发明于日本,它在代码编制上巧妙地利用构成计算机内部逻辑基础的"0""1"比特流的概念,使用若干个与二进制相对应的几何形体来表示文字数值信息,通过图像输入设备或光电扫描设备自动识读以实现信息自动处理。二维码具有条码技术的一些共性,即每种码制有其特定的字符集;每个字符占有一定的宽度;具有一定的校验功能等。同时还具有对不同行业的信息自动识别功能及处理图形旋转变化等功能,图3-5是二维码示意图。

图3-5 二维码示意图

3.3 商品目录

3.3.1 商品目录的概念

商品目录是指国家或部门根据商品分类的要求,对本部门所经营管理的商品编制的总明细分类集,商品目录以商品分类为依据,因此,也称商品分类目录或商品分类集。商品目录是在商品逐级分类的基础上,用表格、符号和文字全面记录商品分类体系和编排顺序的书本式工具。商品目录是实现商品管理科学化、现代化的前提,是商品生产、经营、管理、流通的重要手段。

从上面的定义中可以看出,商品分类是编制商品目录的基础,商品目录是商品分类的具体体现,商品分类与商品编码两者共同构成了完整的商品目录。

在编制商品目录时,国家或部门都是按照一定的目的,首先将商品按一定的标志进行分类,再逐次制定和编排商品目录。也就是说,没有商品分类就不可能有商品目录,只有在商品科学分类的基础上,才能编制层次分明、科学、系统、标准的商品目录。

3.3.2 商品目录的种类

由于编制商品目录的目的和作用不同,因此商品目录的种类比较多。例如,按照商品用途不同编制的目录有食品商品目录、纺织品商品目录、交电商品目录、化工原料商品目录等;按管理权限不同编制的目录有一类商品目录、二类商品目录、三类商品目录;按适用范围不同编制的目录有国际商品目录、国家商品目录、部门商品目录、企业商品目录等。这里介绍按范围分类的情形。

1. 国际商品目录

国际商品目录是指由国际上权威的国际组织或地区性集团编制的商品目录。例如,联合国编制的《国际贸易标准分类目录》、国际关税合作委员会编制的《商品、关税率分类目录》、海关合作理事会编制的《海关合作理事会商品分类目录》和《商品分类及编码协调制度》等都是比较重要的商品目录。

2. 国家商品目录

国家商品目录是指由国家指定专门机构编制,在国民经济各部门、各地区进行计划、统计、财务、税收、物价、核算等工作时必须一致遵守的全国性统一商品目录。例如,由国务院批准原国家标准局发布的《全国工农业产品(商品、物资)分类与代码》就是我国的国家商品目录。

3. 部门商品目录

部门商品目录是指由行业主管部门,即国务院直属各部委或局,根据本部门业务工作需要所编制并发布,仅在本部门、本行业统一使用的商品目录。例如,国家统计局编制发布的

《综合统计商品目录》、原商业部编制发布的《商业行业商品分类与代码》等都是部门商品目录,部门商品目录的编制原则必须与国家商品目录保持一致。

4. 企业商品目录

企业商品目录是指由企业在兼顾国家和部门商品目录分类原则的基础上,为充分满足本企业工作需要,对本企业生产或经营的商品所编制的目录。企业商品目录的编制,必须符合国家和部门商品目录的分类原则,并结合本企业的业务需要,进行适当的归并、细分和补充。例如,《营业柜组经营商品目录》《仓库保管商品经营目录》等都是常见的企业商品目录。与前面几种商品目录相比,企业目录具有分类类别少、对品种划分更详细的特点。

5. 国内影响范围较广的商品分类目录介绍

目前,国内影响范围较广的商品分类目录主要有三种,它们是:

(1) 全国主要产品分类

根据 GB/T7635—87(我国工农业产品分类与代码)的要求,按照生产活动的基本规律,把我国生产的所有商品划分为 99 个大类、1000 多个中类、7000 多个小类,总计 36 万多个品种,采用 8 位数字编码,4 层代码结构,每层以 2 位阿拉伯数字表示,各层代码一般从 01 开始,大类前通常冠以英文字母表示的门类。该标准于 2002 年进行了修订。

(2) 商品名称及编码协调制度(HS 分类编码)

HS 编码"协调"涵盖了《海关合作理事会税则商品分类目录》(CCCN)和联合国的《国际贸易标准分类》(SITC)两大分类编码体系,是一部科学、系统、多用途的国际贸易商品分类目录。除了用于海关税则和贸易统计外,对运输商品的计费、统计、计算机数据传递、国际贸易单证简化以及普遍优惠制税号的利用等方面,都提供了一套可使用的国际贸易商品分类体系。

目前,全球商品贸易量的 98% 以上都使用这一目录,HS 分类编码已成为国际贸易的一种标准语言。从 1992 年 1 月 1 日起,我国进出口税则采用 HS 分类编码制度,适用于税则、统计、生产、运输、贸易管制、检验检疫等多方面。我国进出口税则采用十位编码,前八位等效采用 HS 编码,后两位是我国的子目,它是在 HS 分类原则和方法基础上,根据我国进出口商品的实际情况延伸的两位编码。

(3) 电子商务网站和各商业零售企业根据经营需要所做的分类目录

这个目录和前面介绍的企业目录相类似,是电子商务网站和商业零售企业在符合国家和部门商品目录的分类原则的前提下,结合自身业务需要,进行适当的归并、细分和补充编制的分类目录。与上述两种目录相比,由于商品门类集中、品种数量有限,所以该目录分类详尽细致,也很具体。

本章练习

一、名词解释

1. 商品分类

2. 商品编码

3. 商品条码

4. 商品目录

二、单项选择题

1. 对于由多种原材料构成的商品，不宜采用的分类标志是（　）。
   A. 原材料　　　　B. 商品制造工艺　　　C. 商品用途　　　D. 商品成分

2. 商品目录和商品分类的关系是（　）。
   A. 目录是基础，分类是形式　　　　B. 分类是基础，目录是形式
   C. 互为基础　　　　　　　　　　　D. 互为形式

3. 实际工作中，应用最广泛的分类标志是（　）。
   A. 商品用途　　　B. 原材料　　　　　　C. 加工方法　　　D. 商品成分

4. 关于线分类法的优点，下列叙述错误的是（　）。
   A. 层次清楚　　　B. 信息容量大　　　　C. 弹性较差　　　D. 有些组合没有意义

5. 关于面分类法的优点，下列叙述不正确的是（　）。
   A. 结构弹性好　　B. 容量可以扩充　　　C. 有些组合没有意义　D. 结构简单

6. 关于标识代码，下列叙述不正确的是（　）。
   A. 商品标识代码一旦分配，只要商品的基本特征没有发生变化，就应保持不变
   B. 商品标识代码是无含义代码
   C. 不同商品项目的商品必须分配不同的标识代码
   D. 反映该商品在分类体系中与其上下层级或同层级之间的隶属或并列关系

7. 关于商品代码的编制，下列叙述不正确的是（　）。
   A. 顺序编码法通常用于容量不大的编码对象集合体
   B. 系列编码法适用于分类深度不大的编码对象集合体

C.层次编码法适用于线分类体系中

D.平行编码法多用于线分类体系中

8.一般超市蔬菜水果使用的条码是（　　）。

A.EAN-13码　　B.EAN-8码　　　　C.UPC码　　　　D.店内码

9.目前，图书和期刊作为特殊的商品，采用（　　）来表示ISBN和ISSN。

A.EAN-13码　　B.EAN-8码　　　　C.UPC码　　　　D.店内码

10.被用于图书ISBN的前缀码是（　　）。

A.977　　　　　B.978　　　　　　C.690　　　　　D.691

11.根据选择商品分类标志的唯一性原则，商品分类时，在（　　）只能采用一种分类标志。

A.同一层级　　　B.不同层级　　　　C.所有层级　　　D.大类和中类

12.根据（　　）不同，可将商品分为生活资料和生产资料两大类。

A.用途　　　　　B.原材料　　　　　C.加工工艺　　　D.化学成分

三、多项选择题

1.关于商品代码的编制，下列叙述正确的是（　　）。

A.顺序编码法通常用于容量不大的编码对象集合体

B.系列编码法适用于分类深度不大的编码对象集合体

C.层次编码法适用于线分类体系中

D.平行编码法多用于面分类体系中

E.混合编码法吸取了两者的优点，效果往往较理想

2.条码技术的优点可以总结为（　　）。

A.输入速度快　　B.可靠性高　　C.采集信息量大　　D.灵活实用　　E.操作方便

3.利用条码技术，可以完成仓库货物的（　　）操作，提高识别速度，减少人为差错。

A.导向　　　　　B.定位　　　　C.入格　　　　　　D.自动装卸　　E.自动运输

4.EAN-13码所带13位数字中分别属于（　　）。

A.国别码　　　　B.厂商识别码　C.商品项目代码　　D.校验码　　　E.标识码

5.在商品的分类实践中，通常可以作为商品分类标志的是（　　）。

A.用途　　　　　B.原材料　　　C.加工工艺　　　　D.化学成分　　E.商品名称

6.商品目录包含的内容有（　　）。

A.商品分类　　　B.商品编码　　C.商品价格　　　　D.商品条码　　E.商品结构

7.条码技术的特点主要有（　　）。

A.输入速度快　　B.可靠性高　　C.信息量大　　　　D.不可复制　　E.技术难度大

四、填空题

1. 商品分类是指根据一定的_____，选择恰当的_____，按照一定的_____，将一个商品集合总体_____的过程。
2. 商品的分类方法主要有两种，即_____、_____。
3. 商品分类是商品目录的_____，商品目录是商品分类的_____。
4. 目前，我国常采用的商品分类体系可概括为两大体系，它们是_____体系和_____体系。
5. 商品代码是_____的组成部分，商品分类与代码共同构成了_____的完整内容。
6. 商品分类代码表明某商品_____，即该商品与其上下层级或同层级之间的_____关系。
7. ANCC 系统的含义是_____。
8. 目前，国内影响较广的商品分类目录是_____、_____、_____。
9. 顺序编码法编制分类代码时，通常用于_____的编码对象集合体。
10. 图书和期刊作为特殊的商品也采用了 EAN－13 表示 ISBN 和 ISSN。前缀 977 被用于_____；978 被用于_____为前缀。

五、判断题

1. 采用线分类法进行商品分类时，整个体系只能选择一种分类标志。（　）
2. 分类代码是一种无含义代码。（　）
3. 线分类法的结构弹性较差，所以应保留一定的余地。（　）
4. 商品代码中普遍采用的是数字型代码和条码。（　）
5. 我国海关目前采用的是 HS 分类编码制度。（　）
6. 超市里销售的蔬菜、水果通常采用的条码是店内码。（　）
7. 图书和期刊作为特殊的商品采用的是 EAN－13 表示 ISBN 和 ISSN。（　）
8. ISBN 系统中，我国的组区号是 7，表示文字类型为汉语。（　）
9. 对同一批商品进行分类时，选择不同的分类标志得到的分类结果都是相同的。（　）
10. 商品条码是迄今为止最经济、实用的一种自动识别技术。（　）

六、简答题

1. EAN－13 位码中包含的信息有哪些？

2. 条形码有哪些特点?

3. 国内目前影响范围较广的商品分类目录主要有哪几类?

4. 试述商品分类的主要作用。

5. 常用的商品分类标志有哪些?

6. 简述 POS 系统的工作过程。

7. 简要回答什么情况下需要使用店内码。

第 4 章

商品标准

教学目标

☞ **知识目标**

理解标准和标准化的概念；
了解标准化在国际贸易中的作用，了解贸易壁垒的概念及其表现形式；
理解国际标准的概念及其特点，了解重要的区域标准，了解我国采用国际标准的形式及意义；
掌握我国商品标准的分类、分级及各级标准的表示方法，理解各级各类标准之间的关系；
了解文件标准的组成。

能力目标

能够识别各级各类标准，能根据标准代号读懂标准的含义。

素质目标

培养学生树立遵章守纪的意识和严谨务实的工作态度。

4.1 标准与标准化的概念

标准是按照规定的程序经协商一致制定，为各种活动或其结果提供规则或指南，供共同使用和重复使用的一种文件。或者说标准是对重复性事物和概念所做的统一规定，它以科学技术和实践经验的综合为基础，经过有关方面协商一致，由主管机构批准，以特定的形式发布，作为共同遵守的准则和依据(GB/T 3935.1—83)。

标准化是指在商品生产和商品流通的各个环节中推行商品标准的活动，商品标准化是一项系统管理活动,包括商品质量的标准化、商品品种规格系列化、商品零部件通用化和技术语言标准化等。标准化对于商品生产和流通都具有重要意义,是组织现代化生产的重要手段和必要条件;是合理开发产品品种、组织专业化生产的前提;是企业实现科学管理和现代化管理的基础;是提高产品质量,保证安全、卫生的技术保证;是国家资源合理利用、节约能源和节约原材料的有效途径;是推广新材料、新技术、新科研成果的桥梁;是消除贸易障碍,促进国际贸易发展的通行证。

从上面的定义不难看出,标准是科学、技术和实践经验的总结,它能在一定的范围内获得最佳秩序,对解决实际或潜在问题的方法提供规范,是一种供共同使用和重复使用的规则。为准确理解标准,需要注意以下几点:

第一,标准是针对某类事物所作的一种技术规范,用以约束人们的行为,使之尽量符合客观的自然规律和技术法则。标准通常是以科学合理的规定,为人们提供一种最佳选择。标准的表现形式一般为具有特定的制定程序、编写原则和体例格式的文件。

第二,标准的对象是重复性事物,只有当它们反复出现和应用时,对该事物才有制定标准的必要。

第三,标准产生的基础是科学技术和实践经验的综合成果,标准形成的程序是上述成果的体现,标准必须经有关各方共同协商一致,再由公认的机构或团体批准,最后以特定文件形式(有时辅之以特定实物形式)公开发布。

第四,制定标准的目的是在一定范围内建立起有利于社会经济发展的最佳生产秩序、技术秩序和市场秩序,从而获得最佳社会效益。

4.2 标准的分类

标准的种类很多,从不同角度可以有不同的分类,这里介绍两种分类方法。

(1)按标准规范的对象分类

按照标准规范的对象,通常把标准分为技术标准、管理标准和工作标准三大类。

技术标准是对标准化领域中需要协调统一的技术事项所制定的标准,包括基础标准、产品标准、工艺标准、检测试验方法标准及安全、卫生、环保标准等。

管理标准是对标准化领域中需要协调统一的管理事项所制定的标准。

工作标准是对工作的责任、权利、范围、质量要求、程序、效果、检查方法、考核办法所制定的标准。

(2)按照标准发生作用的范围或审批权限分类

按照标准发生作用的范围或审批权限,可以分为国际标准、区域标准、国家标准、行业标准、地方标准和企业(公司)标准等。

国际标准是指国际标准化组织(ISO)、国际电工委员会(IEC)和国际电信联盟(ITU)制定的标准,以及国际标准化组织确认并公布的由其他国际组织制定的标准,国际标准在全球范围内统一使用。

区域标准是国际上某一区域标准化团体制定通过的标准。区域标准化团体既可以由同一地理范围内的国家组成,也可以因政治原因或经济原因由几个国家共同组成,世界上比较重要的区域标准化团体制定的区域标准主要有:

欧洲标准:由西欧国家组成的欧洲标准化委员会及欧洲电工标准化委员会制定;

经互会标准:由苏联和东欧国家为主组成的经济互助委员会制定;

阿拉伯标准:由阿拉伯国家组成的阿拉伯标准与计量组织制定。

国家标准是国家主管部门对需要在全国范围内统一的重要的工农业产品、工程建设质量和各种计量单位等的技术要求所制定的技术规范。

行业标准是对没有国家标准而又需要在全国某个行业范围内统一的技术要求所制定的标准。行业标准不得与有关国家标准相抵触,有关行业标准之间应保持协调、统一,不得重复。行业标准在相应的国家标准实施后即行废止。行业标准由行业标准归口部门统一管理。

地方标准是由地方(省、自治区、直辖市)标准化主管机构或专业主管部门批准、发布,在某一地区范围内统一的标准。

企业标准是在企业范围内需要协调、统一的技术要求、管理要求和工作要求所制定的标准,是企业组织生产、经营活动的依据。国家鼓励企业自行制定要求严于国家标准或者行业标准的企业标准。企业标准由企业制定,由企业法人代表或其授权的主管领导批准、发布。

4.3 标准化与国际贸易

国际贸易是指世界各个国家或地区之间的商品流通,是各国、地区对外贸易的总称。由国际贸易涉及国家之间的重大政治利益和经济利益,各个国家为了争夺国际市场,保护本国工业和国内市场,往往采取关税壁垒和非关税等限制措施,或者采取奖出限入的政策来限制外国商品进入本国市场。

国际贸易离不开标准化。标准化是科学技术的重要组成部分,是沟通国际技术合作的纽带;是国际分工的前提条件,而国际分工是国际贸易得以进行的充分和必要条件。在世界贸易组织的一系列活动中,国际标准化组织及其所制定的国际标准,扮演着十分重要的角色。

4.3.1 标准化在国际贸易中的作用

国际贸易离不开标准化,标准化是经济、技术交流的纽带,是国际贸易的调节工具。积极采用国际标准,对于消除贸易技术壁垒、发展对外贸易、增加出口贸易具有十分重要的意义。标准化在国际贸易中的作用主要体现在以下几个方面:

(1) 协调作用

标准化工作的一个重要职能是协调。由于各国、各标准化组织以及联合国中许多专门机构的标准不同,技术水平和技术发展政策存在差异,这样就造成了技术障碍,容易引起贸易摩擦,进而影响国际贸易。填平这种差异的鸿沟就需要协调,即沟通协调各国的技术标准,制定和发布先进的国际标准,并在各国和各地区贯彻实施。实行标准化,一方面可以使各国的标准化工作从不同角度趋于一致,改变混乱的局面;另一方面,可以扩大和统一互换的范围,促进国际自由贸易。通过标准的协调可以有效减少甚至消除贸易的技术壁垒,为贸易自由化铺平道路。

(2) 促进作用

标准是国际贸易的媒介和桥梁,也是买卖双方互相信任的基础,在国际贸易中,标准是衡量进出口产品质量水平的依据,不仅具有协调作用,还有很大的推动作用。为了推动对外贸易的发展,就必须了解和研究进口国及国际上的相关标准,使出口产品达到标准要求。

在国际贸易中采用的标准,一般有以下几种类型:

一是执行国际标准。采用并按国际标准组织生产,可以促进技术进步,提高产品质量。这不但有助于国际贸易的技术统一,还可以避免对方提出高于国际标准的要求。

二是执行进口国的标准。执行进口国标准需要加强标准情报资料工作,也就是收集、研究进口国有关产品的标准和技术资料,严格按照进口国的标准进行生产和检验,以增强产品的竞争能力。

三是执行本国标准。当本国的国家标准或行业标准在国际上处于技术领先地位时,可按本国的标准进行生产和检验,使产品在国际市场上处于领先地位。

在国际贸易中采用哪一种标准,应当结合进口国市场的实际情况而定。通过采用国际标准,使买卖双方相互了解,能够消除国际贸易中的技术壁垒。对发展中国家来说,对外贸易最好采用国际标准,这样不但可以提高本国的标准水平和产品在国际市场上的竞争力,而且还可以避免对方提出高于国际标准的要求。

(3) 保护作用

标准化对世界范围内的物资交流、贸易往来、科学技术和经济方面的合作,具有保护作用。在激烈的市场竞争中,各国为了保护本国利益,往往利用标准中不同的要求来构筑贸易壁垒,保护本国的民族工业,或者用提高标准水平的办法来阻止商品进口,从而达到保护本国利益的目的。

(4) 仲裁作用

标准是国际贸易关系的基本构成要素。随着经济的全球化,国际市场竞争日趋激烈,客户对于商品的质量要求也越来越高。因此,商品标准的竞争,在很大程度上影响了市场的竞争能力,完备的标准体系可以为解决贸易纠纷创造公正的条件。在国际贸易中一旦发生质量纠纷,标准便是进行仲裁的技术依据,为解决这些纠纷进行的仲裁,一般不是以样品、样机为交货和验收的依据,而是以技术标准为依据。检验可以按合同规定的标准进行,也常采用国际上统一制定的客观、中立、能为买卖双方共同接受的国际标准中规定的抽样、试验方法进行检验,这样可以有效防止贸易中以次充好、以劣充优等现象的发生,从而公正地解决贸易中的纠纷。

另外,标准化还能够有效解决不同产地生产的产品之间的配套问题、互换问题、可靠性问题、安全问题等,能够使技术和生产活动协调一致。

综上所述,商品标准化的最终目的是促进生产、加工和制造部门努力提高产品质量,使之适应国际市场的需要,促进国际贸易的发展,从而增进对外经济合作和贸易往来。由于科学技术的不断发展和人们需求的不断变化,商品标准必然随之变化,因此,对标准化的研究是一项长期的、不间断的工作。在实践中,我们不但要掌握各国标准化的现状,还要经常研究其发展动向。加强对标准化的研究,建立和健全标准化体系,规范产品品种,提高产品质量,以减少或消除贸易技术壁垒,真正促进国际贸易发展。

4.3.2 国际贸易中的技术壁垒

贸易壁垒(Trade Barriers/Barrier to Trade)又称贸易障碍,是指对国外商品、劳务交换所设置的人为限制,主要是指一国对外国商品、劳务进口所实行的各种限制措施。国际贸易壁垒主要有两种表现形式:一是关税壁垒,二是非关税壁垒。

关税壁垒指的是进出口商品经过一个国家的关界时,由海关向进出口商征税的一种贸易壁垒。对外国商品征收高额进口关税,以提高商品成本、削弱其市场竞争能力,从而达到限制这些商品进口,保护本国产品在国内市场上竞争优势的目的。16—17世纪,欧洲曾经运用关税壁垒阻止外国制成品的进口;19世纪,欧洲为了对抗英国工业品的大量输入,曾运用关税壁垒保护本国工业发展;20世纪后,发达资本主义国家运用关税壁垒,为国内垄断资本获取高额利润,并迫使其他国家就关税和外贸问题作出让步;发展中国家有时也运用关税壁垒,抵制别国低廉物品的倾销。

非关税壁垒,是相对于关税壁垒而言的,是指一国或地区采取的除关税以外的所有限制进口方面的措施,这些措施可以通过国家法律、法令以及各种行政措施的形式来实现。非关税壁垒分为两类:一类是进口国直接对进口商品的数量或金额加以限制,如设置进口配额、实行进口许可证制度、进行外汇管制等;另一类是技术壁垒,指由各种技术法规和技术标准形成的贸易壁垒。由于单纯的关税壁垒不仅会受到国际公约的制约和国际舆论的谴责,而且也容易遭到对等报复,因此,各国为解决进出口贸易的不平衡,保护本国或本地区的利益,纷纷由关税壁垒转向技术壁垒。

贸易技术壁垒是指国际贸易中商品进口国通过颁布法律、法令、条例、规定,建立技术标准、认证制度、检验制度等方式,对进口商品制定过分严格的技术标准、卫生检疫标准、商品包装和标签标准,从而提高进口产品的技术要求,增加进口难度,最终达到限制进口目的的一种非关税壁垒措施。贸易技术壁垒是目前各国尤其是发达国家人为设置贸易障碍、推行贸易保护主义的最有效手段。

在国际贸易中,一国从保障人体健康和安全、保护环境、维护消费者利益等正当理由出发,对各种进口商品的质地、纯度、规格、尺寸、营养价值、用途、设计及说明、产地证书、包装多方面做出技术性规定,这本是保证合理和有秩序交易的有效措施,是贸易文明的标志之一,但是如果一国对外国进口产品有意把这些措施或规定复杂化,并且经常变动,甚至规定内外有别的双重标准,使外国进口商难以符合这些规定的要求,这就会成为严重的贸易保护壁垒。

国际贸易技术壁垒的主要表现形式有以下几种:

(1)违反承诺的关税措施;

(2)缺乏依据的进口管理限制(包括通关限制、国内税费、进口禁令、进口许可等);

(3)缺乏科学依据的技术法规、产品标准、合格评定程序、卫生与植物卫生措施;

(4)不合理的反倾销、反补贴、保障措施等贸易救济措施;

(5)政府采购中违反有关规则限制进口产品的做法,出口限制,补贴;

(6)服务贸易准入和经营限制;

(7)不合理的与贸易有关的知识产权措施;

(8)其他。

贸易壁垒的出现不断强化并非偶然,它是国际经济、社会、科技不断发展的产物。一般来说贸易壁垒产生的原因主要是以下几个方面:

(1)社会进步及发达国家人民生活水平日益提高,人们的安全健康意识空前加强,越来越关心产品对身体健康和安全的影响,在国际贸易中以健康、安全和卫生为主要内容的新贸易壁垒日益增多。

(2)随着环保意识的提高,可持续发展理念深入人心,人们越来越关心赖以生存的地球和社会的可持续发展,因而要求国际贸易中的产品本身及其生产加工过程都不要以破坏环境或牺牲环境为代价;同时要求生产这些产品时也不要以牺牲劳动者的健康为代价,于是,绿色壁垒和社会壁垒等新贸易壁垒在国际贸易中不断出现。

(3)由于传统贸易壁垒受到的约束越来越多,新的贸易壁垒有增多趋势。传统贸易壁垒如关税、许可证和配额等的使用不仅会受到国际公约的制约和国际舆论的谴责,而且也容易遭到对等报复。因此,这些传统贸易壁垒措施将来的发展空间不是很大,这就为绿色壁垒等新贸易壁垒的发展提供了巨大的发展空间。

(4)科学技术日新月异为新贸易壁垒的发展提供了条件和手段。技术密集型产品在国际贸易中的比重不断提高,特别是信息技术产品,涉及的技术问题较为复杂,容易形成新贸易壁垒。同时,高灵敏和高技术检测仪器的发展使检测精度大大提高,给一些国家设置新贸易壁垒提供了技术和物质条件。

(5)主要发达国家经济增长乏力,贸易保护主义有重新抬头之势,随着传统贸易壁垒作用的弱化,各国纷纷寻求新贸易壁垒,以保护其国内产业。

4.4 国际标准简介

4.4.1 国际标准及其表示

国际标准是指由国际上有权威的专业组织制定,并为世界上大多数国家承认和通用的标准。通常是指国际标准化组织(ISO)和国际电工委员会(IEC)所制定的标准,或者是经国际标准化组织确认并公布的其他国际组织制定的权威标准。

国际标准化组织(International Organization for Standardization)是一个全球性的非政府组织,是国际标准化领域中一个十分重要的组织。ISO 成立于 1946 年,是世界上最大的非政府性国际标准化专门机构,它的宗旨是在世界范围内促进标准化工作的发展,以利于国际商品交流和互助,并扩大在知识、科学技术和经济方面的合作,其主要活动是制定国际标准,协调世界范围内的标准化工作和进行标准情报交流。中国是 ISO 的正式成员,代表中国参加 ISO 的国家机构是中国国家技术监督局(CSBTS)。

一项国际标准的制定要经过各级技术组织的充分讨论和多次修正,要求标准方案既能代表当代科技发展水平,又能经得起严格的试验验证,以保证标准的科学性和先进性,同时,还要广泛征求各方面(其成员团体及有关国际组织)的意见,使标准切合各有关方面的需要,这反映了国际标准的民主性。在通过一项标准时,不但需要 75% 以上的正式成员团体的投票赞成,而且还要经过理事会审查批准,充分体现了国际标准的严肃性。

国际标准为推荐性标准。国际标准的组成包括国际标准化组织的标准代号、标准顺序号和标准发布年代号三部分,如图 4—1 所示。

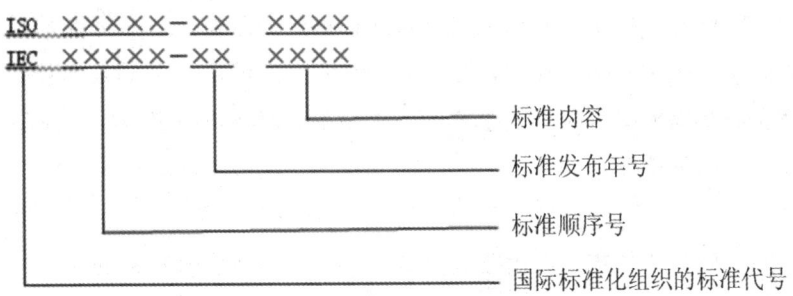

图 4—1 国际标准的组成

4.4.2 我国采用国际标准状况

采用国际标准包括采用国际标准和国外先进标准。随着经济和国际贸易的发展,引进和使用国际标准和国外先进标准是我国一项重大的技术经济政策,是促进技术进步、提高产品质量、扩大对外开放、加快与国际惯例接轨、发展社会主义市场经济的重要措施。

我国颁布的《采用国际标准和国外先进标准管理办法》规定：采用国际标准和国外先进标准是指将国际标准或国外先进标准的内容，经过分析研究，不同程度地转化为我国标准（包括国家标准、行业标准、地方标准和企业标准），并贯彻实施。

根据我国标准与被采用的国际标准之间技术内容和编写方法差异的大小，我国采用国家标准的程度分为等同采用、等效采用和参照执行三种。

(1) 等同采用：指技术内容相同，没有或仅有编辑性修改，编写方法完全相对应。

(2) 等效采用：指主要技术内容相同，技术上只有很小的差异，编写方法不完全相对应。

(3) 参照执行：指技术内容有重大的差异。

采用国际标准的程度仅表示我国标准与国际标准之间的异同情况，而不表示技术水平的高低。

4.5 我国的商品标准

4.5.1 商品标准的概念

商品标准(Standard of Goods)是技术标准的一种，它是对商品质量以及与质量有关的各个方面所做的统一技术规定，是评定、监督和维护商品质量的准则和依据。在商品标准中明确规定了商品的结构、化学组成、规格、质量、等级、检验、包装、储存、运输、使用以及生产技术等规范，是在一定时期和一定范围内具有约束力的产品技术准则，是商品生产、检验、验收、监督、使用、维护和贸易洽谈的技术依据，也是对商品质量争议做出仲裁的依据，它对保证和提高商品质量，提高生产和使用的经济效益，具有重要的意义。商品标准是对商品的质量以及与质量相关的要求所做的统一规定，是从事工农业生产的一种共同技术依据，也是部门之间交接验收商品的共同准则。对正式生产的各类商品，都必须制定相应的商品标准。

商品标准具有以下特征：

(1) 统一性

商品标准的本质特征是统一。由于需要统一的范围不同、内容不同，便产生了不同级别和不同类型的商品标准。不同级别的商品标准在不同的使用范围内统一，不同类型的商品标准从不同的角度和不同的侧面进行统一。但统一并不意味着全部统一，商品标准并不限制商品花色品种的多样性和技术的进步。

(2) 科学性与先进性

商品标准的科学性与先进性是指制定商品标准时必须以科学技术和实践经验的综合成果为基础。制定的每一项目商品标准，都要将国内外有关科研的新成果、新技术和生产、使用实践中积累的先进经验和各项参数经过综合分析、反复验证、概括提炼后，才能纳入标准，并要求根据科学技术的发展及时修订。因此,商品标准是科学技术和生产发展水平的标志。

(3)严肃性

商品标准有特定的形成程序和形式,这是指标准的制定有自己特有的一整套格式和审批颁布程序,体现了标准的严肃性。

(4)民主性与权威性

商品标准不能只是个别部门少数人的主观意志或局部利益的反映,而是由有关方面的代表,从全局利益出发,通过认真调研、充分协商,在对标准中的实质性问题取得一致的基础上,共同做出的统一规定,既能体现民主性,又能体现权威性。

4.5.2 我国商品标准的分类与分级

1. 分类

(1)按表现形式分

按商品标准的表达形式不同,商品标准分为文件标准和实物标准。

文件标准是用特定格式的文件,通过文字、表格、图样等形式,表达全部或部分商品质量及有关内容的统一规定。绝大多数商品标准都是文件标准。

实物标准是指对某些难以用文字准确表达的质量要求(如色泽、气味、手感、质感等),标准化主管机构或指定部门用实物做成与文件标准规定的质量要求完全或部分(某一方面)相同的标准样品,按一定的程序颁发,作为文件标准的补充,同样是生产、检验、贸易洽谈、收购定价等有关方面共同遵守的技术依据。实物标准大多是文件标准的补充,没有单独颁发的实物标准。

(2)按受约束程度分

按标准的受约束程度不同,商品标准分为强制性标准和推荐性标准。

强制性标准是依法必须执行的标准,对违反强制性标准的行为,国家将依法追究当事人的法律责任。我国《标准化法》规定,对保障人身健康和生命财产安全、国家安全、生态环境安全以及满足经济社会管理基本需要的技术要求,应当制定强制性国家标准。强制性国家标准由国务院有关行政主管部门依据职责提出、组织起草、征求意见和技术审查,由国务院标准化行政主管部门负责立项、编号和对外通报。强制性国家标准由国务院批准发布或授权发布。

推荐性标准又称自愿性标准,是指除强制性标准以外的标准。根据我国《标准化法》的规定,对满足基础通用、与强制性国家标准配套、对各有关行业起引领作用等需要的技术要求,可以制定推荐性国家标准。推荐性标准是指具有普遍指导作用而又不宜强制执行的标准。推荐性标准不具有法律约束力,但当推荐性标准被强制性标准引用,或纳入指令性文件时便具有了约束力。企业明示执行的推荐性标准,在企业内部具有强制性和约束力,并应承担相应的质量责任。

在实行市场经济体制的国家,大多实行推荐性标准。国家制定的推荐性标准,由各企业自愿采用、自愿认证,国家利用经济杠杆鼓励企业采用。推荐性国家标准由国务院标准化行政主管部门制定。

(3)按成熟程度分

按商品标准的成熟程度不同,可以分为正式标准和试行标准。

试行标准与正式标准具有同样的效用,同样具有法律约束力。试行标准的表示方法与正式标准的表示方法相同,只是在封面的右下角要注明"试行年、月、日"。试行标准一般在试行2～3年后,经过讨论修订,再作为正式标准发布。应该说明的是,绝大多数标准都是正式标准。

(4)按保密程度分

按商品标准的保密程度不同,商品标准分为公开标准和内部标准。

我国的绝大多数标准都是公开标准,少数涉及军事技术或尖端技术机密的标准,只准在国内或者有关单位内部执行,称为内部标准。内部标准的代号是在公开标准号后加汉语拼音字母n(内),如GBn表示国家内部标准。根据有关规定,公开标准中不允许引用内部标准的内容。

2.分级

按照商品标准发生作用的范围或审批权限,我国商品标准可分为国家标准、行业标准、地方标准和企业标准四级。

(1)国家标准(National Standard)

我国标准化法规定:对需要在全国范围内统一的下列技术要求,应当制定国家标准(含标准样品的制作),这些技术要求包括:

1)互换配合、通用技术语言要求;

2)保障人体健康和人身、财产安全的技术要求;

3)基本原料、燃料、材料的技术要求;

4)通用基础件的技术要求;

5)通用的试验、检验方法;

6)通用的管理技术要求;

7)工程建设的重要技术要求;

8)国家需要控制的其他重要产品的技术要求。

国家标准由国务院标准化行政主管部门编制计划,组织草拟,统一审批、编号、发布。

工程建设、药品、食品卫生、兽药、环境保护的国家标准,分别由国务院工程建设主管部门、卫生主管部门、农业主管部门、环境保护主管部门组织草拟、审批,其编号、发布办法由国务院标准化行政主管部门制定。法律对国家标准的制定另有规定的,依照法律的规定执行。

我国国家标准分为强制性国家标准和推荐性国家标准两类,它们由强制性(推荐性)国家标准代号、标准顺序号、标准发布年号标准代号组成,如图4-2所示。

强制性国际标准的组成：

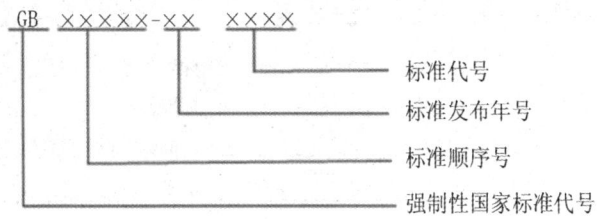

推荐性国家标准的组成：

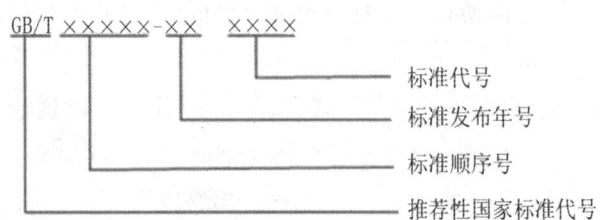

图 4-2 我国国家标准的组成

如 GB1103－2007《棉花细绒棉》、GB/T20712－2006《火腿肠》。

对保障人身健康和生命财产安全、国家安全、生态环境安全以及满足经济社会管理基本需要的技术要求，应当制定强制性国家标准。强制性国家标准由国务院有关行政主管部门依据职责提出、组织起草、征求意见和技术审查，由国务院标准化行政主管部门负责立项、编号，由国务院批准发布或授权发布。强制性标准在一定的范围内通过法律、行政法规等强制性手段加以实施，具有法律属性。

对满足基础通用、与强制性国家标准配套、对各有关行业起引领作用等需要的技术要求，可以制定推荐性国家标准。推荐性国家标准由国务院标准化行政主管部门制定。

(2)行业标准（Industry Standard）

我国《标准化法》规定：对没有国家标准而又需要在全国某个行业范围内统一的技术要求，可以制定行业标准(含标准样品的制作)。行业标准由国务院有关行政主管部门编制计划，组织草拟，统一审批、编号、发布，并报国务院标准化行政主管部门备案。行业标准不得与有关国家标准相抵触。有关行业标准之间应保持协调、统一，不得重复。

行业标准分为强制性行业标准和推荐性行业标准两类，它们都由强制性(推荐性)行业标准代号、标准顺序号、标准发布年号标准代号组成，如图 4-3 所示。

强制性行业标准的组成：

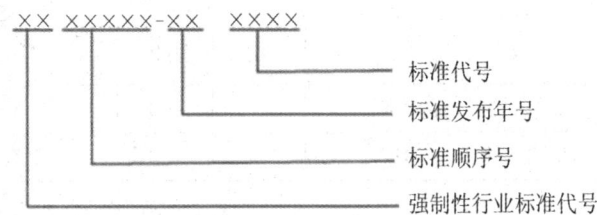

推荐性行业标准的组成：

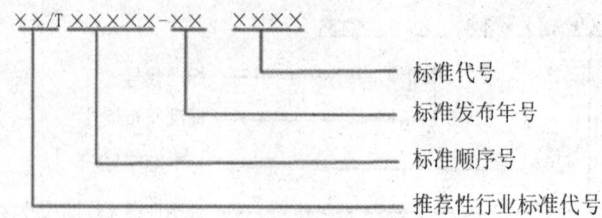

图 4-3 行业标准的组成

如 SH0522-92《道路石油沥青》、SH/T 3108-2000《炼油厂全厂性工艺及热力管道设计规范》。

表中的行业代号通常由行业或行业简称的汉语拼音首个字母构成，如 SH 代表石化行业、NY 代表农业、QC 代表汽车等，我国各行业的代号见表 4-1：

表 4-1 我国行业标准代号

序号	代号	行业名称	序号	代号	行业名称
1	CB	船舶行业标准	29	MZ	民政工作行业标准
2	CH	测绘行业标准	30	NY	农业行业标准
3	CJ	城镇建设行业标准	31	QB	轻工行业标准
4	CY	新闻出版行业标准	32	QC	汽车行业标准
5	DA	档案工作行业标准	33	QJ	航天工业行业标准
6	DB	农机工业标准	34	SB	商业行业标准
7	DJ	电力工业标准	35	SC	水产行业标准
8	DL	电力建设行业标准	36	SH	石油化工行业标准
9	DZ	地质矿产行业标准	37	SJ	电子行业标准
10	EJ	核工业行业标准	38	SL	水利行业标准
11	FZ	纺织行业标准	39	SN	进出口商品检验行业标准
12	GY	广播电影电视行业标准	40	SY	石油天然气行业标准
13	GA	公共安全行业标准	41	TB	铁路运输行业标准
14	HB	航空工业行业标准	42	TD	土地管理行业标准
15	HG	化工行业标准	43	TY	体育行业标准
16	HJ	环境保护行业标准	44	WB	卫生标准
17	HY	海洋工作行业标准	45	WH	文化行业标准
18	JB	机械行业	46	WJ	兵器行业标准
19	JC	建筑材料行业标准	47	XB	稀土行业标准
20	JG	建筑工业行业标准	48	YB	黑色冶金行业标准

续表

序号	代号	行业名称	序号	代号	行业名称
21	JR	金融系统行业标准	49	YC	烟草行业标准
22	JT	公路、水路运输行业标准	50	YD	邮电通信行业标准
23	JY	教育行业标准	51	YS	有色金属行业标准
24	JZ	建筑工程标准	52	YY	医药行业标准
25	LD	劳动和劳动安全行业标准	53	ZB	专业标准
26	LY	林业行业标准	54	ZBY	仪器行业专用标准
27	MH	民用航空行业标准	55	ZY	中医行业标准
28	MT	煤炭行业标准			

对药品行业标准、兽药行业标准、农药行业标准、食品卫生行业标准、工农业产品及产品生产、储运和使用中的安全、卫生行业标准；工程建设的质量、安全、卫生行业标准，重要的涉及技术衔接的技术术语、符号、代号(含代码)、文件格式和制图方法行业标准，互换配合行业标准、行业范围内需要控制的产品通用试验方法、检验方法和重要的工农业产品行业标准等都需要制定强制性行业标准。

(3) 地方标准(Local Standards)

对没有国家标准而又需要在省、自治区、直辖市范围内统一的工业产品的安全、卫生要求，可以制定地方标准，地方标准在相应的国家标准或行业标准实施后自行废止。

地方标准也分为强制性地方标准和推荐性地方标准两类，它们都由强制性（推荐性）地方标准代号、标准顺序号、标准发布年号标准代号组成，如图4-4所示。

强制性地方标准的组成：

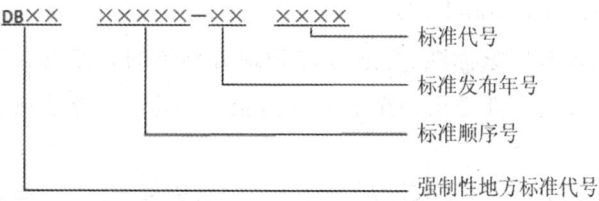

推荐性地方标准的组成：

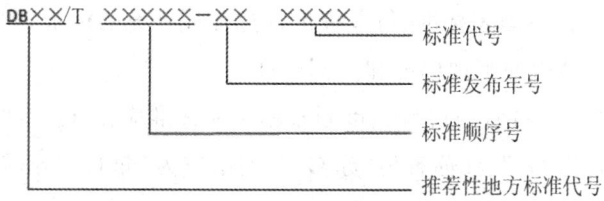

图4-4 我国地方标准的组成

如DB32/2897-2016《印染布可比单位综合能耗限额及计算方法》、DB12/T114-1999

《天津市无公害叶菜蔬菜生产技术规程》。

我国省市自治区代码见表4-2。

表4-2 我国省市自治区代码

序号	地名	代码	序号	地名	代码
1	北京市	110000	18	湖南省	430000
2	天津市	120000	19	广东省	440000
3	河北省	130000	20	广西壮族自治区	450000
4	山西省	140000	21	海南省	460000
5	内蒙古自治区	150000	22	重庆市	500000
6	辽宁省	210000	23	四川省	510000
7	吉林省	220000	24	贵州省	520000
8	黑龙江省	230000	25	云南省	530000
9	上海市	310000	26	西藏自治区	540000
10	江苏省	320000	27	陕西省	610000
11	浙江省	330000	28	甘肃省	620000
12	安徽省	340000	29	青海省	630000
13	福建省	350000	30	宁夏回族自治区	640000
14	江西省	360000	31	新疆维吾尔自治区	650000
15	山东省	370000	32	台湾省	710000
16	河南省	410000	33	香港特别行政区	810000
17	湖北省	420000	34	澳门特别行政区	820000

(4)企业标准(Enterprise Standard)

当企业生产的产品没有国家标准、行业标准和地方标准时,应当制定企业标准,作为企业组织生产的依据,在企业内部适用。企业标准由企业制定,由企业法人代表或法人代表授权的主管领导批准、发布。

企业标准有以下几种类型:一是企业生产的产品,没有国家标准、行业标准和地方标准时制定的企业产品标准;二是为提高产品质量和技术进步制定的严于国家标准、行业标准或地方标准的企业产品标准;三是对国家标准、行业标准的选择或补充的标准,工艺、工装、半成品和方法标准,生产、经营活动中的管理标准和工作标准。

企业标准代号为"Q/",各省、自治区、市颁布的企业标准应在"Q"前加本省、自治区、市的汉字简称,如北京市为"京Q/"、江苏省为"苏Q/"、湖南省为"湘Q/"等;斜线后为企业代号和编号(顺序号-发布年代号标准代号),如图4-5所示。

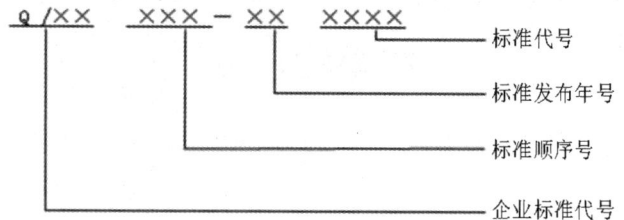

图 4－5　我国企业标准的组成

从表现形式来看，无论是哪一级标准，都可以分为文件标准和实物标准两大类，常见的标准中，以文件标准居多。文件标准一般由三部分构成，习惯上称为三大要素，它们分别是概述要素、标准要素和补充要素，其中的标准要素又包含规范性一般要素和技术要素两部分，如图 4－6 所示。

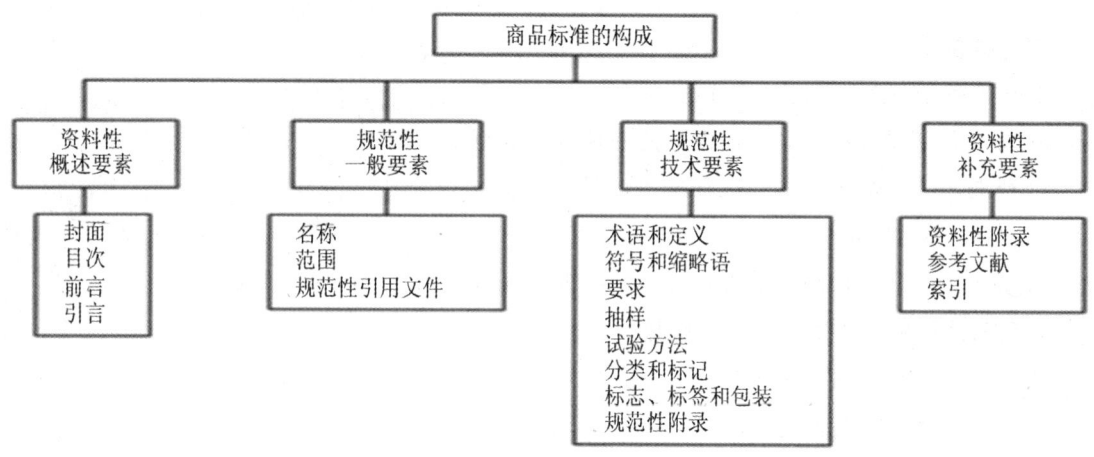

图 4－6　文件标准的构成

本章练习

一、名词解释

1. 国际贸易壁垒

2. 商品标准

3. GBn

二、单选题

1.关于商品标准的叙述，不正确的是（　）。

　A.标准是一种文件　　　B.标准是一种技术规范

　C.标准是一种格式　　　D.标准可以是一种实物

2.国际贸易中，不属于技术壁垒的是（　）。

　A.关税　　　B.商品标准化　　　C.进口许可证制　　　D.外汇管制

3.我国试行标准的试行年限一般是（　）。

　A.1年　　　B.2～3年　　　C.3～5年　　　D.5年以上

4.强制性国家标准的代号是（　）。

　A.GB　　　B. GB/T　　　C.DB　　　D.Q/

5.标准是一定范围内供共同使用和重复使用的一种（　）文件。

　A.强制性　　　B.技术性　　　C.规范性　　　D.推荐性

6.我国推荐性地方标准代号为（　）。

　A.GB　　　B.GB/T　　　C.DB××/T　　　D.ISO

7.字冠GB/T是（　）的代号。

　A.推荐性国家标准　　　　　B.推荐性行业标准

　C.推荐性地方标准　　　　　D.企业标准

8.我国对产品已有国家标准的企业，鼓励制定要求（　）国家标准的企业标准。

　A.参照　　　B.等同　　　C.低于　　　D.高于

9.按标准的约束性，国际标准是（　）。

　A.管理标准　　　B.推荐性标准　　　C.文件标准　　　D.强制性标准

10.在国际贸易中与标准化和认证有关的贸易壁垒是（　）。

　A.关税壁垒　　　B.贸易技术壁垒　　　C.贸易经济壁垒　　　D.传统贸易壁垒

三、多选题

1.贸易技术壁垒的主要表现形式有（　　）。
A.各种技术法规　　　B.严格的技术标准　　　C.商品及其包装的特殊要求
D.知识产权的技术保护　E.质量认证和认可制度

2.我国采用国际标准的形式有（　　）。
A.等同采用　　B.等效采用　　C.参照采用　　D.完全采用　　E.部分采用

3.文件标准的构成要素包括（　　）。
A.概述要素　　B.标准要素　　C.补充要素　　D.实物要素　　E.时间要素

4.根据《标准化法》，我国标准划分为（　　）等几个级别。
A.国家标准　　B.部颁标准　　C.行业标准　　D.地方标准　　E.企业标准

5.按照标准的适用范围，商品标准可划分为（　　）。
A.文件标准　　B.实物标准　　C.技术标准　　D.生产型标准　　E.贸易型标准

6.在下列选项中，（　　）属于传统的非关税贸易壁垒。
A.进口配额制　B.反补贴　　C.进口许可证制　D.技术壁垒　　E.标准化

7.下列标准中属于国际标准的是（　　）。
A.ISO　　　　B.IEC　　　　C.GB　　　　　D.ITU　　　　　E.DB

8.世界上比较重要的区域标准有（　　）。
A.ISO标准　　B.IEC标准　　C.欧洲标准　　D.经互会标准　　E.阿拉伯标准

四、填空题

1.国际贸易存在两种障碍：一是_____，二是_____。

2.ISO的全称是_____，是世界上最大的非政府性国际标准化专门机构。

3.我国采用国际标准，按程度分为_____、_____和_____三种形式。

4.我国试行标准一般在试行_____年后，经过讨论修订，再作为正式标准发布。

5.标准产生的基础是_____和_____的综合成果。

五、判断题

1.ISO/IEC的标准都是强制性的。　　　　　　　　　　　　　　　　　　（　　）

2.商品标准是商品生产的技术依据。　　　　　　　　　　　　　　　　（　　）

3.国际标准就是指由ISO专门制定的标准。　　　　　　　　　　　　　（　　）

4.对违反强制性标准的行为，国家将依法追究当事人的法律责任。　　（　　）

5.要求过高的商品标准也是贸易壁垒的一种形式。　　　　　　　　　（　　）

6.标准化不利于开展国际贸易。　　　　　　　　　　　　　　　　　　（　　）

7.由于技术水平的限制,我国还不是ISO正式成员。 （   ）
8.在我国,所有的商品标准都是文件标准。 （   ）
9.企业标准就是由企业制定在全行业内通用的标准。 （   ）
10.企业标准的技术要求不得高于国家标准的规定。 （   ）
11.采用国际标准的程度代表了国家技术水平的高低。 （   ）
12.企业明示执行的推荐性标准,在企业内部具有强制性和约束力。 （   ）

六、简答题

1.我国商品标准是如何分级的？它们之间的关系是怎样的？

2.我国采用国际标准的形式有哪些？

3.说明 GB/T20712－2006《火腿肠》的含义。

4.文件标准的要素有哪些？

5.我国企业标准有哪几种类型？

第 5 章

商品检验与评价

> 教学目标

☞ **知识目标**

理解商品检验的概念、作用与分类；

掌握商品抽样的原则和基本方法，掌握简单随机抽样法、分组随机抽样法、多段随机抽样法；

掌握商品检验的内容、形式和基本方法；

理解商品品级的概念和品级评定方法，掌握百分记分法、限定记分法，了解限定缺陷法；

理解商品质量评价的概念，理解假冒伪劣产品的概念及识别方法，了解常用的防伪技术；

了解商品质量监督的概念及其种类，掌握商品质量监督的形式，了解我国商品质量监督的管理模式；

了解认证认可，掌握重要的认证标志。

能力目标

初步具备运用所学知识对常见商品集合体进行抽样的能力；

能对常见商品进行初步的感官检验与质量评价；

初步具备识别假冒伪劣商品的能力；

能识别重要的认证标志。

素质目标

培养学生理论联系实际的科学态度和学以致用的思想方法。

商品质量是商品学研究的中心问题,也是商品生产者和消费者重点关注的问题,商品质量是商品进入流通领域的通行证,而商品检验则是保证商品质量的重要环节,是商品生产和商品流通环节的重要工作。

商品质量是不是符合规定的标准,需要通过商品检验来确定;而判断商品质量是不是能够满足消费者的需求就必须通过全面的商品质量评价和开展商品质量监督活动来实现。

5.1 商品检验的内容和形式

5.1.1 商品检验的概念

商品检验是指商品的生产方、买方或者第三方,按照合同条款、标准、国家有关法律法规或惯例,借助于某种手段和方法,对商品的质量、规格、数量以及包装等方面进行检查,并作出合格与否或是否通过验收的判定活动;或者说是为了维护买卖双方合法权益,避免或解决各种风险损失和责任划分的争议,便于商品交接结算而出具有关证书的业务活动。商品检验的目的是正确评定商品质量,其任务是从商品的用途和使用条件出发,分析和研究商品的成分、结构、性质对商品质量的影响,确定商品的使用价值。研究商品检验的方法和条件,能够提高商品检验的科学性、精确性和可靠性,使商品检验工作更加科学化、现代化;有助于探索提高商品质量的途径和方向,并为选择适宜的包装、保管和运输方法提供依据。

商品标准是商品检验的技术依据,除此以外,法律法规、合同条款、贸易惯例等也通常是商品检验的重要依据。商品检验的程序一般由定标、抽样、检验、判定和处理五个步骤组成。

定标是指检验前根据合同或标准的规定,明确检验的技术要求,掌握检验的方法和手段,制订商品检验计划。

抽样是指按合同或标准规定的方案,从商品整体中抽取样品作为检验对象,要求抽取的样品具有充分的代表性。

检验是指在标准或规定要求的环境条件下,使用相应的仪器设备,采用适当的方法,对抽取的样品进行检验,确定其质量特性。

判定是指将检验的结果与标准要求或合同规定的指标进行对照,根据合格判定原则,对被检商品作出合格或不合格的结论。

处理则是对检验结果出具检验报告,向相关部门反馈质量信息,同时,对不合格商品进行处置。

5.1.2 商品检验的分类

商品检验的形式很多,分类方法也多,常见的分类方法有:

1. 根据检验的目的不同,分为第一方检验、第二方检验和第三方检验

(1)第一方检验

又称生产检验,是由商品生产企业或其主管部门对商品生产企业的原材料、半成品或成品进行的自检。自检的目的是及时发现不合格产品,保证产品质量。经检验合格的商品应该加贴"检验合格"标志。

(2)第二方检验

又称买方检验,是由商品的买方为了维护自身利益,保证所购商品符合标准或合同要求所进行的检验活动。买方检验的目的是及时发现质量问题,反馈质量信息,促使卖方改进商品质量。在实践中,商业或外贸企业常常通过派遣"驻厂员"的方法,对商品质量形成的全过程进行监控,对发现的问题及时要求生产方解决。

(3)第三方检验

又称公正检验,是由买卖双方之外的第三方(如质量监督检验机构),以公正、权威的非当事人身份,根据有关法律、标准或合同规定所进行的商品检验活动,如商业活动中常见的公证鉴定、仲裁检验、国家质量监督检验等都属于第三方检验。公正检验的目的是维护买卖双方的合法权益和国家利益,协调矛盾,促进商品交换活动的正常进行。

2. 根据试验过程对商品有无破坏性,可以分为破坏性检验和非破坏性检验两类

(1)破坏性检验

受检商品在检验过程中形态发生了变化,产品的使用功能或性能遭到一定程度的破坏,这样的检验形式或方法就是破坏性检验,如产品的寿命试验、强度试验、抗冲击试验等往往是破坏性检验。

(2)非破坏性检验

指产品经过检验以后,受检产品的形态没有发生变化,产品的性能和使用功能没有受到影响的检验形式或方法。进行非破坏性检验时,有时商品虽然会有损耗,但对产品质量不发生实质性影响,检验后的商品仍能正常使用,如机械零件的尺寸检验、精度检验等,都属于非破坏性检验。随着检测技术的进步,无损检测技术的不断发展,非破坏性检验的范围正在不断扩大。

3. 根据接受检验商品数量的不同,可以分为全数检验、抽样检验和免于检验三类

(1)全数检验

全数检验又称百分之百检验,是对整批商品逐个(或逐件)进行的检验。其特点是能提供较多的质量信息,给人一种心理上的放心感。缺点是检验量大、费用高。全数检验一般应用于重要的、关键的和贵重的产品,如精密仪器设备、首饰、对后续工序加工有决定性影响的半成品、不能互换的装配件等,很多时候小批量的产品也采用全数检验。

(2)抽样检验

抽样检验是批量商品检验最常用的方法,是指按照事先确定的抽样方案,从整批商品中随机抽取少量商品作为测试的样品,并依据样品的测试结果来推断整批商品质量合格与否的检验活动。抽样检验的优点是占用人力、物力少,具有一定的科学性和准确性,是比较经济的检验方式;缺点是抽样检验的结果相对于整批商品实际质量水平总会存在一定的误差。换句话说,经过抽样检验认为合格的批量产品中,还可能含有一些不合格品。

(3)免于检验

免于检验指对生产技术水平高和检验条件好、质量管理严格、产品质量长期稳定的企业生产的商品,在企业自检合格后,商业和外贸部门可以不再进行检验,直接收货。

需要强调的是,凡是涉及安全、卫生及有特殊要求的商品(如危险品、食品等)均不能免检。

4. 按商品内、外销售情况,分为内销商品检验和进出口商品检验

(1)内销商品检验

内销商品检验是指国内商品的经营人、用户、各级商品质量管理与监督检验机构,根据国家法律法规、商品标准或合同条款等对在国内销售的商品进行的检验。根据2018年修订的《中华人民共和国产品质量法》规定,在中华人民共和国境内从事产品生产、销售活动,必须遵守本法,该法第十二条规定,产品质量应当检验合格,不得以不合格产品冒充合格产品。生产者应当对其生产的产品质量负责。销售者应当建立并执行进货检查验收制度,验明产品合格证明和其他标识。因产品存在缺陷造成人身、缺陷产品以外的其他财产(以下简称他人财产)损害的,生产者应当承担赔偿责任。由于销售者的过错使产品存在缺陷,造成人身、他人财产损害的,销售者应当承担赔偿责任。

(2)进出口商品检验

进出口商品检验是指由国家出入境检验检疫局设立在各地的出入境检验检疫机构,依照有关法律、法规、合同条款、技术标准、国际贸易惯例与公约等对进出口商品进行的法定检验、鉴定和监督检查,目的是保障对外贸易各方的合法权益。

5.1.3 商品检验的作用

商品检验的作用可以用"把关"和"服务"来概括。

商品检验对生产企业、商业部门、质量监督部门以及消费者来说,都是一项不可缺少的"把关"工作。生产企业通过对原材料、半成品和成品等各个生产环节的检验,能够保证产品的质量,并以此指导产品质量不断提高,促进产品的更新换代;商业部门通过组织商品的进货、运输、储存、销售等各个环节的检验,能够有效防止不合格商品和假冒伪劣产品进入流通领域,减少经济损失,保护消费者的利益;质量监督部门通过商品检验,实施商品质量管理,能够向社会传递准确的商品质量信息,服务社会、服务消费者,并以此促进我国市场经济的顺利发展,这就是商品检验的"服务"功能。

5.1.4 商品检验的内容

商品检验的内容包括商品品质检验、数量检验、包装检验和安全卫生检验等几个方面。

1. 商品品质检验

商品品质包括外观品质和内在品质两部分，商品外观品质的检验主要是指商品的外观尺寸、造型、结构、款式、表面色彩、表面精度、色泽、新鲜度、成熟度、气味等感官项目的检验。内在品质检验主要是指对商品的化学成分、化学性质、物理性能、机械性能、生物性能等的检验。

2. 数量检验

数量检验是指对被检商品的数量，包括个数、件数、面积、体积和重量等的检查。

3. 包装检验

包装检验的内容包括包装内外的质量检验，如包装材料、容器结构与造型、装潢等对商品的适宜性检验以及包装体的完好程度、包装标志的正确性和清晰度、包装防护措施的牢固程度等。

4. 安全卫生检验

安全卫生检验包括安全性能检验和卫生性能检验，前者包含的主要内容有电器的绝缘性，商品的易燃、易爆性和腐蚀性、放射性、毒害性等；后者包含的主要内容有对食品、药品等使用的包装材料以及化妆品、玩具、纺织品等的卫生情况进行的检验。

5.2 商品的抽样

5.2.1 商品抽样的概念

在多数情况下，商品检验是通过抽样来进行的。商品抽样（Product Sampling）也称商品取样、采样或拣样，是指从待检的批量商品中按照一定的方法抽取样品的过程。

抽样检验就是按照事先规定的抽样方案，从批量商品中抽取少量样品，然后对样品逐一进行检验，并将检验结果与商品标准规定的指标或合同条款进行比较，判定合格情况，最后由样本质量状况推断受检商品整体质量情况的一种检验方法。

抽样检验的优点十分明显，归纳起来有以下四个方面：

(1) 采用抽样检验，需要检验的商品数量较少，省时、省力，比较经济；

(2) 检查人员能集中精力仔细检查，便于发现问题；

(3) 生产方或卖方必须保证自己的产品质量，否则可能出现整批商品拒收的情况，给生产方或卖方造成经济损失；

(4) 对破坏性试验来说，通过少数样品的破坏性检验，就能正确地判断整批商品的质量情况，可以大大节约成本。

但是，由于抽样检验的样本较少，以少量样品的质量情况来推测整批产品的质量，信息不如全数检验那样多,有时会存在片面性,从而出现两类风险:一类是将合格批错判为不合格,使生产方蒙受损失,称为生产者风险;另一类是将不合格批错判为合格,使用户蒙受损失,称为用户风险。

5.2.2 商品抽样的原则

要从一大批商品中采到能够代表整批商品质量状况的少量样品,抽样就必须遵守一定的规律,采用合理的方法,否则就容易出现以偏概全或者失真的情况。大量实践表明,商品抽样需要遵守以下原则:

1. 代表性原则

绝大多数商品的鉴定,是从被鉴定商品中抽取一部分进行鉴定,这些被抽取的样品,是鉴定的对象,也是决定商品质量的主要依据,因而要求抽取的样品必须具有代表性,也就是说,样品的质量情况要能够代表整批商品的质量水平。如果抽取的样品没有代表性,即使我们鉴定所用的仪器设备再精密,采用的鉴定方法再科学,获得的鉴定结果再准确,都是没有意义的。

2. 典型性原则

针对所要达到的目的而抽取的,能充分说明这一目的的样品称为典型样品。典型样品一般在发现或怀疑商品有腐败、污染、掺杂、伪造以及含有某些毒物等情况时抽取,抽取的样品应当是可疑的商品,而不能用均匀的样品,以保证所抽样品具有典型性。当一批商品中只有局部或部分由于运输、储存不当而造成品质劣变时,应当好次分开,分别抽样鉴定,以免两者相互影响或掩盖真相而造成鉴定结果的不真实。

3. 适时性原则

由于某些商品的性质等会随着时间的变化而发生变化,因而要求抽样和检验工作必须及时进行。

5.2.3 商品抽样的方法

抽样的目的在于尽可能用少量的样本来反映批量商品的真实质量水平,为了保证抽取的样品具有代表性,选择什么样的抽样方法至关重要。

商品抽样的方法很多,大致可以分为随机抽样和非随机抽样两类。

非随机抽样指根据一定的主观标准来抽取样本,也就是说待抽批量中每个个体是不是被抽取不是依据其本身的机会,而是完全取决于抽样者的主观意愿。这种抽样方法的特点为不具有从样本推断总体的功能,也就是说,采用非随机抽样抽取的样品质量不能用于推断整批商品的质量水平,但却可以反映某类群体的特征,所以是一种快速、简易且节省的数据收集方法,一般不能用于商品质量的抽检。

随机抽样是应用最为普遍的抽样方法。所谓随机抽样,就是待抽批量中的每一个个体都有相同的被抽取的机会(称为概率),抽样者事先并不考虑抽取哪一个样品,完全用偶然的方法进行。也就是完全排除人的主观因素,给予每个个体以相同的抽取概率。这种方法的特点是,抽取的样本具有较好的代表性,可以从样品检验的结果来推断总体的质量情况,所以广泛应用于批量商品的抽样检验。常用的随机抽样方法有简单随机抽样、分组随机抽样、阶段随机抽样和系统随机抽样等,分别介绍如下:

1. 简单随机抽样法

简单随机抽样又称单纯随机抽样,这是一种最简单的随机抽样方法,它是对整批同类商品不经过任何分组、排序处理,直接从批量商品中按照随机原则抽取一定数量样品的方法。简单随机抽样的优点是随机度高,在特质较均一的总体中,具有很高的代表性。具体做法通常是将待抽批量中各单位商品进行编号,再利用抽签法抽取样品。

抽签法是事先给每个商品进行随机编号,或直接使用整批商品中各产品的号码,将编号号数逐个写在卡片上,投入箱中摇匀,然后随机抽签,编号与被抽中签号码相同的商品就成为样品,这种抽样方法就是抽签法。

从理论上来讲,简单随机抽样最符合随机性原则,它能够避免抽样者主观意识的影响,是最基本的抽样方法,也是其他复杂的随机抽样方法的基础。由于简单随机抽样过程需要做与整批商品数量相同的号码签,当商品批量很大时操作比较困难,所以简单随机抽样通常用于批量不大商品的抽样。

2. 分组随机抽样法

分组随机抽样又称分层随机抽样或分类随机抽样。它是将整批同类商品按主要标志分成若干个组,然后在每组中采用简单随机抽样法抽取若干个样品,再将各组抽取的样品合并在一起作为整批商品的样品,这种抽样方法就是分组随机抽样法。

分组随机抽样法由于先将整批商品分成了若干个组,每个组包含的商品件(个)数大大减少,对每个组应用简单随机抽样法就变得简单易行,因此,分组随机抽样法适用于批量较大的商品抽样,尤其是当整批商品中质量波动可能较大的时候,如当整批商品由不同设备、不同时间、不同生产者生产的商品混合组成时,采用分组随机抽样抽取的样本具有很好的代表性,是目前使用最多、最广的一种抽样方法。

例:数量为 32000 个的单位商品,由 A、B、C 三条生产线生产,A 生产线生产 16000 个,B 生产线生产 12800 个,其余为 C 生产线生产,现在要抽取 150 个样品,应该用什么方法抽样?如何抽取?

[分析]这里整批商品由三条生产线分别生产,属于质量波动可能性较大的情形,显然适用分组随机抽样法。先计算 A、B、C 三条生产线生产的商品数量占总数的百分比:

A:$\dfrac{16000}{32000} \times 100\% = 50\%$ B:$\dfrac{12800}{32000} \times 100\% = 40\%$ C:$1 - 50\% - 40\% = 10\%$

按照分组随机抽样的要求,最后的样品应该由三条生产线各自抽取的样品混合而成,每条生产线上抽取的样品比例应该与各自生产的产品数量占比一致。

所以，三条生产线抽取的样品个数依次为：

A：150×50％＝75 个　　B：150×40％＝60 个　　C：150×15％＝15 个

确定了各生产线应该抽取的样品数，就可以用简单随机抽样法的抽签法进行抽样了。

3.阶段随机抽样法

阶段随机抽样又叫多段随机抽样，是从整批商品中先抽取若干个部分，然后再从每个部分中进一步随机抽取若干个商品作为样品，最后将各个部分的样品集中起来组成整批样品的抽样方法。此法适用于一个大包装内有几个独立小包装的商品（如牙膏、肥皂、听装或袋装食品等）的抽样。

例：一批衬衫，总数为 10000 件，分别装在 100 个箱内，每箱 100 件，现要抽取 0.5％的样品，应该用什么抽样方法？如何抽样？

［分析］这是大包装套小包装的商品抽样，显然适用阶段随机抽样法。先计算需要抽取的样品总数：

$$10000×0.5％＝50 \text{ 件}$$

根据阶段随机抽样法的要求，先在 100 个箱子中采用简单随机抽样法（抽签法）抽取 5 个箱子（共 500 件），然后将它们全部开箱，将抽得的 500 件衬衫编号后，再次采用简单随机抽样的方法从中抽取 50 件，作为最终的样品即可。

4.系统随机抽样法

系统随机抽样又称等距随机抽样或规律性随机抽样。它是先将整批同类商品按顺序编号，并随机决定某一个数为抽样的基准号码，然后按已确定的"距离"机械地抽取样品的方法。

样品"距离"的大小由同类商品数目和计划样品数共同决定：

$$抽样"距离" = \frac{商品总数}{样品总数}$$

例如，确定 3 为基准号码，且已知"距离"为 10，则编号为 3、13、23、33…的商品都是样品。这种抽样方法抽样分布均匀，比简单随机抽样更为精确，适用于较小批量商品的抽样，但当整批商品质量问题呈周期性变化时，则容易产生较大的偏差。

5.3 商品检验的方法

批量商品抽样结束后，接下来的工作就是对所抽取的样品进行逐一检验。商品检验的方法很多，根据检验所使有的器具、原理和条件，检验方法主要分为感观检验法、理化检验法和生物学检验法三大类。

1.感官检验法(Sensory Inspection)

感官检验法是指在一定的条件下利用人的感觉器官作为检验工具，对商品的色、香、味、手感、音色等感官质量特性进行判定或评价的检验方法。常用的有视觉检验、听觉检验、嗅觉检验、味觉检验和触觉检验等。

(1)视觉检验法

视觉检验法是利用视觉判断商品感官质量的一个重要手段。通常用于检验商品的外形、结构、颜色、光泽、表面状态及疵点等质量特性。视觉检验法对食品的外观形态、色泽和新鲜程度、是否有不良改变以及蔬菜、水果的成熟度等有着重要的意义。

视觉检验应在白天进行,以免因灯光昏暗发生错觉。检验时应注意商品的整体外观、大小、形态等的完整程度,表面有无光泽、颜色深浅等。在检验液态食品时,要将其注入无色透明的玻璃器皿中,透过光线来观察;也可将瓶子颠倒过来,观察其中有无夹杂物下沉或絮状物悬浮等。

(2)嗅觉检验法

嗅觉主要用于检验商品的气味,对食品、药品、香水、香料等的检验具有重要的意义。人的嗅觉比较复杂,也很敏感。同样的气味,会因个人的嗅觉灵敏度不同,感受喜爱与厌恶的程度不同而不同,同时,嗅觉易受周围环境如温度、湿度、气压等因素的影响。另外,人的嗅觉适应性特别强,即对一种气味较长时间的刺激很容易顺应,俗话说"如入芝兰之室,久而不闻其香;如入鲍鱼之肆,久而不闻其臭",就是这个道理。

食品的气味是由一些具有挥发性的物质形成的,温度越高,挥发性就越大,对检验结果的影响也就越明显,所以进行嗅觉检验时常在15~25℃的温度下进行。在检验食品的异味时,液态食品可滴在清洁的手掌上摩擦,以增加气味的挥发;识别畜肉等大块食品时,可将刀微热后刺入深部,拔出后立即嗅闻气味。

(3)味觉检验法

味觉检验就是通过品尝食品的味道来检验食品质量的优劣,习惯上常将滋味分为甜、酸、咸、苦、辣、涩、浓、淡、不正常味等。味觉神经在舌面上的分布不均匀,舌的两侧边缘是普通酸味的敏感区,舌根对苦味较为敏感,舌尖对甜味和咸味较敏感,但这些都不是绝对的,在感官评价食品的品质时,应通过舌的全面品尝方可决定。

味觉与温度有关,一般在10~45℃范围内较适宜,30℃时最敏锐。随温度的降低,各种味觉都会减弱,犹以苦味最为明显,而温度过高,也会发生同样的减弱。在进行味觉检验时,最好使食品处在20~45℃,以免温度的变化会增强或减弱对味觉器官的刺激。几种不同口味的食品在进行感官评价时,中间必须休息,每检验一种食品之后,必须用温水漱口。

需要强调的是,味觉检验只能用于食品的检验,非食品类商品不能品尝。

(4)触觉检验法

凭借触觉来鉴别商品的光滑细致程度、干湿程度和弹性等,也是常用的检验方法之一。在用感官检测食品的硬度时,要求温度应在15~20℃,因为温度的升降会引起食品状态的改变。

(5)听觉检验法

凭借听觉器官对商品发出的声音进行检查,可以用于判断商品的质量情况。例如,玻璃、陶瓷、金属制品有无裂纹和内在缺陷等都可以通过听觉来判断。听觉检验在乐器、家电等商品的检验方面具有不可替代的作用。进行听觉检验时,需要适宜的环境条件,要力求安静,避免外界干扰。

2.理化检验法 (Physical and Chemical Test Method)

理化检验法是在一定的环境条件下,借助各种仪器设备、试剂,运用物理、化学原理来检测评价商品质量的方法。根据其运用的原理不同,可以分为物理检验法和化学检验法两类。

(1)物理检验法

物理检验法就是利用仪器对商品的物理性质进行测定的检验方法,常见的有以下几种:

一般物理检验法是通过测量工具来测量商品一些物理常数的方法,如长度、面积、体积、厚度、密度、容量、表面光洁度等的检验常用一般物理检验法进行。

光学检验法是通过各种光学仪器来检验商品质量的方法,这种方法不仅能够检测商品的物理性质,有时还可以用于检测某些商品的化学成分乃至化学性质。例如,利用折光仪测定油脂的折光率可以判定油脂的变质情况;利用旋光仪测定糖的旋光性可以确定糖中蔗糖的含量;利用比色仪测定某些商品的颜色,可以确定其品质或等级等。

热学检验法是利用热学原理测定商品的热力学特性的检验方法。例如,测定商品的熔点、沸点、凝固点等,以此可以判定商品的质量情况。

力学检验法就是利用力学仪器测定商品的抗拉强度、抗压强度、抗冲击强度、耐磨程度、硬度、弹性等力学性能的方法。

电学检验法就利用电学仪器测定商品电学性能的检验方法。例如,通过测量商品的电阻、电流强度、电容、电压、功率、介电常数等,可以准确判断商品的一些电学性能。

(2)化学检验法

化学检验法是利用化学仪器和化学试剂对商品的化学成分及其含量进行测量,从而判定商品质量的方法。根据其操作方法的不同,可以分为化学分析法和仪器分析法两类。

化学分析法就是利用化学反应产生的现象以及反应物与生成物之间量的比例关系对商品中的化学成分进行定性和定量测定,以此确定商品的化学成分及其含量,从而判定商品质量的方法。根据分析的目的不同,化学分析法有定性分析和定量分析两种。一般来说,定性分析是用来确定某种成分的有无,解决存在与否的问题;定量分析则是在定性分析的基础上用于确定某种成分的含量,解决的是含量多少的问题。常用的定量分析方法主要有重量分析法、容量分析法和仪器分析法。

重量分析法是根据化学反应生成物的重量,结合化学反应中反应物和生成物之间量的比例关系,求出被测组分含量的方法。中学化学中学过的根据化学反应方程式计算反应物的纯度就是典型的重量分析法。

容量分析法是在一定体积的待测溶液中,滴加某种已知准确浓度的试剂(称为标准溶液),通过测出完全反应时所消耗标准溶液的体积,计算出被测组分含量的方法。中学化学里学过的酸碱中和滴定和络合滴定就是最常见的容量分析法。

仪器分析法是借助特殊的光电仪器通过测量样品的光学指标(如吸光度、混浊度)、电化学指标(如电流、电位、电导)等物理或化学性质,计算得到待测组分含量的方法。常用的仪器分析法有光学分析法、色谱分析法、光谱分析法、电化分析法等,分光光度计、原子吸收光谱仪、红外光谱仪、核磁共振光谱仪、电导仪等都是重要的仪器分析设备。

3. **生物学检验法**(Biological Examination)

生物学检验法是指使用组织学分析法、生物实验法、显微镜观察法等手段检验商品的成分、结构等技术指标的方法,该法大量运用于食品、药品、化妆品等商品的检验与鉴定。生物学检验法可以分为微生物学检验法和生理学检验法两类。

微生物学检验法是利用显微镜观察、微生物培养和分离、形态观察等方法对商品中某些微生物是否存在或存在的数量进行检验的一种方法。微生物学检验法是判断商品卫生质量的主要手段,如大肠杆菌、沙门氏菌、霉腐微生物、致病性病原体等,直接危害人体健康,危害商品的储存,常常通过微生物学检验法进行检验。

生理学检验法常用于检验食品的可消化率、热量及营养素对机体的作用,或者是对食品和其他商品中某些毒性成分的检验,常常采用动物试验观察活体反应的方法进行。

5.4 商品质量评价与监督

5.4.1 商品品级

商品品级是指同一品种的商品,按其达到商品质量标准的程度所确定的等级,它是表示商品质量高低优劣的标志,也是表示商品在某种条件下适合其用途大小的标志,是商品鉴定的重要内容之一。商品品级可以用等级顺序表示,如几等、几级或用甲、乙、丙、丁等表示,等级顺序的高低具体表示了商品质量的优劣;也可以用一些特殊标记来表示,如瓷器用〇、□、△分别表示一等品、二等品和三等品;通常把不符合最低要求的商品称为等外品。

商品品级是相对的,会因不同时期、不同地区、不同使用条件及不同个性而产生不同的质量等级。一般来说,工业品分三个等级,食品特别是农副产品、土特产等多为四个等级,最多可分六七个等级,如茶叶、棉花、卷烟等的等级就比较多。

商品种类不同,分级的标准也不同,如日用工业品的分级依据,一是商品外观疵点的多少和这些疵点对质量的影响程度,二是商品的理化性能与标准的相差程度;再如,茶叶通常按色香味形分级,糖和食盐常按照有效成分的含量分级,鸡蛋按十个的重分级等。

我国国家标准GB/T 12707—91《工业产品质量分等导则》规定,优等品质量标准必须达到国际先进水平,一等品要达到国际一般水平。

商品分级的方法主要有百分记分法、限定记分法和限定缺陷法三种。

(1)百分记分法

将商品的各项质量指标规定为一定的分数,其中,重要指标占的分数高一些,次要指标占的分数低一些,各质量指标分数之和为100分,即满分为100分。在品级评定的过程中,如果某项指标不完全符合商品标准的要求,就要扣除相应的分数,待全部指标评定结束后计算总分,按总分高低划分商品品级。例如,白酒的品级评定通常围绕以下指标进行:色10分、香25分、味50分、风格15分;啤酒的主要指标有:色10分、香20分、味50分、泡沫20分;葡萄酒的主要指标是:色20分、气味30分、口味40分和风格10分等。

显然,采用百分记分法评定商品品级时,得分越高,表明商品质量越好,品级也就越高。

(2)限定记分法

将各种商品的缺陷规定为一定的分数,将缺陷分数的总和高低按分数段来确定商品的品级,这种记分方法常用于缺陷难以避免的商品的等级划分。显然,采用限定记分法时,商品的缺陷越多,得分就越高,商品品级也就越低。例如,棉色织布的外观质量主要决定于其布面的疵点,按照疵点对布面的影响程度可以评为1分、3分、6分、11分、21分、61分等,在标准约定的匹长、幅宽的范围内,分数总和不大于10分的为一等品,不大于20分的为二等品,不大于60分的为三等品,超过60分的为等外品。

(3)限定缺陷法

在商品可能产生缺陷的范围内,规定每个等级所限定缺陷的种类、数量和程度以及决定商品成为废品的缺陷限度,例如,缺陷不超过几项为一等品,超过几项为二等品、三等品等。以胶鞋为例,可能产生质量缺陷的外观指标有13项,其中,鞋面起皱或麻点这个缺陷,一级品限定为"稍有",二级品限定为"有";鞋面砂眼这个缺陷,一级品限定为"无",二级品限定其砂眼直径不得超过1.5mm且砂眼的深度不得超过鞋面厚度,而且低筒鞋限2处、高筒鞋限4处,同时不得集中于鞋面,在弯曲处不能有等。此外,在13项指标中如果超过4项,则不能定为一级品;超过6项不能定为二级品。限定缺陷法适用于鞋类和一些日用工业品和文化用品等的品级划分。

5.4.2 商品质量评价

商品质量评价是商品学的另一个重要内容。在日常的商品质量评价中,既要注意商品质量符合商品标准的情况,也要考虑商品质量满足人和社会需求的程度,也就是说,既要关注消费者对商品质量的基本需求,又要考虑消费者对商品质量的特殊要求,既要用一般方法来评价商品质量,也要把商品质量放在社会大环境下,作为一个系统工程来研究。

(1)商品质量评价的一般内容

商品质量评价的一般内容有:检查商品质量是否符合标准,评价商品质量技术指标的高低;考察商品的造型、花色和包装等是否具有时代感,评价商品满足消费者审美的需要;考察商品使用是否简便易学,评价商品使用方便性;检查商品证件标识是否完整齐全,评价商品质量的真实可靠性;考察商品的售后服务,评价商品的附加质量;考察商品各类消费群体的特殊要求,评价商品满足具体消费对象的需求程度;考察商品与人、商品与社会、商品与环境的关系,评价商品质量的全面性。

(2)顾客满意程度

商品质量的提高源于顾客的需要,终于顾客的满意水平,顾客的满意程度是评价商品质量的重要依据。随着经济的发展和社会的进步,人们对商品质量的要求不断提高,顾客的满意程度正在逐渐成为企业关注的焦点。

顾客满意程度测评的基本要素为:顾客预期质量、顾客感知质量和顾客感知价值。如果顾客的感知质量超过预期质量,就会感到购买有价值,顾客就满意;反之,如果顾客的感知质量低于预期质量,就会感到商品的价值偏低,顾客就不满意。因此,顾客的满意程度客观上反映了商品质量满足消费者需要的程度。

(3)假冒伪劣商品的识别

假冒伪劣商品(Fake and Shoddy Goods)是指那些含有一种或多种可以导致普通大众误认的不真实因素的商品,可以分为假冒商品和劣质商品两种类型。假冒伪劣商品具有很大的社会危害性,一是严重损害名优产品的信誉,侵犯企业的合法权益,危及企业的生存与发展;二是坑农害农,严重影响农业生产;三是败坏出口商品的信誉。假冒伪劣商品虽然只占社会商品总量的一小部分,但是如果任其发展和蔓延,将会对我国经济和社会的发展以及社会主义市场经济体制的建立造成极大的危害,对几千年来中华民族的传统社会公德、职业道德、个人美德造成严重冲击。进一步说,假冒伪劣产品加剧了社会财富的不公平分配,加剧了不劳而获的投机心理的发展,助长了那些不走勤劳致富之路、损人利己、害人致富的歪风,毒化了社会环境。它的存在,不仅严重腐蚀了一部分人的灵魂,加剧了权力腐败的速度,而且还严重腐蚀了下一代;破坏了整个社会经济运行的规则,制约了先进生产力的发展。从这个高度来看待假冒伪劣商品问题,它不仅是个经济问题,而且是个严肃的社会和政治问题,所以要坚决抵制!

识别假冒伪劣产品的方法很多,综合起来看,应该从以下几个方面着手:

一看注册商标。名优产品的注册商标上应该贴有"注"或"R"标记,有的还贴有全息防伪标记。假冒的商标大多制作粗糙、比例不符、镶贴不齐、容易脱落、颜色不正、无凹凸感,标识歪斜等。

二看外包装标记。名优产品外包装上均印有商品名称、生产批号、产品合格证、厂名、厂址等,上述标识不全的多为假冒伪劣商品。正宗名优产品的生产厂家只有一家,必须认准厂名,以防假冒。名优产品外包装的图案清晰、形象逼真、色彩鲜艳和谐、做工精致、包装用料质量好,假冒产品的包装大多色泽暗淡、图案模糊、包装物粗糙。另外,名优产品都是机器包装，封口平整，松紧适度，这一点假冒伪劣商品是很难做到的。

三看防伪标记。名优产品一般都运用激光信息防伪、荧光材料、水印纸、磁码、电码等防伪技术，假冒产品很难做到。

激光防伪又名镭射防伪，或称激光全息防伪。该技术包括激光全息图像防伪、加密激光全息图像防伪和激光光刻防伪技术三个方面。常用的是激光彩虹模压全息图文防伪技术，就是应用激光彩虹全息图制版技术和模压复制技术，在产品上制作一种可视的图文信息。由于全息图中的色块组合是随机编码的，即使同一设备也很难制出完全相同的全息母版，故彩虹全息图像已广泛用于制作防伪标识，并大量应用于票证、商标及信用卡的防伪。

荧光材料是由金属（锌、铬）硫化物或稀土氧化物与微量活性剂配合，经煅烧而成的。在波长为200～400nm的紫外光照射下，因颜料中金属和活化剂种类、含量的不同，材料会呈现出各种颜色，因而具有防伪功能。

水印纸采用特殊化学树脂及特殊印刷方式制作，使树脂渗透纸张，改变纸张透光率，进行透光目测时会产生明暗有别的预定水印图案，因而具有防伪功能。水印技术基本上不会破坏纸张原有纹理和特征，印制后也不会对书写、打印有任何影响，应用广泛。

磁性号码是将0～9的数字中的某几个用磁性油墨印刷或用磁性色带打印在支票或其他票券正面的特定位置，以供磁性阅读机识别的一种防伪技术。

电码防伪技术是电话密码防伪的简称，其原理是为每一件入网的商品设置一个唯一的密码，并把这一密码储存在中心数据库中，同时，建立起可靠的全国通用的电话查询系统。消费者购买到贴有电码防伪标识的商品后，只需拨打电话，输入商品上的密码，即可知道产品的真伪，从而突破了传统的防伪产品容易被批量仿冒和消费者不易识别的局限性。一个防伪编码只能使用一次，当消费者查询过一次后，第二次查询时系统就会提示该防伪编码已使用过，根据提示，消费者就能够轻松发现假冒行为，所以电码技术是不能仿制的一种防伪技术。随着信息技术的发展，现在的电码防伪查询方式已经从电话逐渐发展到了短信、网络等方式，所以现在又称为数码防伪。

四看商品内在质量。一般来说，假冒伪劣商品质量低劣，与名优产品不能相提并论。

5.4.3 商品质量监督

商品质量监督，是指由国家指定的商品质量监督专门机构，按照国家的质量法规和商品质量标准的规定，对生产和流通领域的商品质量和质量保证体系进行监督的活动。

商品质量监督要解决的问题是企业生产经营是否达到法规和标准的要求，并在此基础上对企业的质量保证工作实行监督。商品质量监督的职能部门，是由国家授权的法定机构，而不是普通的群众团体和民间组织。履行商品质量监督的依据，主要是国家的质量法规和批准发布的正式标准。商品质量监督是一个过程，它包括要求商品在符合标准的前提下所做出的连续性评价和促进改进的一系列工作。

1. 商品质量监督的种类

我国的商品质量监督可分为国家的质量监督、社会的质量监督和行业内部的质量监督三种。

(1)国家的质量监督

国家的质量监督，是指国家授权指定的第三方专门机构，以公正的立场对商品进行的质量监督检查。这种法定的质量监督，是以政府行政的形式，对可能危及人体健康和人身、财产安全的商品、影响国计民生的重要工业产品及用户、消费者组织反映有质量问题的商品，实行定期或经常的监督、抽查和检验，公开公布商品质量抽查检验结果，并根据国家有关法规及时处理相关质量问题，以维护社会经济生活的正常秩序，保护消费者的合法权益。

国家的商品质量监督，由国家质量技术监督部门进行规划、组织实施。中华人民共和国国家质量监督检验检疫总局是国务院主管全国质量、计量、出入境商品检验、出入境卫生检疫、出入境动植物检疫、进出口食品安全和认证认可、标准化等工作，并行使行政执法职能的直属机构。

(2)社会的质量监督

社会的质量监督，是指社会团体、组织和新闻机构根据消费者和用户对商品质量的反映，对流通领域的某些商品质量进行的监督检查。

社会的质量监督，一般是从市场一次抽样，委托第三方检验机构进行质量检验和评价，将检验结果特别是不合格商品的质量状况和生产企业名单予以公布，以造成强大的社会舆论压力，迫使企业改进质量，停止销售不合格商品，对消费者和用户承担质量责任，实行包修、包换、包退、赔偿经济损失。

中国质量管理协会用户委员会、中国消费者协会、中国质量万里行组织委员会等组织是社会质量监督的组织者和职权的行使者。

(3)行业内部的质量监督

行业内部的质量监督，是指内、外贸部门和使用单位为确保所购商品的质量而进行的质量监督。

这种质量监督是购买大型成套设备和装置以及采购生产企业生产的商品时，进驻承制单位和商品生产企业进行质量监督，发现问题有权通知企业改正或停止生产，及时把住质量关，以保证商品质量符合所规定的要求。

行业内部的质量监督包括用户自己派人或委托技术服务部门进驻承制单位实行质量监督、内外贸部门派驻厂人员进行质量监督和进货时进行的验收检验等。

2. 商品质量监督的形式

常见的商品质量监督可以归纳为抽查型质量监督、评价型质量监督和仲裁型质量监督三种形式。

(1)抽查型质量监督

抽查型质量监督是指国家质量监督机构通过对从市场或企业抽取的商品样品进行监督检

验，判定其质量，从而采取强制措施责成企业改进质量，直至达到商品标准要求的一种监督活动。抽查型质量监督，一般只抽检商品的实物，检验其质量，不检查企业的质量保证体系。抽查的主要对象是涉及人体健康和人身、财产安全的商品、影响国计民生的重要工业产品、重要的生产资料商品和消费者反映有质量问题的商品。

(2) 评价型质量监督

评价型质量监督是指国家质量监督机构通过对企业的产品质量和质量保证体系进行检验和检查，考核合格后，以颁发产品质量证书、标志等方法确认和证明产品已经达到某一质量水平，并向社会提供质量评价信息，实行必要的事后监督，以检查产品质量和质量保证体系是否保持或提高的一种质量监督活动。评价型质量监督是国家干预产品质量、进行宏观管理的一种重要形式，产品质量认证、企业质量体系认证、环境标志产品认证、评选优质产品、产品统一检验制度和生产许可证发放等都属于这种形式。

(3) 仲裁型质量监督

仲裁型质量监督是指质量监督机构通过对有质量争议的商品进行检验和质量调查，分清质量责任，做出公正处理，维护经济活动正常秩序的一种质量监督活动。仲裁型质量监督具有较强的法制性，这项任务由质量监督管理部门承担，选择经省级以上人民政府产品质量监督管理部门或其授权的部门审查认可的质量监督检验机构作为仲裁检验机构。

3. 我国商品质量监督管理模式

我国的商品质量监督管理工作，是由质量监督管理机构和质量监督检验机构形成的质量监督管理的网络管理。

一是技术监督系统。全国的质量监督管理机构是国家质量技术监督局，负责管理全国商品质量监督工作，组织协调有关部门开展商品质量监督检验工作。县级以上地方质量技术监督部门负责本行政区内的商品质量监督管理工作，组织协调本地区承担质量监督检验任务的单位开展质量监督检验工作。二是专业监督系统。我国专业监督系统的监督管理机构和质量监督检验机构包括外贸、卫生、兽药监察、船舶和锅炉等多个子系统。

中国消费者协会、中国质量管理协会等社会团体，也在全国各地设立了质量监督机构。

为适应我国商品监督检验工作的需要，国家在各省、自治区、直辖市工业集中的城市都建立了产品质量监督检验机构，其任务是根据标准进行商品质量监督检验；当产、销双方对商品质量有争议时执行仲裁检验；管理产品质量认证；组织生产许可证发放和参与优质产品审查工作等。产品质量监督检验机构主要有四种形式：国家级产品质量监督检验测试中心，主要承担国家指定的商品质量监督抽查检验；各级行业产品质量监督检验测试中心，负责本行业内部企业的产品质量监督检验；全国各地方产品质量监督检验站、所，可代表国家行使商品质量监督检验权，承担地方商品质量监督抽查检验；各省、市综合检验所，负责各专业检验机构未包括的商品质量的监督检验工作。

5.5 认证认可

5.5.1 认证认可的概念

1. 认证

认证,是一种信用保证形式。按照国际标准化组织(ISO)的定义,认证是指由国家认可的认证机构证明一个组织的产品、服务、管理体系符合相关标准、技术规范或其强制性要求的合格评定活动。认证包括体系认证和产品认证两大类,体系认证可以理解成让客户对自己的企业或公司放心的认证,一般的企业都可以进行,比如说 ISO9001 质量管理体系认证。产品认证是由可以充分信任的第三方证实某一产品或服务符合特定标准或其他技术规范的活动。产品认证相对来说比较广泛,比如说 CCC 国家强制性认证和 CE 欧盟安全认证等。如果一个企业的产品通过了国家著名认证机构的产品认证,就可获得国家级认证机构颁发的"认证证书",并允许在认证的产品上加贴认证标志。这种被国际上公认的、有效的认证方式,可使企业或组织树立起良好的信誉和品牌形象,同时,让顾客和消费者也通过认证标志来识别商品质量的好坏和安全与否。目前,世界各国政府都通过立法的形式建立起这种产品认证制度,以保证产品的质量和安全、维护消费者的切身利益,这已经成为一种新的国际贸易壁垒。

认证的作用可以概括为以下几个方面:

(1) 指导消费者选购满意的商品;

(2) 给销售者带来信誉和更多的利润;

(3) 帮助生产企业建立、健全有效的质量体系;

(4) 节约检验费用;

(5) 国家可以将推行产品认证制度作为提高产品质量的重要手段;

(6) 实行强制性的安全认证制度是国家保护消费者人身安全和健康的有效手段;

(7) 提高产品在国际市场上的竞争能力。

2. 认可

认可,是指由认可机构对认证机构、检查机构、实验室以及从事评审、审核等认证活动人员的能力和执业资格予以承认的合格评定活动。

为了规范认证认可活动,提高产品、服务的质量和管理水平,促进经济和社会的发展,我国制定了《中华人民共和国认证认可条例》。根据该条例的规定,我国实行统一的认证认可监督管理制度,国家对认证认可工作实行在国务院认证认可监督管理部门统一管理、监督和综合协调下,各有关方面共同实施的工作机制。国务院认证认可监督管理部门应当依法对认证培训机构、认证咨询机构的活动加强监督管理。认证认可活动应当遵循客观独立、公开公正、诚实信用的原则。

中国认证机构认可机构是中国合格评定国家认可中心(CNAS)，该中心由原中国认证机构——国家认可委员会(CNAB)和中国实验室国家认可委员会(CNAL)合并而来。

5.5.2 认证证书和认证标志

认证证书是产品、服务和管理体系通过认证所获得的证明性文件。认证证书的范围包括产品认证证书、服务认证证书和管理体系认证证书等。认证机构按照认证基本规范、认证规则从事认证活动，对认证合格的单位，在规定的时间内向认证申请人出具认证证书。

认证标志是质量认证机构准许经其认证产品质量合格的企业在产品或者其包装上使用的质量标志。

为了加强对产品、服务、管理体系认证的认证证书和认证标志的管理、监督，规范认证证书和认证标志的使用，维护获证组织和公众的合法 促进认证活动健康有序发展，根据有关法律、行政法规的规定，国家质量监督检验检疫总局公布了《认证证书和认证标志管理办法》，对认证证书和认证标志的制定、发布、备案、使用和监督检查提出了明确的规定。

国家认证认可监督管理委员会(简称国家认监委)依法负责认证证书和认证标志的管理、监督和综合协调工作。地方质量技术监督部门和各地出入境检验检疫机构(统称地方认证监督管理部门)按照各自的职责分工，依法负责所辖区域内的认证证书和认证标志的监督检查工作。禁止伪造、冒用、转让和非法买卖认证证书和认证标志。

《管理办法》将"认证证书"定义为"产品、服务、管理体系通过认证所获得的证明性认证证书包括产品认证证书、服务认证证书和管理体系认证证书"。"认证标志"定义为"证明产品、服务、管理体系通过认证的专有符号、图案或者符号、图案以及文字的组合。认证标志包括产品认证标志、服务认证标志和管理体系认证标志"。

中国强制性产品认证，是中国政府为保护广大消费者的人身健康和安全，保护环境、保护国家安全，依照法律法规实施的一种产品评价制度。它要求产品必须符合国家标准和相关技术规范。强制性产品认证，通过制定强制性产品认证的产品目录和强制性产品认证实施规则，对列入《目录》中的产品实施强制性的检测和工厂检查。

官方认证是一种市场准入性的行政许可，是国家行政机关依法对列入行政许可目录的项目所实施的许可管理。凡列入《中华人民共和国实施强制性产品认证的产品目录》的产品(132种)，必须经指定的认证机构认证合格，取得指定认证机构颁发的认证证书，并加施认证标志后，方可出厂销售、进口和在经营性活动中使用；没有获得指定认证机构颁发的认证证书，没有按规定加施认证标志的，一律不得出厂、销售、进口或者在其他经营活动中使用。行政许可针对的是产品，但考核的是管理体系。我国的企业食品生产许可和药品生产质量管理规范认证都属于官方认证，中国强制性产品认证(China Compulsory Certification，CCC)标志和企业食品生产许可证(Qiyeshipin Shengchanxuke，QS)标志如图5—1和图5—2(左)所示。

 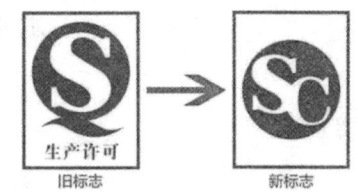

图 5－1 中国强制认证标志   图 5－2 QS 标志

2015 年 10 月 1 日,新修订的《食品安全法》开始施行,作为其配套规章,原国家食品药品监督管理总局制定的《食品生产许可管理办法》同步实施。《办法》明确规定,新获证食品生产者应当在食品包装或者标签上标注新的食品生产许可证编号"SC"加 14 位阿拉伯数字,不再标注"QS"标志。为了能尽快全面实施新的生产许可制度,又避免生产者包装材料和食品标签浪费,《办法》给予了生产者最长不超过 3 年的过渡期,即 2018 年 10 月 1 日及以后生产的食品,一律不得继续使用原包装和标签以及"QS"标志。

对消费者而言,新标志"SC"[如图 5－2(右)]所示,最大的好处就是能够实现食品的追溯。因为食品生产许可证编号一经确定便不再改变,以后申请许可延续及变更时,许可证书编号也不再改变。这不仅是对生产者安全生产的一种鞭策,在购买食品时,能够知晓食品原料从哪来\在哪加工\何时产出等,也让消费者买得更加放心、安心。

本章练习

一、名词解释

1. 商品检验

2. 感官检验

3. 商品抽样

4. 认证认可

二、单选题

1. 下列各项不属于商品检验内容的是（　　）。
   A. 包装　　　　　　B. 规格　　　　　　C. 数量　　　　　　D. 外观
2. 商场通过合同采购一批某大型企业生产的床上用品，供货时，商场进行的验收是（　　）。
   A. 第一方验收　　　B. 第二方验收　　　C. 第三方验收　　　D. 生产验收
3. 对批量较大的商品进行抽样时，应该采用的方法是（　　）。
   A. 简单随机抽样　　B. 分组随机抽样　　C. 阶段随机抽样　　D. 规律性随机抽样
4. 规律性随机抽样时，抽样距离的大小由商品总数和（　　）共同决定。
   A. 样品个数　　　　B. 抽样方法　　　　C. 商品类型　　　　D. 商品包装
5. 一批香皂10000块，分别装在100个箱内，每箱100块，现要抽取1%的样品，应该采用的抽样方法是（　　）。
   A. 简单随机抽样　　B. 分组随机抽样　　C. 阶段随机抽样　　D. 规律性随机抽样
6. 重量分析法属于（　　）。
   A. 定性分析　　　　B. 定量分析　　　　C. 物理检验　　　　D. 感官检验
7. 通过动物试验、活体试验等方法进行的检验属于（　　）。
   A. 物理检验　　　　B. 化学检验　　　　C. 微生物检验　　　D. 生理检验
8. 采用百分记分法评定商品品级时，分数越高，（　　）。
   A. 商品质量越好，品级越高　　　　　　B. 商品质量越好，品级越低
   C. 商品质量越差，品级越高　　　　　　D. 商品质量越差，品级越低
9. 采用限定记分法进行纺织品的品级划分时，分数越高，（　　）。
   A. 商品的缺陷越多，品级越低　　　　　B. 商品的缺陷越少，品级越低

C.商品的缺陷越多,品级越高　　　　　　D.商品的缺陷越少,品级越高

10.国家质量监督机构从市场或企业抽取的商品样品进行监督检验,评价其质量是否达到商品标准要求的监督活动是( )。

A.抽查型质量监督　　B.评价型质量监督　　C.仲裁型质量监督　　D.社会质量监督

11. 洗衣机制造厂在出厂入库前进行的检验属于( )。

A.第一方验收　　　　B.第二方验收　　　　C.第三方验收　　　　D.抽查验收

12.无法仿制的防伪技术是( )。

A.激光信息防伪技术　　B.荧光防伪技术　　C. 水印技术　　　　D.电码技术

13.对某品牌食品进行抽检时发现食品品质符合标准规定的要求,但包装上未标明生产日期和保质期,存在标志不清的问题,由此得出结论,该食品属于( )。

A.合格商品　　　　B.部分合格商品　　　　C.不合格商品　　　　D.待检商品

14.随机抽样要求抽取的样品具有( )。

A.代表性　　　　　　B.普遍性　　　　　　C.特殊性　　　　　　D.通用性

15.我国的强制认证标志是( )。

A.QS 标志　　　　　B.QC 标志　　　　　C.3C 标志　　　　　D.环境标志

三、多选题

1.在味觉检验中,基本味觉有( )。

A.甜　　　　　B.酸　　　　　C.苦　　　　　D.辣　　　　　E.咸

2.在下列检验方法中,属于物理检验法的有( )。

A.热学检验　　B.生理学检验　　C.光学检验　　D.容量分析　　E.力学检验

3.商品检验工作程序的主要环节有( )。

A.定标　　　　B.抽样　　　　C.检验鉴定　　D.判定处理　　E.签证

4.常用的商品检验方法主要有( )。

A.感官检验　　B.化学检验　　C.物理检验　　D.微生物检验　　E.视觉检验

5.进行抽查型质量监督时,抽查的主要对象是( )。

A.涉及人体健康和人身、财产安全的商品　　　　B.影响国计民生的重要工业产品

C.重要的生产资料商品　　　　　　　　　　　　D.消费者反映有质量问题的商品

E.价值高的商品

6.下列商品中不能申请免检的是( )。

A.牛奶　　　　B.疫苗　　　　C.家用电器　　D.香皂　　　　E.餐具

7.商品质量监督的形式可以概括为( )。

A.抽查型质量监督　　　　　B.评价型质量监督　　　　　C.仲裁型质量监督

D.社会质量监督　　　　　　E.消费者质量监督

8.凡列入《中华人民共和国实施强制性产品认证的产品目录》的产品没有获得指定认证机构颁发的认证证书,或没有按规定加施认证标志的,一律不得( )。
　　A.出厂　　　　B.销售　　　　C.进口　　　　D.经营　　　　E.运输
9.属于商品检验依据的是( )。
　　A.法律法规　　B.合同条款　　C.商品包装　　D.贸易惯例　　E.商品价格
10.我国商品质量监督的形式有( )。
　　A.抽查型质量监督　　　　B.评价型质量监督　　　　C.仲裁型质量监督
　　D.普查型质量监督　　　　E.常规型质量监督

四、填空题

1.商品检验的实施方可以是商品的_____方、_____方或者_____方。
2.商品检验的依据是_____、_____或国家的有关法律、法规、惯例。
3.商品检验的主要内容包括:_____、_____、_____、安全卫生检验。
4.商品抽样的原则可以概括为_____、_____和_____。
5.常用的随机抽样方法有_____、_____、规律性随机抽样、阶段随机抽样。
6.简单随机抽样适用于_____的抽样。分层随机抽样适用于_____的商品。
7.商品检验的方法主要有_____、_____、_____。
8.采用百分记分法评定商品品级时,分数越高,商品质量越_____,品级就越_____。
9.采用限定记分法评定商品品级时,商品的缺陷越多,分数就越_____,商品的品级越_____。
10.商品质量监督的形式种类可分为_____、_____、_____三种。

五、判断题

1.商品检验的技术依据是法律法规。( )
2.不论是何种商品,当待检数量较大时,可以选择免检。( )
3.包装检验不是商品检验的内容。( )
4.商品的内在品质检验通常不适用感官检验法。( )
5.在大多数情况下,批量商品的检验都采用抽样检验。( )
6.我国的质量监督机构是国务院。( )
7.中国强制认证标志是"环境标志"。( )
8.随机抽样是最常用的抽样方法。( )
9.在我国,所有的认证标志都是自愿性认证。( )
10.产品认证是防止国际贸易壁垒的有效工具。( )
11.抽查型质量监督,一般只抽检商品的实物质量,不检查企业的质量保证体系。( )

12.企业质量保证体系认证是评价型质量监督的一种形式。   (   )

六、简答题

1.商品检验的内容是什么？

2.商品质量监督的形式有哪些？

3.如何识别假冒伪劣产品？

4.我国国家指定的商品质量监督专门机构是什么？

5.商品抽样常用的方法有哪些？各自适用什么场合？

第 6 章

商品包装

教学目标

☞ **知识目标**

理解商品检验的概念、作用与分类；

理解商品包装的概念和功能，理解商品包装合理化的基本要求；

掌握常见的包装材料及包装分类；

掌握商品运输包装及其特点、掌握集合包装作用和类型，了解运输包装标志；

掌握商品销售包装的概念和特点，了解销售包装技法；

了解注册商标。

能力目标

能运用所学知识对商品运输包装进行初步评价；

能运用所学知识对商品销售包装进行初步评价，能识别常见的销售包装技法。

素质目标

培养学生的观察能力和理论联系实际的思想方法。

商品包装是商品学研究的另一个重要内容。在生产实际中，绝大多数商品只有经过包装后才算完成它的生产过程，才能进入流通领域和消费领域，因而包装常常被认为是商品生产过程的终点和商品流通过程的起点，对商品流通有着重要的意义。包装不足、包装不当、包装过度都有碍商品价值与使用价值的实现。本章介绍有关商品包装的知识。

6.1 商品包装及其作用

6.1.1 商品包装的概念

我国国家标准 GB4122-83 对现代商品包装作了明确定义,"为了在流通过程中保护产品,方便储存,促进销售,按一定技术方法而采用的容器、材料及辅助物等的总称",也指"为了达到上述目的采用容器、材料和辅助物的过程中施加一定技术方法等的操作活动"。

不难看出,商品包装包含两个方面的意思:一是指盛装商品的容器,通常称为包装物,简称包装,如箱、袋、筐、桶、瓶等;二是指包扎商品的过程,如装箱、打包等。

商品包装有四大要素,分别是包装材料、包装技术、包装造型结构、包装表面装潢,作为一个完整的包装,四大要素缺一不可。

四大要素中,包装材料是包装的物质基础,是包装功能的物质承担者;包装技术是实现包装保护功能、保证内装商品质量的关键;包装结构造型是包装材料和包装技术的表现形式;包装表面装潢是通过画面和文字美化、宣传和介绍商品的主要手段。

商品包装是随着商品流通环境的变化和包装技术的进步而不断改进和发展的,其发展过程大致经历了三个阶段:

第一阶段是单纯考虑保护商品的大包装。在商品生产的初期,为了保证商品流通,首先需要的是商品运输和储存,即商品要经受空间的转移和时间的推移的作用,为了给商品提供保护,包装就产生并发展起来了。这一时期,包装通常是指大包装,即运输包装——箱、篓、筐、桶等。

第二阶段是强调美化商品的小包装。商品生产的初期,生产者是以商品特征来使消费者识别本厂产品的,后来逐步以小包装来传达这种信息。随着竞争的进一步激烈,小包装的作用又进而发展到了美化和宣传商品。从此,大包装和小包装的功能有了分化和侧重,前者仍然主要起保护作用,而后者则主要起区别、美化和宣传商品的作用。由于有了小包装,商品不必在零售时另外再进行分装,故小包装亦称为销售包装。

第三阶段是小包装发展为"无声推销员"。自我服务销售方式的出现把商品包装推向了更高的发展阶段,小包装在销售和消费中所起的作用也越来越大。这一时期小包装已真正成为商品不可分割的一部分,成了谋取附加利润的重要手段;与此同时,大包装也逐步从单纯的保护商品向如何提高商品运输装卸的效率转变。

如今,包装已成为现代商品生产和商品流通中不可分割的一部分,已经融进了各类商品的开发设计和生产中,几乎所有的商品都需要通过包装才能进入流通过程,包装业已成为商家增强竞争能力的强力利器,各厂商为吸引消费者,绞尽脑汁,不惜重金,打造完美的包装,以期改变其产品在消费者心中的形象,以此提升企业自身的形象。

6.1.2 商品包装的功能

商品包装是在人类社会长期的经济生活中逐步形成和发展起来的。随着商品经济的不断发展,商品包装在生产、流通和人民生活中的地位和作用日益增强,在现代生产中绝大多数产品只有经过包装后,才算完成它的生产过程,才能进入流通领域和消费领域。现代市场营销活动中,商品包装被冠以"无声推销员"的美誉,是宣传商品、宣传企业形象的工具,是商品特征的"放大镜",也是免费的广告。因此,良好的商品包装从商品的生产、销售,到人们的生活始终起着重要的作用。商品包装的功能表现在以下几个方面:

(1)保护功能

包装能保护商品的质量安全和数量完整。商品在流通过程中需要经过搬运、装卸、运输、贮藏等过程,容易受到外界因素的损害和影响,使商品破坏、变形、渗漏和变质。适宜的商品包装能抵抗各种破坏因素,有效防止商品受到损害和影响,从而保护商品。

商品在运输过程中都会受到震动、冲击、压力、低温、高温等因素的损害,因此,商品包装要有一定的抗震动性,才能保证在运输中的安全,尤其在采用集装箱和托盘运输时,商品包装需要牢固,这样才能避免商品损害事故的发生。

商品在贮存、堆码时所产生的静压力对包装的破坏也是很严重的。因此,包装要有一定的强度,保证在规定堆积高度下的稳定性和安全性。

环境方面对商品质量的影响因素主要是水、高温、低温和湿度的变化及污染等,因此,包装必须有一定的防潮、防腐蚀措施,保证包装本身必须在外界环境因素影响下性能稳定,以免造成商品的锈蚀、变质。

虫蛀、鼠害及微生物的侵入,对商品质量来说也是一种破坏因素,因此,包装要采取一定的措施封闭严密,以防生物和微生物对商品的威胁和侵害。

(2)便利功能

商品必须经过流通领域才能到达消费者手中,才能实现其使用价值。商品出厂后,购销双方要对商品进行计数、计量与清点、验收,包装完整的商品便于开展上述工作;此外,在流通过程中,商品需要经过搬运、堆码、运输、装卸、零售、批发等诸多环节,合理的包装,可加速商品流转,提高商品流通的经济效益。

(3)促销功能

合理的商品包装能够美化商品,促进销售。商品包装的绘图、商标和文字说明等都在一定程度上展示了商品的内在品质,既方便消费者识别,又介绍了商品成分、性质、用途和使用方法,便于消费者购买、携带。

包装能否抓住消费者的视线,唤起购买兴趣,引发联想,是商品能否成为消费者选择对象的关键。在大多数场合,那些色彩鲜明、构图精美、造型新颖、文字醒目的包装,能给人以美好的印象,容易激发消费者的购买欲望。相反,那些无包装的商品会因卫生状态不好或携带不便影响顾客购买的心情。

包装是"无声的推销员"。一个好的包装本身就是很好的广告。精美的包装，可起到美化商品、宣传商品的作用，能够提高商品的市场竞争力。良好的包装，给商品"梳妆打扮"，给人以美的享受，能诱导和激发消费者购买的动机和重复购买的兴趣，特别是在当今人们的物质生活和文化生活不断提高的情况下，包装与装潢更成为消费者购买商品时考虑的重要因素。

(4) 增值功能

新颖独特、精美合理的包装，是商品价值增值的重要手段。合理的包装增加了商品的自然寿命，因而使商品的使用价值增值，具有提高商品身价的功能。蕴含科技、文化、艺术、社会心理、生态价值等诸多因素，合理、精美的包装，能够增加企业的经济效益和社会效益。

6.1.3 商品包装的合理化

所谓包装的合理化，就是指在包装过程中使用适当的材料和适当的技术，制成与商品相适应的容器，节约包装费用，降低包装成本，既要满足包装保护商品、方便储运、有利销售的要求，又要提高包装的经济效益的包装综合管理活动。包装的合理化是使其作用得以正常发挥的前提。

商品包装具有从属性和商品性的双重特性。一方面，虽然在现代化商品生产中，商品对包装的依附性越来越明显，在商品生产、流通、销售乃至消费领域都离不开包装，包装已经成为商品的组成部分，缺少包装就难以形成社会生产的良性循环。但是不管包装如何发展，它作为内装商品附属物的特征并没有改变，而且商品包装的发展也会受到商品变化的制约，也就是说内装商品的特点及其变化始终是影响包装发展的最根本因素，所以商品包装具有从属性。另一方面，在现代化的商品生产中，商品包装已经成为社会生产的一种特殊产品，同其他社会必要劳动产品一样成为部门之间的买卖对象，包装生产已成为重要的工业部门之一，而且销售包装和商品一起出售给消费者，使包装本身具有了商品的特性，所以包装又具有商品性。

合理的商品包装是从属性和商品性的完美结合，即既要符合商品本身的特点，又要满足消费者的需要，取得最佳的经济效益和社会效益。从这个意义上来说，合理的包装必须满足以下几个条件：

(1) 包装应适应商品特性：商品包装必须根据商品的特性，选用合适的材料，采用适当的技术，使包装完全符合商品理化性质的要求。

(2) 包装应适应运输条件：要确保商品在流通过程中的安全，商品包装应具有一定的强度，结实、耐用。对于不同的运输方式和运输工具，还应有选择地利用相应的包装容器和技术。总之，商品包装应适应流通领域中储存、运输的条件，满足强度要求，同时有利于提高运输和装卸的效率。

(3) 商品包装要"适量、适度"：大家对"买椟还珠"这个成语一定不陌生，说的是有一个在郑国卖珠宝的楚国人，用名贵的木兰雕了一只装珠宝的匣子，将盒子用桂椒调制的香料熏制,用珠宝和宝玉点缀,用美玉联结,用翡翠装饰,用翠鸟的羽毛连缀。结果有个郑国人把匣子买了去,却把匣子里的珠子还给了他。这就是典型的包装过度、喧宾夺主,把销售珠宝的本质都掩盖了,成了千古笑话。

对销售包装而言,包装容器大小要与内装商品相吻合;包装费用,应与内装商品相适应。预留空间过大、包装费用占商品总价值比例过高,都有损消费者的利益,属于"过度包装"。多年前,中秋佳节,食品店节日礼品销售专柜内,来自全国各地的月饼争奇斗艳,其包装之精美,令人叹为观止。有的在表面刻出惟妙惟肖的精美图案,有的包装盒用彩瓷制成,足以与景泰蓝媲美;有的是木制包装盒,看起来古色古香,"贵族味"十足。月饼包装的精美华贵,令消费者怦然心动,但昂贵的价格也让消费者瞠目结舌。一盒月饼,贵的数百元甚至上千元,包装的价格远远超过了月饼本身的价值,有的甚至超出数十倍乃至数百倍,这都属于过度包装,是法律法规所禁止的。国家质检总局和国家标准委于2010年3月28日发布了《限制商品过度包装要求 食品和化妆品》的国家标准,强制规定食品和化妆品销售包装层数不得多于3层,包装空隙率不得大于60%;初始包装之外的所有包装成本总和不得超过商品售价的20%,目的就是限制生产商用高档材质商品包装,拒绝过度包装节约资源。

(4)商品包装应标准化、通用化、系列化:商品包装必须推行标准化,即对商品包装的包装容(重)量、包装材料、结构造型、规格尺寸、印刷标志、名词术语、封装方法等加以统一规定,逐步形成系列化和通用化,以便有利于包装容器的生产,提高包装生产效率,简化包装容器的规格,节约原材料,降低成本,易于识别和计量,有利于保证包装质量和商品安全。

(5)商品包装要做到绿色、环保:商品包装的绿色、环保要求要从两个方面认识:一是包装材料、容器、技术本身对商品、对消费者而言是安全卫生的;二是包装的技法、材料容器等对环境而言,是安全的和绿色的。在选材和制作两个环节,都要遵循可持续发展原则,节能、低耗、高功能、防污染,可以回收利用,即使是不能回收的废弃物,也要求能安全降解。

为了实现包装合理化,需要从以下几个方面加强管理:

(1)广泛采用先进包装技术:包装技术的改进是实现包装合理化的关键。要推广诸如缓冲包装、防锈包装、防潮包装等新型的包装方法,适应不同商品装卸、储存、运输、销售的要求。

(2)由一次性包装向重复使用的包装转变:按照环境保护的要求,减少一次性包装,采用可重复使用包装,力求包装的物质减量化,避免废弃物产生。

(3)采用组合包装技术:推广集装托盘、集装箱等集合包装技术进行组合运输,在节约包装材料的同时,提高装卸、运输效率。

(4)推行包装标准化:从材料、结构、规格、标志、封装方法等执行包装标准。

(5)采用无包装的物流:对需要大量输送的商品(如水泥、煤炭、粮食等)来说,包装所消耗的人力、物力、资金、材料非常大,若采用专门的散装设备,则可获得较高的技术经济效果。散装并不是不要包装,它是一种变革了的包装,即由单件小包装向集合大包装的转变。

6.1.4 商品包装的分类

为了适应不同商品和不同消费的需要，商品包装方法多样，种类繁多，分类方法也很多。习惯上以包装的位置、材料、技法、内装物以及在流通中的作用为分类标志进行分类。

1. 按商业经营习惯分类

(1) 内销包装：是指为适应在国内销售的商品所采用的包装，通常具有简单、经济、实用的特点。

(2) 出口包装：是指为了适应商品在国外的销售，针对国际长途运输所采用的包装。通常在保护性、装饰性、竞争性、适应性上要求更高。

(3) 特殊包装：是指为工艺品、美术品、文物、精密贵重仪器、军需品等特殊商品所采用的包装，在多数情况下，特殊包装的成本较高。

2. 按流通领域中的环节分为类

(1) 小包装：是直接接触商品，与商品同时配装出厂的包装，是商品的组成部分。商品的小包装上多有图案或文字标识，具有保护商品、方便销售、指导消费的作用。

(2) 中包装：是商品的内层包装，通称为商品销售包装，多为具有一定形状的容器等。它具有防止商品受外力挤压、撞击而发生损坏，或受外界环境影响而发生受潮、发霉、腐蚀等变质变化的作用。

(3) 外包装：是商品最外部的包装，又称运输包装，多是若干个商品放在一起进行的集中包装。商品的外包装上都有明显的标记，外包装具有保护商品在流通中安全的作用。

3. 按包装材料分类

以包装材料为分类标志，商品包装可分为纸包装、塑料包装、玻璃包装、金属包装、木材包装、复合材料包装、陶瓷包装、纺织品包装、其他材料包装等。

4. 按流通中的作用进行分类

以包装在商品流通中的作用为分类标志，商品包装可以分为销售包装和运输包装。这里重点介绍运输包装和销售包装。

6.2 商品的运输包装

运输包装（Transport Package）又称"外包装""大包装"，是为保护商品和便于运输、储存而进行的外层包装。运输包装有利于提高装卸速度、减轻装卸搬运的劳动强度、便利运输、保护商品，并促进包装标准化，节省运输费用。商品的运输包装具有保护商品安全，加速商品交接或交换，方便商品装卸、运输、堆码和储存的作用。

运输包装一般不随商品出售，通常不与消费者见面，因此比较注重防护，包装的外观不大讲究，但包装上的标志必须清楚。运输包装具有体积大、容量大、荷重大、坚固、外形规则等特点。

1. 运输包装的分类

运输包装分为单件运输包装和集合运输包装两大类。

(1) 单件运输包装

单件运输包装是指在运输过程中作为一个计件单位的包装。按包装造型的不同，单件运输包装的形式主要有箱式包装、袋式包装、桶式包装等。

箱(Case/Carton/Box)。凡是价值较高,容易受损的商品,多用箱装。根据不同商品的特点,可选用木箱、纸箱、瓦楞纸箱和夹板箱等箱装,有些贵重商品还有使用金属箱的。为了防潮,一般箱内都衬有防潮的纸或塑料薄膜,箱外通常采用打包铁皮或塑料胶带固定。

袋(Bag)。袋包装有棉布袋、麻袋和玻璃纤维袋等,一般用来包装粉状、颗粒状或小块状的货物,农副产品及化学肥料等也常采用袋装,如水泥用纸袋包装,面粉用布袋包装等。

包(Bale)。凡是可紧压且品质不受损坏的商品则可以打包,用包进行包装时,一般用打包设备将货物压实打包,再用麻布、棉布等包裹,包外用条带扎紧。如棉花、棉纱、羽毛、羊毛、布匹、茧丝、纤维等货物常采用这种包装形式。

桶(Barrel)。桶包装有木桶、铁桶、纸板桶与塑料桶等,主要适用流体、半流体、粉状、颗粒状等货物的包装。

此外,常见的还有瓶(Bottle)、卷(Roll)、篓(Basket)、捆(Bundle)、筐、坛、罐等,其原理与桶装类似,这里就不再一一介绍。

(2)集合运输包装

集合运输包装又称组合运输包装,是指在单位运输包装的基础上,将若干单件运输包装组合成一件大包装的方式。集合运输包装对提高装卸效率、节省费用具有重要的意义。

常见的集合运输包装主要有集装箱、集装托盘和集装袋三大类:

①集装箱(Container):是指由钢板、铝板、纤维板等坚固材料制成的长方形大箱,始于20世纪初,50年代起迅速发展。集装箱大小规格有许多种,装载重量为5~40吨。国际上为了便于计算集装箱数量,以容积为8×8×20立方英尺的集装箱为标准箱,也称国际标准箱单位,用TEU(Twentyfoot Equivalent Unit)表示。标准箱通常用来表示船舶装载集装箱的能力,也是集装箱和港口吞吐量的重要统计和换算单位,其余规格的集装箱通常需要折合为标准箱。集装箱是现代化运输的一种包装,它既便于装卸、运输,又能有效地保护商品。集装箱的外观如图6—1所示。

使用集装箱要有专用的船舶、码头和装卸设施。根据集装箱内装商品不同特点的需要,集装箱可以分为通用型和专用型两种。通用型集装箱用作普通商品的运输包装,如干货、杂货等。专用集装箱内设空调、冷藏设备,可适应商品运输中的特殊需要,如精密仪器运输的恒温型集装箱、鱼肉等食品运输的冷藏型集装箱、新鲜水果等运输的通风型集装箱、服装运输的吊挂型集装箱、石油等运输的液体型集装箱,大件商品运输的开顶型集装箱、机械拆卸式集装箱等。

(1)通用集装箱

(2)专用集装箱

图 6-1 集装箱示意图

集装箱运输包装的箱型多、用途广,具有能有效减少货物损失,降低运输费用,缩短运输时间,提高装卸效率,方便交接等优点,其优越性已得到世界公认,成为外贸运输的重要条件,可以说当今货运已经进入集装箱时代。

国际标准化组织对各种集装箱的规格均有统一的规定,随着相关科学技术的应用,集装箱的功能已日趋先进、复杂,能进行气调温调、适于航空运输的集装箱已纷纷问世,大型多功能的集装箱本身就是移动的仓库,也可以作为流动的商店。

②集装袋(Felexible Container):集装袋全称柔性集装袋,也称为大袋、吨包装袋,是一种柔软、可折叠的包装容器,一般由涂胶布、树脂加工布及其他软性材料制成,是大容积运输袋,通常呈圆柱形或长方形,有抽口,顶部设有吊环,方便吊装,容量一般为1~1.5吨。特别适宜于散装粉粒状货物的包装,有利于促进散装货物包装的规格化、系列化,降低运输成本,而且还具有包装方便、储存及造价低,适合机械化作业等优点,是仓储、包装、运输的理想选择。集装袋广泛应用于水泥、化肥、食盐、糖、化工原料、矿石等散装物质的公路、铁路及海上运输的包装。

集装袋的分类方法比较多,按材料分为涂胶布袋、树脂布袋、化纤编织袋、复合材料集装袋等;按形状可以分为圆形集装袋和方形集装袋,其中,圆形集装袋占多数;按吊装位置分为顶部吊装袋、底部吊装袋、侧面吊装袋和无吊带集装袋等;按制作方法分为黏合集装袋和缝制集装袋等;按使用次数分为一次性使用集装袋(如气味较重或腐蚀性较强的化学肥料、纯碱、某些化工原料袋等)和重复使用集装袋等。常根据形状和结构进行分类,其类型及代号详见表6-1,外形见图6-2。

表 6-1 集装袋的类型及代号

形状	结构		代号
圆形	有出料口	非全开口	yf
		全开口	yq
	无出料口		yw
方形	箱型		fx
	半敞形		fb
	全敞形		fq

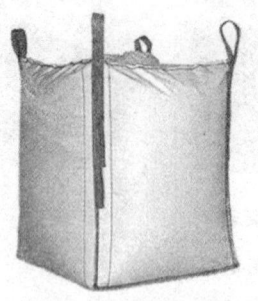 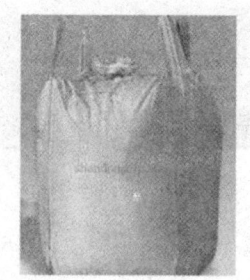

（1）方形集装袋　　　　　　　　（2）圆形集装袋

图 6-2　集装袋外形示意图

③集装托盘(Pallet)：又称托盘集合包装或集装盘。是由特制托盘和固定于其上的一件或一组货物组合而成的集合包装。托盘集合包装兼备包装容器和运输工具双重作用，体积一般不低于1立方米，装载重量为0.5～2吨。

集装托盘采用木材、胶合板、钢材、铝合金、塑料等材料制成，由垫板、横梁和垫块组成，结构简单，垫块形成的插口，方便叉车连接。集装托盘兼有整体装卸、运输堆码的功能，具有方便装运机械化、节约装运费用、保护商品安全、合理利用仓储空间等优点。

托盘按组合形式可以分为平板式和非平板式两类，其中，平板式托盘是用途最广的类型。平板式托盘有箱式、立柱式和框架式，近年来出现的集装滑片作为一种新型的托盘，具有与普通托盘相同的功能，但在片状平面下方无插口，而在操作方向上有突起的折翼，便于配套铲车作业，具有质量轻、体型薄、功能完好的优点。

（1）箱式托盘　　　　　　　　（2）立柱式托盘

（3）平板式托盘　　　　　　　　（4）框架式托盘

图 6-3　集装托盘示意图

2.运输包装标志

运输包装标志(Transport Package Mark)是在包装外部明显位置涂刷、粘贴或拴挂的,由简单醒目的文字和数字或图形组成的特定记号或说明。它的作用是便于在运输中辨认识别商品,将商品准确运送到指定地点,防止发生错运错发;便于商品在装卸、运输、储存过程中采取正确的措施,确保商品的质量安全。

运输包装标志可以按照作用的不同,分为收发货标志、包装储运图示标志和危险货物标志三类。

(1)收发货标志

收发货标志(Shipping Mark)又称识别标志,是供收发货人识别的标志,也是合同、发货单据、运输保险文件中需要记载的基本部分。收发货标志的内含项目有分类标示、供货号、货号、品名规格、数量、重量、生产日期、生产工厂、体积、有效期限、收货地点和单位、发货单位、运输号码、发运件数等。其中,分类标志是最重要的,其他各项可根据具体情况合理选用。

①分类标志(代号FL):是按照国家商品分类目录,用简单的几何图形和文字表明内装物的类别,作为发货人提示收货人该批货的特定标志,属于必用标志。

②可自行选用的标志:是指可根据具体情况合理选用的标志,包括供货号(GH)、货号(HH)、品名规格(PG)、数量(SL)、重量(ZL)、生产日期(CQ)、生产工厂(CC)、体积(TJ)、有效期限(XQ)、收货地点和单位(SH)、发货单位(FH)、运输号码(YH)、发运件数(JS)等。常用的收发货标志见表6-2。

表6-2 收发货标志

序号	标志内容		含义
	代号	中文	
1	FL	商品分类图示标志	标明商品类别的特征符号
2	GH	供货号	供应该批货物的供货清单号码
3	HH	货号	商品顺序编号
4	PG	品名规格	标明商品的规格、型号等
5	SL	数量	装入包装容器内的商品数量
6	ZL	重量(毛重、净重)	包装件的重量(kg)
7	CQ	生产日期	产品生产的年、月、日
8	CC	生产工厂	生产该产品的工厂全称
9	TJ	体积	包装件外形尺寸:长×宽×高(cm)=体积(m^3)
10	SH	收货地点和单位	货物到达站、港和某单位(人)收(可用贴签或涂写)
11	FH	发货单位	发货单位(人)
12	YH	运输号码	运输单号吗
13	JS	发货件数	发运的件数

(2)包装储运图示标志

包装储运图示标志(Packaging－Pictorial Marking for Handling of Goods)又叫作注意标志,是根据不同商品性能特点,用醒目简洁的图形和文字,标记在运输包装外面,用以提示人们在装卸、运输和储存过程中应注意事项的标志,根据我国国家标准 GB191－90《包装储运图示标志》规定,包装储运图示标志有 12 种,它们是:小心轻放标志、禁用手钩标志、向上标志、怕热标志、远离放射源和热源标志、由此吊起标志、怕湿标志、重心点标志、禁止翻滚标志、堆码重量极限标志、堆码层数极限标志、温度极限标志。如图 6－4 所示。

图 6－4 包装储运图示标志

(3)危险货物标志

又称为危险品运输标志,是用来表明对人体和财产安全有严重威胁的货物的专用标志,由文字、图案、数字组成,为提醒人们注意,标志采用特殊色彩和菱形图示。

图 6－5 危险货物标志

我国国家标准把危险货物分为九类:第一类为爆炸品,第二类为压缩气体和液化气体,第三类为易燃液体,第四类为易燃固体,第五类为氧化剂和有机过氧化物,第六类为毒害品和感染性物品,第七类为放射性物品,第八类为腐蚀品,第九类为杂品。中国国家标准 GB190-90《危险货物包装标志》规定有 21 种危险货物包装标志,如图 6-5 所示。

6.3 商品的销售包装

6.3.1 销售包装技法

商品的销售包装是指随同内装商品一起销售的包装。销售包装贴近商品,而且直接随商品一起到达消费者手中,因此,销售包装注重装潢,通常具有方便、美观、保护商品、适应商品(指包装的大小尺寸、重量、外形、浓度、流动性、腐蚀性、毒性、化学稳定性、机械强度等与商品相适应)等特点。

销售包装操作时所采用的技术和方法称为销售包装技法。常见的销售包装技法主要有防护性包装技法、陈列展示性包装技法、方便携带的包装技法、便利使用的包装技法、礼品式包装技法等。

1. 防护性包装技法

防护性包装需要有针对性,不同的商品要用不同的防护方法。常见的防护性包装技法主要有:真空包装、脱氧包装、充气包装、防潮包装、防锈包装、防霉包装、无菌包装、防震包装等。

真空包装:也称减压包装,是将包装容器内的空气全部(或绝大部分)抽出后进行密封,维持袋内处于真空状态(或高度减压状态),使包装内微生物没有生存条件,以达到食品新鲜、无病腐发生的目的。目前,应用的有塑料袋内真空包装、铝箔包装、玻璃器皿、塑料及其复合材料包装等,可根据内容物种类选择合适的包装材料。由于果品属鲜活食品,呼吸作用尚在进行,高度缺氧会造成生理病害,因此,果品类使用真空包装的较少。

脱氧包装:是在密闭的包装容器中,使用能与氧气起化学作用的脱氧剂与之反应,从而除去包装容器中的氧气,以达到保护内装物的目的。脱氧包装适用于某些对氧气特别敏感的物品,常用于那些即使有微量氧气也会促使品质变坏的食品包装中。与脱氧包装关系最密切的是脱氧保鲜剂,脱氧保鲜剂应该无毒无味,脱氧彻底,绝氧所需的时间短,使产品不易发霉、生虫,能很好地保持原有的性能,保证产品的质量。适用于食品、贵重金属、仪器仪表等商品的包装,这些商品长期封存对防锈、防霉也有良好作用。目前,普遍使用的脱氧剂是还原铁粉和亚硫酸盐两大类,其中还原铁粉大多用于食品的脱氧包装。

充气包装:是指将产品装入气密性包装容器,抽真空(或不抽真空)后,再充入保护性气体(一般为 N_2 或 CO_2),然后将包装密封的一种包装方法。简言之,就是用脱气或充气技术,除去包装中的氧气,改善包装内产品的气体,防止或减弱产品化学或生物化学反应的发生,从而达到保护产品的目的。最近几年发展起来的气柱式充气包装,具有全面性包装的缓冲保护,气柱与产品及纸箱紧密贴合,很好地解决了因箱内空隙造成产品损坏及移位的问题,各个单独气室具有逆向止气功能,不会因单一气柱破裂而影响整体的防护效果。

防潮包装:是指用具有一定隔绝水蒸气能力的防潮包装材料对产品进行包封,隔绝外界湿度对产品的影响。为了增强防潮效果,还需要在包装内放置干燥剂,使包装内部残留的潮气及通过防潮阻隔层透入的潮气均被干燥剂吸收,从而使内装物免受潮气的影响,确保包装内的相对湿度满足产品的保存要求。常用的干燥剂主要有硅胶(防潮珠)和生石灰等。

收缩包装:将薄型收缩材料包裹在商品外面,适当加热使其收缩而紧包在商品外面,用于玩具等形状不规则的商品包装。

硅窗气调包装:在密封塑料袋上烫接上一块硅橡胶窗,通过上面的微孔调节包装材料内的气体组成,常用于有生理代谢的商品如蔬菜、水果的包装。

保鲜包装:采用具有特殊性能的保鲜材料进行的包装。例如,可食性高分子材料主要用于水果、食品、肉类的包装。

无菌包装:经超高温短时灭菌冷却后进行的包装,适用于液体食品,如牛奶等的包装。

防锈包装:采用锡纸包裹或可剥性塑料密封后进行石蜡熔封或在商品表面涂封防锈物质的包装。

防霉包装:设法降低包装内的相对湿度或对商品进行防霉药剂处理进行的包装。

防振包装(缓冲包装):采用强度较高的材料内部用稻草、泡沫等做缓冲剂进行的包装。

2.陈列展示性包装技法

借助商品包装的陈列展示性,帮助人们认识商品,促进商品销售。常用的技法有:

泡罩包装:将商品通过粘接、热合、订装等方式封合在用刚性透明塑料做成的泡罩内,再用塑料、铝箔、纸板制成底座。常用于药品、食品、玩具、文具、小工具、小商品的包装。

贴体包装:将商品放在能透气的纸板或其他材料上,上面覆盖加热软化的透明塑料薄片,用胶粘剂或其他办法使薄片与底座连接,然后从底部抽真空。用于形状复杂、怕压、易碎商品如器皿、灯具、文具、食品的包装。

3.方便携带的包装技法

主要指为了方便消费者携带采用的包装方法,常见的有提袋包装、提盒包装、捆扎包装、收缩包等。

4.便利使用的包装技法

常见的有食品蒸煮包装(包装与食品可以一起加热)、喷雾包装(杀虫剂、空气清新剂、皮革光亮剂)等。

5.礼品式包装技法

采用彩带、结花、装饰衬垫装饰等进行的包装。

6.3.2 销售包装标签

销售包装标签是指附属于商品销售包装容器的附签、吊牌、文字、符号、图形以及其他说明物。它肩负着传递商品信息、表现商品特色、推销商品的责任,也是消费者选购商品、正确保存养护商品和科学消费的指南,因此,被冠以"无声推销员"的美誉。

根据国家技术监督局1997年11月7日发布实施的《产品标识标注规定》,国产商品销售标包装签的内容应包括商品名称、生产者名称和地址、商品标准号、商品质量检验合格证明,同时,根据商品的特点和使用要求,标明商品的规格、等级、数量、净含量,所含主要成分的名称和含量以及其他技术要求;限期使用的商品,应标明生产日期、安全使用期或失效日期;容易造成商品本身损坏或者可能危及人身安全和健康的商品,应当标注警示标志或中文警示说明,标注储运注意事项;性能、结构以及使用方法复杂、不易安全使用的商品,应有详细的安装、维护及使用说明;实行生产许可证管理的商品,应当标明有效的生产许可证标记和编号;获得质量认证的商品,在认证有效期内生产的商品上标注认证标志;获得条形码的商品,可以标注有效的商品条码。商品标注使用的文字、数字、字母字体高度不得小于1.8mm。

对塑料包装的制品,应该标有如图6-6所示的塑料制品回收标志,标志中间的阿拉伯数字代表所用塑料的类型:01代表聚酯塑料、02代表高密度聚乙烯、03代表聚氯乙烯、04代表低密度聚乙烯、05代表聚丙烯、06代表聚苯乙烯,07代表其他塑料。

图6-6 塑料包装制品回收标志

对进口商品的销售包装,其标签内容还有一些特别规定:

一般进口商品,必须在其每个小包装上用中文标注商品名称、原产地国名和地名、中国代理商或进出口商或销售商在中国依法登记注册的名称和详细地址。

关系到人身财产安全的商品,对其标签的内容有更详细的规定,目前,强制要求的有:家用电器商品在每个销售小包装上必须有中文说明,还必须有中国检验检疫局CCIB安全认证标志并粘贴中国电工产品认证委员会安全认证标志,其中,个人计算机、显示器、打印机、电源开关、电视机、音响设备等进口商品,还必须贴有中国检验检疫局CCIB电磁兼容标志。化妆品的销售小包装上必须贴有中国检验检疫局发放的CIQ(中国检验检疫合格标志)合格标志等。

根据《中华人民共和国产品质量法》规定,进入流通领域的商品必须有中文厂名,中文厂址、电话、许可证号、产品标志、生产日期、中文产品说明书,如有必要,还需要有限定性或提示性说明等,凡是缺少上述标注的均视为不合格产品,上述要求缺少其中之一,均可视为"三无产品"。

6.3.3 销售包装装潢

对销售包装外表进行装饰,使之美观的过程称为销售包装的装潢。包装装潢是指包装的造型和表面设计,在科学合理的基础上,加以装饰和美化,使包装的外形、图案、色彩、文字、商标品牌等各个要素构成一个艺术整体,起到传递商品信息、表现商品特色、宣传商品、美化商品、促进销售和方便消费等作用。商品销售包装装潢的基本构成元素有选材与造型,图案的设计、色彩、文字的应用以及其他具有标识意义的图文符号。包装装潢的设计要求主要包括:

主题鲜明。以内装商品为主体,准确传达与商品质量相关特征、作用功能、使用保管方法等有关信息为首要目的,图案应该简洁醒目,色彩要明快悦目,文字说明要流畅、明确、易懂,选材应得当。

造型美观实用,风格不落俗套。在商标、图案的设计,色彩的应用及整体造型等方面要力求新颖、美观,以独具个性见长,设计应不断推陈出新,对不同的消费人群采用不同的设计形式,儿童设计要活泼、老年人要沉稳、中年人应有生机活力。

寓意美好深远。整体设计效果除必要的明示之外,应注重图、文、形、彩的结合,给消费者以某种暗示,诱导消费。

体现不同的文化背景。图案和色彩的运用一定要遵从不同地区、不同民族、不同国家的风俗习惯和道德规范,避免犯禁。

美化实用相结合。包装装潢设计不管如何美化,都不要忘记实用。装潢要方便消费,有利于促销;各部分协调一致,即材、形、文、图、色的完美统一,要有艺术感染力和视觉冲击力;要遵守有关法律法规。

包装的外形设计称为包装装潢造型,造型的结果就是形成各种美观实用的包装容器。造型设计要求与内装商品的形态、尺寸相吻合,要满足消费者在识别、消费、审美等方面的需求,要方便经营和销售。

6.4 商标

商标(Trademark)是指生产者、经营者为使自己的商品或服务与他人的商品或服务相区别,而在商品及其包装上或服务标记上使用的一种可视性标志,通常由文字、图形、字母、数字、三维标志和颜色组合而成。商标是一种商品区别于其他商品的主要标志,也是名牌商品质量信誉的识别标记。

注册商标是指经商标局核准注册的商标，包括商品商标、服务商标和集体商标、证明商标等，商标的注册需具备法定条件和经过法定程序，商标一经注册便获得使用该商标的专有权和排斥他人在同一种商品或者类似商品上使用与其注册商标相同或者近似的商标的禁止权，也就是说，商标注册人享有商标专用权，这种权利受法律保护。《中国商标法实施条例》规定，使用注册商标，可以在商品、商品包装、说明书或者其他附着物上标明"注册商标"或者注册标记，注册标记包括注和®两种。

有的商标右上角加注 TM，TM 是 TRADEMARK 的缩写，美国的商标通常加注 TM，并不一定是指已注册商标。

商标的种类较多，按构成划分，可以分为文字商标、记号商标、图形商标和组合商标四种形式。

(1) 文字商标

文字商标是指用文字构成的商标。我国的文字商标多用汉字，也可以加注汉语拼音。

(2) 记号商标

记号商标是指由简明的具有特点的记号或符号构成的商标。常见的记号商标是圆形、方形、椭圆形、三角形、菱形等几何图形的变形及组合。

(3) 图形商标

图形商标指由图形构成的商标。

(4) 组合商标

组合商标是使用上面三种商标形式中的两种或三种组合而成的。

按使用者分类，商标可以分为制造商标、销售商标和证明商标三种。

(1) 制造商标

制造商标又叫"厂标"，它是以企业名称来命名商标的。

(2) 销售商标

销售商标又叫"商业商标"，它是宣传商业经营者的标记。

(3) 证明商标

证明商标又称"保证商标"，是指经某一权威机构认证质量而使用的商标。

商标是企业的无形资产，商标的价值多少，是指其资本价值，而不是荣誉上的或主观上的价值。商标在投资或经营的过程中作为资产的价值，即商标资产所含资本量的大小。常见的价值判定通常决定于商标的认知度、认可度，以商标能够为企业带来的预估测值来评测。

本章练习

一、名词解释

1. 商品包装

2. 集合包装

3. 销售包装

4. 标准箱

5. 注册商标

二、单项选择题

1. 充气包装技法中,最常用的气体是( )。
   A.一氧化碳　　　B.氦气　　　C.氧气　　　D.氮气
2. 食品的脱氧包装中常用的除氧保鲜剂是( )。
   A.还原铁粉　　　B.氧化钙　　　C.变色硅胶　　　D.氯化钙
3. 因其成本低、无污染、可回收而备受青睐的包装材料是( )。
   A.纸质材料　　　B.PE材料　　　C.金属材料　　　D.木材原料
4. 商品包装的容纳功能所起的作用主要是( )。
   A.保护商品　　　B.形成商品　　　C.促销商品　　　D.消费商品
5. 由于包装具有传达信息的功能,使得包装具有( )。
   A.保护功能　　　B.容纳功能　　　C.便利功能　　　D.促销功能
6. 下列包装材料中,不适合作食品包装的是( )。
   A.PE　　　B.PVC　　　C.PS　　　D.PP
7. 食品的防潮包装中常用的干燥剂是( )。
   A.氧化钙　　　B.铁粉　　　C.二氧化碳　　　D.氮气
8. 塑料包装回收标志中的数字含义是( )。
   A.包装的重量　　　B.塑料的种类　　　C.回收的方法　　　D.保存的温度
9. 与运输包装相比,销售包装更加注重的是( )。
   A.防护　　　B.牢固　　　C.便宜　　　D.装潢

10.关于商品包装，下列说法正确的是（　　）。
A.集合包装是一种销售包装　　　　　　B.充气包装是一种运输包装
C.集装袋是理想的粉状商品的运输包装　　D.保鲜包装是生鲜食品的运输包装

三、多项选择题

1.国产商品销售包装标签的内容应该包括（　　）。
A.商品名称　　　　B.生产者名称和地址　　　　C.商品标准号
D.检验合格证明　　E.使用说明书
2.按构成划分，商标可以分为（　　）。
A.文字商标　　　B.记号商标　　　C.图形商标　　　D.组合商标　　　E.注册商标
3.运输包装标志按照所起作用的不同，分为（　　）。
A.收发货标志　　B.包装储运图示标志　　C.危险货物标志　　D.有含义标志　　E.无含义标志
4.常用的集合包装有（　　）等。
A.集装箱　　　B.集装袋　　　C.集装托盘　　　D.运输包装　　　E.销售包装
5.食品的防潮包装中可使用的干燥剂是（　　）。
A.石灰石　　　B.生石灰　　　C.无水硅胶　　　D.吸水性树脂　　　E.五氧化二磷

四、填空题

1.商品包装的保护功能是指保护商品_____和_____。
2.按商品流通过程的目的不同，商品包装可分为_____和_____。
3.运输包装标志常分为_____、_____、_____三种。
4.根据内装商品不同特点的需要，集装箱可以分为_____和_____两种。
5.商品销售标签的内容包括_____、_____、_____、商品质量检验合格证明。限期使用的商品，应标明_____或_____。
6.注册商标是指经_____核准注册的商标，注册人享有_____权，受_____保护。
7.构成包装实体的四大要素是_____、_____、_____、_____。
8.商品包装具有_____、_____、_____、_____等功能。
9.常见的集合包装有_____、_____和_____三种形式。
10.标准集装箱的外观尺寸是_____。

五、判断题

1.氧气是最常用的充气包装原材料。　　　　　　　　　　　　　　　　　　　　（　　）
2.由于销售包装具有促销功能，因此，豪华是销售包装的发展趋势。　　　　　　（　　）
3.商标注册人享有注册商标的专用权，受法律保护。　　　　　　　　　　　　　（　　）

4.销售包装重防护,运输包装重装潢。（　）
5.集装箱可以作为移动的仓库使用。（　）
6.商标作为无形资产,其价值就在于商标的知名度。（　）
7.在众多的收发货标志中,分类标志是必有的标志。（　）
8.使用集装箱需要有专用的船舶、码头和装卸设施。（　）
9.包装的合理化就是尽可能提高包装的价值,以利于商品的增值。（　）
10.商品包装标准化要求所有的商品使用相同规格和材质的包装。（　）

六、简答题

1.什么叫商品包装？它有哪些功能？

2.商品包装合理化的基本要求是什么？

3.商品包装的要素有哪些？

4.运输包装的标志有哪些？

5.简述销售包装常用的包装技法。

6.运输包装和销售包装各有什么特点？

第 7 章

商品的储存与养护

教学目标

▶ **知识目标**

理解商品储存与养护的概念,掌握商品储存期间的质量变化以及影响商品质量的因素;
掌握商品入库检验、在库管理和出库管理的基本要求和工作内容;
掌握商品的养护技术和方法。

能力目标

能根据商品特性进行入库检验、分区分类管理和科学堆码;
能根据商品特性进行在库养护;
能运用商品养护的技术和方法进行商品的养护;
能根据储运期间影响商品质量的因素采取针对性措施进行储运商品的养护。

素质目标

培养学生认真负责的工作作风和耐心细致的工作方法;
培养学生的观察能力和理论联系实际能力;
培养学生爱岗敬业的工作态度。

商品在流通领域中停留和存放的过程称为商品的储存;储存期间,对商品进行的保养和维护工作称为商品养护。商品储存期间,虽然表面上处于静止状态,但内部是不断发生各种变化的,这些变化都可能对商品的质量产生这样或那样的影响。如果不加以控制,这些影响就会由量变发展到质变,最终引起商品质量的下降乃至商品的损坏,所以,储存的商品需要进行科学的养护。

商品的储存与养护是商品流通中十分重要的两个环节，也是连接商品生产和商品消费的桥梁，商品本身的性质和储运的条件决定了商品质量的变化程度，同时，也决定了商品流通的时间界限。一般来说，商品越容易发生质变，对储运条件的要求就越严格，流通空间就越狭窄，商品的销售市场就越带有地方性。因此，越是容易发生变质的商品，就越需要养护。

商品储存作为一种普遍存在的社会经济现象，常常表现为三种形态，即生产储存、流通储存和国家储备。

生产储存。是生产企业为了满足生产消耗的需要，保证生产的连续性而建立的储存，其中，有原材料、半成品的储存，也有辅助生产用的工具、零件、设备乃至劳保用品的储存。生产储存管理的关键是库存量的控制，库存量过大，一方面增加了企业的负担，另一方面也不利于社会资源的利用。

流通储存。是为了满足生产和生活消费的需要，补充生产和生活消费不足而建立的储存。其中有商业和物资部门为了保证销售和供应而建立的物资和商品储存生产企业待销待运的成品储存，以及在车站、码头、港口、机场等待中转运输和正在运输过程中的物资和商品等的储存。这里讨论的储存主要指的就是流通储存。

国家储备。是流通储存的一种形式，是国家为了应对自然灾害、战争和其他意外事件而建立的长期储存。

储存对商品流通具有重要的意义。

首先，商品储存能够协调产销时间矛盾。商品生产和消费并不是同时进行的，它们各自都有自己特定的周期性，商品有的是常年生产、季节性消费的商品；有的是季节性生产、常年消费的商品；有的是季节性生产、季节性消费的商品；有的是常年生产、常年消费的商品等，不论是哪一种类型，都存在产销之间的时间差，需要通过商品储存来协调生产与消费之间的时间矛盾。

其次，商品储存能够协调产销地域矛盾。商品的生产和消费往往是在异地进行的，这些异地产销的商品，必须经过相应的运输和储存，才能实现商品体的位移，满足广大消费者对各地名特优商品的需求。

最后，商品储存能够协调市场供求矛盾。商品贮存的根本目的是保证商品销售，为消费者服务。在商品流通的过程中，通过储存收购，不仅支持了生产，也保证了商品货源充足。只有保持必要的商品数量和花色品种，才可能有源源不断的商品来确保市场供应，满足消费需求。

商品养护是一项技术性非常强的工作，在商品养护过程中，应贯彻"以防为主，防重于治，防治结合"的方针。"防"的措施得当，储运的商品就能做到不出问题或少出问题；"治"是商品发生了质变后采取一定的措施进行的救治，它能防止受害范围的扩大；"防"和"治"是商品养护不可缺少的两个方面。

为了充分了解商品在储存过程中质量发生变化的规律，探索储存商品的科学养护方法，有效防止储存商品数量的损耗和质量的损失，就需研究要储存期间商品质量的变化研究。

7.1 储存期间商品的质量变化

储存商品由于自身的原因以及储存环境因素的影响,往往发生物理变化、化学变化以及生物学变化,导致商品质量损失和数量损耗。

1.商品的物理变化

商品的物理变化主要是指商品在环境因素的作用下,自身发生的一些状态变化,这些变化主要有挥发、溶化、熔化、渗漏、串味、干缩裂等。

挥发:某些液体商品或经液化的气体商品或某些固体商品,在空气中能发生蒸发、升华等状态变化,不仅造成商品损耗,还会影响商品质量。同时,有些商品挥发后产生易燃易爆气体,还可能引发火灾和爆炸事故。所以,这些商品必须要密封、低温保存。

溶化:某些具有吸湿性和水溶性的固体,在潮湿的空气中表面容易吸收水分溶解为液体。温度升高后,表面的水分又会蒸发而使商品变成硬块,导致商品质量下降。因此,这类商品应保存在干燥、凉爽的环境中。

熔化:某些熔点较低的商品在温度较高时熔化,发软变形,甚至熔成液体,同时熔融物可能浸入包装,造成商品流失或玷污其他商品。因此,这类商品必须保存在温度低、无直射阳光、隔热、密封的环境中。

渗漏:液体商品由于包装容器密封不严、包装材料质量不合格、内装液体受热或结冰膨胀等原因会导致包装破裂而发生渗漏。渗漏不仅会造成商品的直接损失和商品质量的下降,还会造成其他商品或储存环境的污染。因此,应加强对商品的交接验收、储存检验以及储存环境温度、湿度的控制。

串味:某些具有吸附性能的商品(如茶叶、香烟等)在吸附了其他物质的特殊气味后会带有异常气味,这称为串味。对食品来说,串味后严重影响质量,甚至使食品失去食用价值。很多具有特殊气味、易挥发(或升华)的商品,如煤油、樟脑、咸鱼、农药等,都容易发生串味,因此,这类商品应密封包装或单库存放。

干缩裂:大多数商品在正常的含水量范围内,能够保持原有的形态和风味,某些商品失去正常水分后会发生收缩、干裂等现象,不仅改变了外形,还严重影响了口感或使用价值。因此,对这类商品要适当控制贮存环境的相对湿度,使其水分保持在合理范围内。

另外,商品在外力作用下,会发生形态变化,这称机械损伤。例如,在碰撞、挤压等不同外力作用下,会使玻璃和陶瓷制品破裂、搪瓷制品掉瓷、金属壳体凹陷、塑料制品变形、粉状商品散落等。因此,储存商品在搬运、堆码过程中应避免撞击,确保商品完好无损。

2.商品的化学变化

商品的化学变化主要是指组成商品的某些成分与环境中的某些成分发生相互作用而引起的商品成分或性能的改变,商品的化学变化主要包括氧化、分解、腐蚀、老化等。

氧化：是指商品中的某些成分与空气中的氧气或其他具有氧化性的物质接触时所发生的化学变化。氧化现象比较常见，如金属制品容易氧化而生锈，含油商品容易氧化而酸败，棉麻丝纤维织品容易氧化而使颜色变暗、强度下降等；还有些商品会因氧化作用而自燃，引发火灾或爆炸。因此，这类商品应贮存在低温环境中，要注意通风散热，以防止或减缓氧化作用的发生。

分解：当商品中存在某些化学性质不稳定的成分时，这些成分在光、热、酸、碱等条件下能够发生分解反应从而改变商品的化学组成，使商品质量变差，甚至可能使商品完全失去使用价值。例如，双氧水在光照或受热时就容易因分解而失去杀菌作用，从而丧失使用价值。

腐蚀：某些金属制成的商品与空气中的氧气或其他成分发生化学或电化学反应，能够引起金属组织结构的破坏，从而导致质量下降甚至完全失去使用价值。例如，像钢铁这类含有杂质的金属制品，在干燥的空气里能长时间保持稳定，但在潮湿的空气中却很快就被腐蚀，究其原因是在潮湿的空气里，钢铁的表面吸附了一层薄薄的水膜，水膜中因为溶解了空气里的一些杂质气体（如二氧化碳、硫化氢、二氧化硫等）而成为电解质溶液，溶液中含有少量的氢离子、酸根阴离子、氢氧根离子等，它们跟钢铁里的铁和少量的碳能够形成无数的微小原电池。在这些原电池里，铁是负极，失去电子而被氧化，这个过程称为电化学腐蚀。大量实验表明，电化学腐蚀是钢铁这一类金属制品的主要腐蚀方式。因此，金属产品应注意防止储存环境湿度过大，尽可能减少空气中有害气体的含量，并保持商品表面光洁，以阻止或减缓金属与环境之间可能发生的相互作用。

老化：某些商品（主要是高分子材料）在阳光、高温、氧气的作用下，会逐渐失去原有的性能，最终丧失使用价值。高分子材料老化是由高分子发生的降解反应和交联反应引起的，这些反应使高分子材料的化学组成和结构发生变化，引起材料变脆、变软、变硬、失去弹性等性能的改变。因此，高分子材料在储存中要防止日光直接照射和高温，堆码不要过高，避免重压等。

3.商品的生物学变化

商品的生物学变化主要包括生理生化变化、霉腐变化、虫蛀、鼠咬等。

生理生化变化是指有机体商品（有生命的商品）在生长发育过程中，为了维持其生命活动，自身发生的一系列特有变化，如呼吸作用（如鱼类、禽类等）、后熟作用（如瓜果等）、发芽与抽苔（如两年生蔬菜等）、胚胎发育（如蛋类等），上述过程会大量消耗有机体内的营养物质，导致商品发热、增湿、造成微生物的繁殖，从而污染商品或加速商品变质。

商品的霉腐变化主要是指商品在某些微生物（如霉菌）的作用下所引起的发霉、腐烂和腐败发臭等质量变化的现象。商品的霉变是由于霉腐微生物（主要是霉菌）在商品上进行新陈代谢，将商品中的营养物质转化为各种代谢物，引起的生霉、腐烂、产生异味等质量变化。对食品而言，受到霉菌污染后就会产生毒性极大的黄曲霉毒素，2017年10月27日，世界卫生组织已将黄曲霉毒素列为一类致癌物质。

影响霉菌生长的因素主要有湿度、温度、阳光和空气成分等,其中,最重要的是湿度和温度。实验表明,霉菌生长最适宜的相对湿度为80%~90%,在相对湿度低于75%时,大多数霉菌不能正常生长,习惯上将75%的相对湿度称为霉腐微生物生长的临界湿度;霉腐微生物中,多数是中温性微生物,其适宜的生长温度为20℃~30℃,低于10℃则不易生长,高于45℃就会停止生长,所以控制温度也是抑制霉腐微生物生长繁殖的有效措施。此外,日光中的紫外线能强力破坏微生物细胞和酶,实验表明,日光直射4小时就可杀灭大部分霉腐微生物;如果采用紫外线灯直接照射,一般3~5分钟就可杀灭霉腐微生物。

糖类、蛋白质、油脂、纤维素和有机酸等物质是微生物生长繁殖所必需的营养物质。因此,在环境条件适合的情况下,霉腐微生物将在含有这些营养物质的商品上迅速生长繁殖,造成商品的霉变和腐烂。

常见的易产生霉腐的商品主要有三大类:第一类是含纤维素较多的商品,如棉麻织品、纸张及纸制品、部分橡胶、塑料和化纤制品等;第二类是含蛋白质较多的食品商品(如肉、鱼蛋及乳制品等)和非食品商品(如丝毛织品、毛皮及皮革制品等);第三类是含多种有机物质的商品,如水果、蔬菜、干果干菜、卷烟、茶叶、罐头及含糖较多的食品等。因此,这些商品在储存的过程中尤其要做好防霉腐工作。

商品在外界有害生物的作用下受到的破坏都称为生物学变化,如虫蛀(如粮食类商品)、霉变等(如茶叶、卷烟、纺织品皮革等)、腐败等(如肉类、海产品、蛋类等)。此外在某些情况下,商品也会受到鼠咬等损害,不仅引起商品损失,还可能传播疾病。

7.2 商品的储存管理

前已述及,商品在储存期间可能发生的各种质量变化,其根本原因是商品自身的成分、性质和各种环境因素之间的相互作用。为了实现商品的储存安全,就必须做好商品储存期间的质量管理工作,采取有效技术措施,把可能影响商品质量的各种因素尽可能排除或控制到影响最小的程度,为此应注意做好商品的入库管理、商品的在库管理和商品的出库管理工作。

7.2.1 商品的入库管理

商品入库管理(Commodity Warehousing Management)是根据商品入库凭证,在接受商品入库时所进行的卸货、查点、验收、办理入库手续等各项业务活动的总称。入库管理的基本要求是保证入库商品数量准确,质量符合要求,包装完整无损,手续完备清楚,入库迅速。

1.严格入库验收

货物入库验收是指仓库在物品正式入库前,按照一定的程序和手续,对到库物品进行数量和外观质量的检查,以验证它是否符合订货合同规定的一项工作。入库验收可为物品保管和使用提供可靠依据;验收记录也是货主退货、换货和索赔的依据;验收是避免物品积压,减少经济损失的重要手段。

入库验收是一项技术要求高、组织严密的工作，是关系到整个仓储业务能否顺利进行的重要工作，所以必须做到准确、及时、严格、经济。

验收作业的一般程序为：验收准备、核对凭证、实物检验。

(1)验收准备

接到到货通知后，应根据商品的性质和批量提前做好验收前的准备工作，准备工作的内容包括：

人员准备。安排好负责质量验收的技术人员或用料单位的专业技术人员，以及配合数量验收的装卸与搬运人员。

资料准备。收集并熟悉待验物品的有关文件，如技术标准、订货合同等。

器具准备。准备好验收用的检验工具，如衡器、量具等，并校验准确。

货位准备。针对到库物品的性质、特点和数量，确定物品的存放地点和保管方法，其中要为可能出现的不合格物品预留存放地点。

设备准备。大批量物品的数量验收，必须要有装卸与搬运机械的配合，应做好设备的申请调用工作。

此外，对有些特殊物品的验收，如毒害品、腐蚀品、放射品等，还要准备相应的防护用品，计算和准备堆码、苫垫材料，对进口商品或存货单位指定需要进行质量检验的商品，应通知有关检验部门会同验收。

(2)核对凭证

入库商品必须备齐的凭证包括：

货主提供的入库通知单和仓储合同，这是仓库接收物品的凭证。

供货单位提供的验收凭证，包括材质证明书、装箱单、磅码单、发货明细表、说明书、保修卡及合格证等。

承运单位提供的运输单证，包括提货通知单和登记货物残损情况的货运记录、普通记录以及公路运输交接单等。若物品在入库前发现残损的，还要有承运部门提供的货运记录或普通记录，作为向责任方交涉的依据。

(3)实物检验

实物检验就是根据入库单和有关技术资料对商品实物进行的数量质量检验和包装检验。

数量检验就是根据商品性质和包装情况，采用计件、检斤、检尺求积的方法进行检验。

计件法就是对按件数供货或以件数为计量单位的商品进行的件数清点；检斤法就是对按重量供货或以重量为计量单位的商品进行称重；检尺求积法就是对以体积为计量单位的商品，如木材、竹材、沙石等，先检尺，后求体积所做的数量验收。

数量检验是保证物品数量准确的重要步骤。在进行数量验收时，必须与供货方采用相同的计量方法，并在验收记录中做好记载，出库时也按同样的方法计量，避免出现误差。

凡是经过数量检验的商品,都应该填写磅码单。在做数量验收之前,还应根据商品来源、包装好坏或有关部门的规定,确定商品是采取抽验还是全验方式。

质量检验包括外观检验、尺寸检验、机械物理性能检验和化学成分检验四种形式。仓库一般只作外观检验和尺寸精度检验,如果有必要进行机械物理性能检验和化学成分检验,则由仓库技术管理职能机构取样,委托专门检验机构进行检验。

包装检验首先要核对外包装上的商品包装标志(标记、号码等)是否与进出口贸易合同相符。进口商品的包装检验主要查看外包装是否完好无损,包装材料、包装方式和衬垫物等是否符合合同规定的要求。对外包装破损的商品,要进行开箱检验,查明货物受损的责任方以及货损程度;对发生残损的商品要检查其是否由于包装不良所引起。对出口商品的包装检验,除包装材料和包装方法必须符合外贸合同、标准规定外,还应检验商品内外包装是否牢固、完整、干燥、清洁,是否适合长途运输和保护商品质量、数量的习惯要求。凡是产品合同对包装有具体规定的,要严格按规定验收,对包装的干湿程度,一般是用眼看、手摸的方法进行检查。

(4)问题的处理

在商品验收的过程中,如果发现商品数量或质量有问题,应该严格按照有关制度进行处理。商品的数量和质量问题可能发生在流通的各个环节,应分清各方的责任,按照有关规定进行处理,并促使有关责任部门吸取教训,改进工作。

凡属承运部门造成的货物数量短缺、外观破损等,应凭接运时索取的货运记录,向承运部门索赔。

如发生到货与订单、入库通知单或采购合同不相符的商品,仓库原则上应该拒收,或者与有关业务部门沟通后,将货物置于待处理区域,并做好相应的标记。

凡证件不齐全的,应将货物置于待处理区域,并做相应的标记,待证件到齐后再进行验收。

凡有关证件已到库,但在规定时间内货物尚未到库的,应及时向存货单位反映,以便查询处理。

凡供货单位提供的质保书与存货单位的进库单、合同不符的,应作为待处理货物,等待处理,不得随意动用,并要通知存货单位,按存货单位提出的办法处理。

凡是数量差异在允许误差范围内的,仓库可按应收数入账;若超过误差范围,应查对核实,做好验收记录,并提出意见,送存货单位再行处理。该批货物在做出结案前,不准随意动用,待结案后,才能办理入库手续。

当规格、品质、包装不符合要求或发生错发时,应先将合格品验收,再将不合格品或错发部分分开进行查对,核实后将不合格情况向收货人说明,并将货物置于不合格品隔离区域,做相应的标记。对错发货物,应将货物置于待处理区域,并做相应的标记,并应及时通知相关业务部门或货主,以便尽快处理。

进口货物在订货合同上都明确规定了索赔期限。有问题必须在索赔期限内申报商检局检验出证,并提供验收报告、对外贸易合同和国外发货单、运输单据或提单、装箱单、磅码单、检验标准等单证资料,以供商检局审核复验。若缺少必要的单证技术资料,应分别向有关外贸公司和外运公司索取,以便商检局复验出证和向外办理索赔手续。

对需要对外索赔的货物,未经商检局检验出证的,或经检验提出退货或换货的,应妥善保管,并保留好货物原包装,以供商检局复验。

总之,商品的入库验收实际上是对商品质量的一次严格检查,为保存商品打好基础,所以入库验收马虎不得。

2.分区分类管理

商品储存场所包括货场、货棚和库房,库房又可分为普通库、保温库、冷库、气调库、自动化立体仓库五种。各类商品应根据其储藏性能和保管要求分区存放管理。商品的分区应以安全、方便、节约库容为原则,在商品性能一致、消防方法一致、养护措施一致的前提下分类管理。分类管理的方法一般有三种:

一是按商品种类和性质进行分类管理,同类同存、专仓专储(指贵重物品或危险品)。

二是按发往地区分类管理,但应注意相互影响的商品应分别存放。

三是按商品危险性质分类管理(主要是特种仓库)。

3.货位选择

货位的选择应遵循安全、方便、节约库容的原则,既要考虑商品的特性,又要考虑存货区的温度和湿度,如怕潮易霉变和锈蚀的商品应存放在干燥通风库;怕热和易挥发的商品应存放于低温库;鲜活食品和易腐蚀食品应冷藏或冻藏;对性能相互抵触和容易串味的商品不能放在一起;危险品应该专库存放。

4.科学堆码

商品堆码是指商品堆放的形式和方法。堆码应符合安全、方便、多储的原则,如对小商品可在货架上堆码,对易弯曲变形的商品应堆成平直交叉式实心垛,对怕潮商品应堆成通风垛。各类码垛应便于盘点和出入库,并注意"五距"即顶距、灯距、墙距、柱距和垛距。如图7—1所示。

(1)顶距:指堆货的顶面与仓库屋顶平面之间的距离。一般的平顶楼房,顶距为50厘米以上;人字形屋顶,堆货顶面以不超过横梁为准。

(2)灯距:指仓库内固定的照明灯与商品之间的距离。灯距不应小于50厘米,以防止照明灯过于接近商品(灯光产生热量)而发生火灾。

(3)墙距:指墙壁与堆货之间的距离。墙距又分外墙距与内墙距。一般外墙距在50厘米以上,内墙距在30厘米以上。以便通风、散潮和防火,一旦发生火灾,可供消防人员出入。

(4)柱距:指货堆与屋柱的距离,一般为10~20厘米。柱距的作用是防止立柱散发的潮气使商品受潮,并保护柱脚,以免损坏建筑物。

(5)垛距:指货堆与货堆之间的距离,通常为100厘米,堆距的作用是使货堆与货堆之间,间隔清楚，防止混淆，也便于通风检查，一旦发生火灾，还便于抢救，疏散物资。

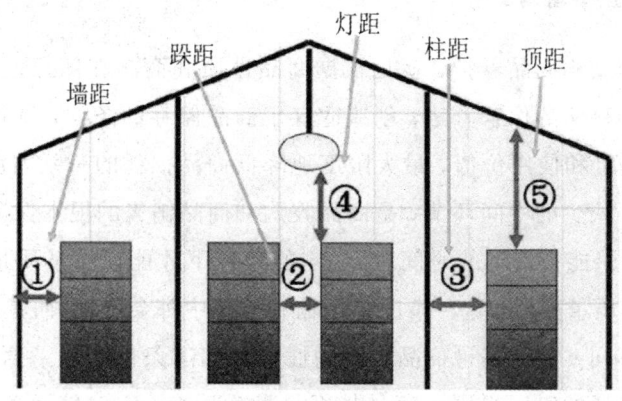

图 7—1 "五距"示意图

堆码的方法由商品的性能、包装质量和仓储设备决定，根据包装的形状、批量的大小和仓库搬运的机械化程度不同，常用的有重叠式堆码法、压缝式堆码法、纵横交错式堆码法、俯仰卧堆码法四种，如图 7—2 所示。堆码时要注意商品包装上允许堆码的层数，还要注意库房地面允许承重，根据商品的特性，要注意堆垛的通风、温度等，地面要做好防潮工作。

重叠式堆码法是各层码放形式相同，上下对应的堆码方法，在货物底面积比较大的时候，大多采用这种方式，重叠堆码法具有足够的稳定性，如果配上相应的紧固方式，不仅能够保持稳定，而且还可以保留装卸操作省力的优点，适用于钢板、木板、纸箱类包装和桶类包装的商品的堆码。

压缝式堆码法是上层压在下层两箱的缝上方的堆码方法，具有稳固、不易倒垛的优点，但该法不便于货物的计数。适用于纸箱类包装和桶类包装商品的堆码。

纵横交错式堆码法是一层横向放置，一层纵向放置交错进行的堆码方式，特点是较为稳固，但不便操作。适用于管材、捆装、长箱装商品的堆码。

俯仰卧堆码法是类似于托盘码放的堆码方式。其特点是稳固，但操作不便，适用于凹凸的货物堆码。

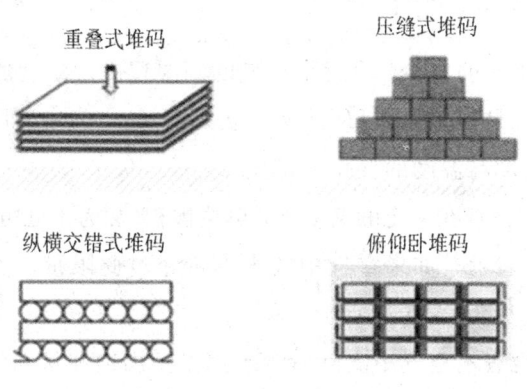

图 7—2 常用的堆码方式示意图

7.2.2 商品的在库管理

商品的在库管理又称商品养护，就是根据商品性质和商品在储存期间的质量变化规律，积极采取有效措施和科学的保管方法，创造适宜于商品储存的条件，维护商品在储存期间的安全，保护商品的质量和使用价值，最大限度地降低商品损耗的一系列活动。商品的在库管理是商品流通中不可缺少的中间环节，是商品收购和商品销售的根本保证。

一般来说，商品只能在一定的时间内、一定的条件下才能保持其质量的稳定性。经过一定的时间，就会发生质量变化，这种情况在运输和储存中都会出现；而且不同的商品，其质量变化的快慢程度也不同。也就是说商品本身的性质和储运条件决定了商品质量变化的程度，同时也决定了商品流通的时间界限。商品越容易发生质变，它对储运条件要求得就越严格，它的空间流通就越狭窄，它的销售市场就越带有地方性。因此，易发生变质的商品，对它的流动时间限制就越大，就越需要商品养护。

商品养护的主要内容有：

1. 做好商品的在库检查工作

对在库储存的商品管理要建立健全定期和不定期、定点和不定点、重点和一般相结合的检查制度，严格库内温湿度和卫生清洁管理，并做好防虫、防霉、防火等工作。

2. 加强温湿度管理与控制

温度是指大气的冷热程度，简称气温，衡量气温高低的尺度称为温标。常用的温标有摄氏和华氏两种。

摄氏温标是以纯水在标准大气压下的冰点为 0 度，沸点为 100 度，中间分为 100 等份，每等份代表 1 度，用 1℃ 表示。

华氏温标是以纯水在标准大气压下的冰点为 32 度，沸点为 212 度，中间分为 180 等份，每等份代表 1 度，用 1℉ 表示。

摄氏温度和华氏温度之间换算公式关系是：

$$℃ = (℉ - 32) \times \frac{5}{9} \qquad ℉ = ℃ \times \frac{9}{5} + 32$$

湿度是指空气中含水汽的多少，也就是空气的潮湿程度。湿度的表示方法有三种：

绝对湿度。绝对湿度是指单位体积（常为 1 立方米）的空气中实际所含的水汽总量。单位为 g/m^3。空气的绝对湿度与温度的变化成正比。

饱和湿度。饱和湿度是指在一定的温度下，单位体积（常为 1 立方米）空气中所能容纳水汽的最大限量，也用 g/m^3 表示。如果空气中的水汽量超过此限量，多余的水汽就会凝结成液态水。

相对湿度。相对湿度表示空气中实际所含水汽量距离饱和状态的程度，它是指在同一温度下，空气的绝对湿度占饱和湿度的百分比。用公式表示为：

$$相对湿度(\%) = \frac{绝对湿度}{饱和湿度} \times 100\%$$

控制与调节温湿度的方法很多,有密封、通风、吸湿和加湿、升温和降温等,将几种方法合理地结合使用,效果更好。

密封。是指在库外高温高湿条件下,使商品库房严密封闭、减少温湿度对商品的影响以达到安全储存的目的。密封是温湿度管理的基础,它是利用一些不透气、隔热、隔潮的材料,把商品严密地封闭起来,以隔绝空气,降低或减少空气温湿度变化对商品的影响。密封形式可分为整库、整垛、整件密封等;密封也是进行通风、吸湿等操作的有效保证。

通风。是指在库外温湿度较低的条件下利用空气流通的规律使库内外空气交换,以达到降温降湿的目的。通风的方法有自然通风,即开启库房门窗和风洞产生自然对流;机械通风,即在库房上部装设排风扇,下部安装送风扇,以加速空气的交换。

吸湿和加湿。在不能采用通风来调节湿度或需要迅速改变湿度的情况下,可采用吸湿剂、空气去湿机或用洒水、湿擦、盛水等方法进行增湿。在仓库储存中多数日用商品和纺织品要降低湿度,多数生鲜商品和鲜活商品需要增加湿度。

升温和降温。在不能用通风来调节温度时,可用暖气设备来提高库房温度,也可用空调设备来升温或降温。

自动调控温湿度。是指利用光电自动控制设备(如温度传感器、湿度传感器等),在规定的仓库温湿度范围内自动报警、开窗、开动去湿机、记录和调节库内温湿度等,当库内温湿度调至适宜时,又可自动停止工作。温湿度自动调控设备具有占地面积小(仅1平方米左右)、灵敏准确、使用方便的优点,是目前最先进的仓储设备之一。

3.搞好环境卫生

环境卫生是维护商品质量不可忽视的重要方面,环境中的灰尘、油污、垃圾等都可能玷污商品,不仅影响商品外观,还可能引起某些商品表明锈蚀、老化等不良影响;同时,灰尘、垃圾是微生物、害虫、鼠类等孳生和繁殖的有利条件和场所,因此,仓库要搞好环境卫生,经常清扫库房,保持室内外良好的卫生环境,必要时采用药剂等方法杀灭害虫、消除鼠患,保证储存商品的质量安全。

7.2.3 商品的出库管理

商品出库是商品离开仓库时所进行的验证、配货、点交、复核、登账等工作的总称,是仓库业务活动的最终环节。

商品出库要严格执行各项规章制度,提高服务质量,使用户满意。出库的基本要求是,手续完备、货单同行、质量无损、数量无缺,杜绝差错事故。出库的时间顺序应按照"三先出"的原则进行,即先进先出、易坏先出和接近失效期先出。凡是手续不全、包装不牢或破损、标签脱落或不清楚、变质商品或已过保质期的商品均不得出库,并且要分别不同情况,妥善处理。

7.3 储存商品的养护技术

商品在库期间采取的保护商品质量的措施和方法统称为养护技术,不同种类的商品,其质量的变化情况也不同,养护的技术也不相同,在这里介绍几种比较常见的养护技术。

7.3.1 商品的防锈蚀

金属商品发生锈蚀,不仅影响外观质量,造成商品陈旧,同时会使其机械强度下降,降低使用价值,严重的甚至报废。例如,各种刀具常因锈蚀使其表面形成斑点、凹陷,以至难以平整和保持锋利;精密量具,只要轻微锈蚀,都可能影响其使用的精确度。金属的防锈蚀就是防止金属与周围介质发生化学作用或电化学作用,使金属免受破坏。在仓储中一般采用改善仓储条件、控制环境温湿度和空气中腐蚀性气体(如 O_2、CO_2、H_2S、SO_2 等)的含量,还可采用表面涂防锈油、气相缓蚀剂、可剥性塑料、干燥空气封存等方法防治锈蚀。

1. 涂油防锈(覆盖法)

涂油防锈是在金属表面涂刷(覆盖)一层油脂薄膜,使商品在一定程度上与大气隔离,从而达到防锈目的。这种方法省时、省力、节约、方便且防锈效果较好。涂油防锈一般采取按垛、按包装或按件涂油密封的方法进行,涂油前必须清除金属表面灰尘、污垢,涂油后要及时包装封存。常用的防锈油脂有防锈油、凡士林、黄蜡油、机油等。

2. 气相防锈(缓蚀法)

气相防锈是利用挥发性缓蚀剂,在金属制品周围的密闭空间内挥发出缓蚀气体,来阻隔腐蚀介质,达到防锈目的。常用的有气相防锈纸防锈、粉末法气相防锈、溶液法气相防锈三种形式。对不同的金属,应选择适当的挥发性缓蚀剂,方能达到有效防锈的目的。

3. 可剥性塑料封存

可剥性塑料是以合成树脂为基本原料,加入矿物油、增塑剂、缓蚀剂、稳定剂以及防霉剂等,加热溶解后制成的黏流态物质,类似于熔化的塑料。这种塑料液喷涂于金属制品表面,能形成一层可以剥脱的特殊的塑料薄膜,就像给金属制品穿上一件密不透风的外衣,有效阻断了腐蚀性介质对金属制品的腐蚀作用,从而达到防锈的目的。可剥性塑料按其组成和性质的不同,可分为热熔型和溶剂型两类。

7.3.2 商品的防霉腐

商品防霉腐就是针对商品霉腐的原因所采取的有效措施杀灭霉腐微生物或抑制其生长。在仓库储存中,主要是针对商品霉腐的外因,用化学药剂或控制商品的储存环境条件杀灭或抑制寄生在商品上的霉腐微生物,从而保护商品质量。

常用的防霉腐措施主要有低温防霉腐、干燥防霉腐、气调防霉腐、药剂防霉腐等。

1. **低温防霉腐**

采用低温技术是储存食品(尤其是生鲜食品)防止霉腐的有效措施。根据霉腐微生物生长的温度特性,采用冷藏(0~10℃)或冷冻(-18℃以下)等低温条件,都能有效地抑制霉腐微生物的生长,甚至杀灭某些微生物,从而有效防止商品的霉腐变质。

2. **干燥防霉腐**

干燥防霉腐就是通过脱水干燥,使商品的水分含量保持在储存的安全范围内,以抑制霉腐微生物生长而达到商品防霉腐目的。按照脱水手段的不同,分为自然风干和人工干燥两种,前者是利用阳光、风等自然因素,对商品进行日晒、风吹、阴晾而使商品脱水干燥,该法简单易行,成本低廉,常用于粮食、食品等的储存;后者是利用热风、远红外线、微波等手段使商品脱水干燥,需要一定的设备与技术和较大的能耗,成本较高,主要用于食品的储存。

3. **气调防霉腐**

气调防霉腐就是指用阻气性材料将食品密封于一个改变了组分的气体环境中,从而抑制霉腐微生物的生长繁殖及生化活性,延长食品保存时间。通常采用的二氧化碳防霉腐就是通过增加密闭环境中二氧化碳的浓度,降低氧气含量来达到防止霉腐的目的。实验表明,采用二氧化碳防霉腐法时,当塑料膜内二氧化碳的浓度达到50%时,对霉腐微生物就有显著的抑制和杀灭作用。

4. **药剂防霉腐**

药剂防霉腐就是利用化学药剂使霉腐微生物的细胞和新陈代谢受到抑制或破坏,从而杀灭霉腐微生物或抑制其生长,达到商品防霉腐的目的。

防霉腐的药剂应选择低毒、高效、副作用小、低残留和价格低廉的品种,还应当考虑对人体健康无影响、对环境无污染等因素。常用的药剂有多菌灵、水杨酰苯胺、环氧乙烷、灭菌丹、新洁尔灭等。

此外,加强仓储管理也是防霉腐的重要措施。应尽量减少霉腐微生物对商品的污染,控制霉腐微生物生长繁殖的环境条件。仓库温度和湿度是微生物生长繁殖的重要外界因素,可以通过创造一个抑制或延缓其生长繁殖的温度范围,以及与商品安全含水量相适应的相对湿度范围,来有效抑制霉腐微生物的生长繁殖。试验证明,当空气相对湿度为75%以上时,多数商品的含水量才可能引起霉腐微生物的生长繁殖,习惯上把75%的相对湿度称为商品霉腐的临界湿度。所以,必须根据不同商品的不同要求,严格控制和调节库房的温湿度,有效防止商品霉腐的发生。

7.3.3 虫害的防治

商品在贮存的过程中对虫害要立足于防,采取严格措施杜绝虫源,同时保持库内和库周的清洁卫生,并认真消毒,这是防治虫害最有效的方法。同时,要加强防治结合,积极采取措施消灭仓虫,防止虫害繁殖发展。

1. 化学杀虫剂法

化学杀虫剂法是利用化学药剂防治害虫的方法。要求所选药剂对人体安全或能够有效防护，对商品无不良影响，对害虫有足够的杀灭能力，对环境无污染。常用的方法有：

熏蒸杀虫法：利用熏蒸杀虫剂气化后通过虫害的呼吸系统进入虫体，使其中毒死亡，常用的熏蒸剂有溴甲烷、磷化铝等。使用时要注意熏蒸场所的密封和人员安全保护。

接触杀虫法：直接将杀虫剂喷洒在害虫体表，通过皮肤吸收后中毒死亡，如喷洒敌敌畏等。

胃毒杀虫法：杀虫剂随食物进入害虫体内，通过胃肠道吸收中毒死亡，如投放杀虫药品等。

2. 物理杀虫法

利用物理因素如光、热等，破坏害虫生理活动和集体结构，使其不能生存或繁殖。常用的方法有：

高温杀虫法：利用日光曝晒（50℃）、烘烤（110℃）、蒸汽（80℃）等产生的高温直接杀死害虫。

低温杀虫法：利用低温使害虫体内的酶的活性受到抑制，不吃不动，不繁殖，长时间营养不良使其死亡。

辐射杀虫法（射线、微波、远红外线）：利用各类辐射直接杀死害虫。

3. 生物杀虫法

利用害虫的天敌和人工合成的昆虫激素来控制和消灭虫害，如利用昆虫性信息素合成物能够有效诱杀雄性昆虫，从而使雌性昆虫无法繁殖；通过喷洒保幼激素的方法，破坏虫体正常的生长发育，造成昆虫的不育或死亡。

此外，搞好库房内外的环境卫生，铲除害虫的孳生地，破坏害虫的生长环境也是防止虫害的重要途径。

7.3.4 商品的防老化

老化主要多发于高分子材料制成的商品，由于高分子的特殊结构，我们还无法杜绝高分子的老化，只能通过采用适当的方法，降低各种环境因素对高分子的不良影响，从而减缓商品的老化速度，保证商品在贮存期内质量良好。通常采用的方法有：

妥善包装：良好的包装可以隔离商品与外界的接触，从而减弱氧气和湿度对商品的影响。

合理堆放：商品存放的库房应清洁、干燥、凉爽，避免阳光直射，不与油类、腐蚀性物质或含大量水的商品共同存放。堆码不要过高、过重，要注意通风。

温湿度控制：根据商品的特性，认真调节库内温度和湿度，将其控制在商品要求的范围内。

7.3.5 仓储商品的防燃爆

仓储商品的防燃爆也是商品养护中一项十分重要的工作。易燃易爆商品在储存的过程中发生的火灾或爆炸，通常是在明火、摩擦、电火花等因素作用下诱发的，所以，存放易燃易爆商品的仓库应绝对禁止明火、禁止吸烟、禁止带入火种、禁止使用因各种因素容易产生火花的器械和工具;还要防止搬运过程中的撞击、摩擦等;库房内使用的电器开关和电动工具必须采用防爆式或封闭式设备,以防在使用过程中产生电火花;此外还要注意防止聚集的阳光照射,以免引起局部高温引发燃爆事故。

本章练习

一、名词解释

1. 商品的储存

2. 商品的养护

3. 相对湿度

二、单选题

1. 金属制品腐蚀的主要方式是（　　）。
   A.化学腐蚀　　　B.电化学腐蚀　　C.交联反应　　　D.降解反应
2. 霉变食品产生的主要毒素是（　　）。
   A.霉菌　　　　　B.黄曲霉素　　　C.细菌　　　　　D.恶臭气体
3. 试验证明，只有当空气相对湿度达到（　　）%以上时，多数商品的含水量才可能引起霉腐微生物的生长繁殖。
   A.50　　　　　　B.60　　　　　　C.65　　　　　　D.75
4. 一般微生物在紫外线灯照射死亡时间大约是（　　）。
   A.3~5分钟　　　B.30分钟左右　　C.60分钟左右　　D.4~5小时
5. 商品出库管理的原则是（　　）。
   A.后进先出，易变后出　　　　　　B.先进先出，易变后出
   C.先进先出，易变先出　　　　　　D.后进先出，易变先出
6. 采用气相防霉腐方法，当塑料膜内二氧化碳的浓度为（　　）%以上时，对霉微生物就有显著的抑制和杀灭作用。
   A.30　　　　　　B.50　　　　　　C.75　　　　　　D.80
7. 利用害虫的天敌和人工合成的昆虫激素类似物来控制和消灭害虫的方法是（　　）。
   A.生物杀虫法　　B.低温杀虫法　　C.高温杀虫法　　D.微波杀虫法
8. 下列变化中属于生理变化的是（　　）。
   A.老化　　　　　B.后熟　　　　　C.生锈　　　　　D.串味
9. 能够有效解决产销时间矛盾的流通手段是（　　）。
   A.商品的储存　　B.商品的养护　　C.商品的运输　　D.商品的质量管理
10. 商品的养护主要是指商品的（　　）。
    A.入库管理　　　B.在库管理　　　C.出库管理　　　D.生产管理

三、多选题

1.商品养护应当遵循的原则是（ ）。
  A.以防为主   B.防重于治   C.防治结合   D.可防可治   E.先治后防
2.高分子材料老化过程发生的化学反应主要有（ ）。
  A.降解反应   B.交联反应   C.分解反应   D.化合反应   E.中和反应
3.商品储存管理的主要内容有（ ）。
  A.入库管理   B.在库管理   C.出库管理   D.温湿度管理   E.运输管理
4.空气湿度的表示方法有（ ）。
  A.绝对湿度   B.相对湿度   C.饱和湿度   D.蒸气压   E.华氏温度
5.容易发生霉腐的商品是（ ）。
  A.纤维素含量高的商品   B.蛋白质含量高的商品   C.有机质含量高的商品
  D.含水量高的商品   E.真空包装的商品
6.商品的防霉腐是在库商品管理的重要内容，常用的防霉腐方法主要有（ ）。
  A.低温法   B.干燥法   C.气相法   D.药剂法   E.生物法
7.关于老化的叙述，下列叙述正确的是（ ）。
  A.高分子材料的老化是不可避免的   B.老化是高分子内部分子链的断裂造成的
  C.分子链的交联也是老化的形成原因   D.通过改变环境条件可以阻止高分子的老化
  E.老化不会引起高分子材料性能的改变
8.关于金属制品的锈蚀，下列叙述正确的是（ ）。
  A.锈蚀的主要方式是化学腐蚀   B.锈蚀的主要方式是电化学腐蚀
  C.金属材料的组织结构是锈蚀的主要原因   D.储存环境中空气的成分与锈蚀无关
  E.隔绝金属与空气的接触是预防锈蚀的主要途径
9.商品入库验收的基本要求包括（ ）。
  A.质量无损   B.数量无缺   C.包装完好   D.手续完备   E.运输准时
10.商品出库的基本原则包括（ ）。
  A.堆放位置方便的先出   B.先进库的商品先出   C.已经损坏商品的先出
  D.接近保质期的先出   E.货单必须同行

四、填空题

1.储运商品发生质量变化的结果是_____和_____。
2.商品储运期间发生的变化主要有_____、_____、_____等。
3.试验证明，只有当空气相对湿度为_____以上时，多数商品的含水量才可能引起霉腐微生物的生长繁殖。

4.库内商品堆码的"五距"是_____、_____、_____、_____、_____，对易燃商品还应留出适当防火距离。

5.商品出库要求_____、_____、_____、_____，出库时间顺序应按照_____、_____和接近失效期先出的原则。凡是_____、_____、_____、_____或已过保质期的商品不得出库。

五、判断题

1.塑料制品容易霉腐是因为其中营养成分含量高的缘故。（   ）
2.空气的绝对湿度与温度的变化成正比。（   ）
3.商品的分类管理要求危险品应存放在专用仓库内。（   ）
4.经过包装的商品在任何条件下都能保持其质量的稳定性。（   ）
5.高分子老化的实质是分子链的断裂和分子链之间的交联。（   ）
6.金属材料的主要腐蚀方式是化学腐蚀。（   ）
7.容易串味的商品应该密闭保存或者专库专存。（   ）
8.水果采摘包装后，其呼吸作用就停止了。（   ）
9.为提高效率，商品验收入库时，货单与实物数量相差不大时就可以入库。（   ）
10.商品出库时应遵循后进先出的原则。（   ）

六、简答题

1.储存商品质量变化主要有哪些？

2.温度是如何影响商品质量的？

3.湿度是怎样影响商品质量的？

4.哪些商品容易发生霉腐变质？

5.商品在库管理的主要内容是什么？

6.商品出库的基本原则是什么?

7.商品入库验收的一般步骤是什么?

第 8 章

食品类商品

教学目标

☞ **知识目标**

了解食品分类的相关知识,掌握食品的营养成分,掌握食品卫生和食品安全知识,理解有机食品、绿色食品和无公害食品的概念;

了解酒的分类常识,了解白酒的香型和白酒质量的鉴定、储存方法,了解啤酒、黄酒、葡萄酒的质量鉴定及储存方法;

了解绿茶的分类、特点、品质特征及质量鉴定方法;

了解红茶、乌龙茶的品质特征、质量鉴别及储存方法。

能力目标

能对酒类商品的品质特征进行感官品评;

能初步进行绿茶的质量鉴定;

能根据不同茶叶的特点正确选择储存方法。

素质目标

培养学生理论联系实际、学以致用的思想方法和科学的工作态度;

培养学生的质量意识;

培养学生良好的饮食习惯和食品安全意识。

食品是供人食用,具有提供人体必须营养成分或能满足人们某种嗜好的天然产品及其加工制品,如谷物、肉类、蛋类、乳及乳制品、水果、蔬菜、茶、烟、酒等。食品类商品是最具特色的商品,它与我们生活关系也最密切。食品类商品品种繁多,化学成分十分复杂,质量变化也复杂，所以有许多特殊的要求。

8.1 食品的分类与营养卫生

1.食品的分类

食品的种类繁多，分类方法也很多，通常按食品的来源及经营习惯等分类。

根据食品的来源，可以分为植物性食品、动物性食品和矿物性食品三类。

根据食品在膳食中所占的比重，可以分为主食（谷物类、豆类、薯类）、副食（果蔬类、肉奶禽蛋类、水产品以及它们的加工品、糖、烟、酒、茶叶等）两大类。

按经营习惯，我国将食品分成12类：粮食类、油脂类、蔬菜水果类、肉食禽蛋类、糖业糕点类、烟酒饮料类、豆制品类、水产品类、乳及乳制品类、菌产品类、调味品类和其他类。

随食品工业的发展，新产品层出不穷，给食品分类带来许多新的课题，比如近年来，人们常常给食品做出以下分类：

按消费对象把食品分为婴幼儿食品、中老年食品、运动员食品、普通食品等。

按是否使用特殊加工方法把食品分为强化食品、膨化食品和一般食品。

按功能将食品分为疗效食品、保健食品、其他各类功能性食品等。

按食品生产方法及其与人和环境的关系将食品分为绿色食品和一般食品。

2.食品的营养成分

食物中含有多种人体需要的营养成分，其中，主要有糖类、蛋白质、脂肪、维生素、无机盐和水六大类。根据物质在机体内的作用，这些营养成分可以分为构成物质、供能物质和调节物质三种类型，一般来说，蛋白质、无机盐和水属于构成物质，糖和脂肪属于供能物质，维生素属于调节物质。

(1)糖类

又称为碳水化合物，这是因为这类物质在化学组成上好像是碳原子和水分子按照一定的比例结合而成的缘故。糖类可以分为单糖（葡萄糖、果糖、半乳糖）、双糖（蔗糖、麦芽糖、乳糖）、多糖（淀粉、纤维素等）三类。人体内只有单糖才能被直接吸收利用，双糖和多糖在体内需要经过酶的作用分解为单糖以后，才能被吸收利用。糖类作为供能物质，在人体内的主要作用是提供热量。

糖在人体内的主要存在形式是葡萄糖及糖原，血液中运输的糖是葡萄糖，葡萄糖在机体糖代谢中占据主要地位；糖原是葡萄糖的多聚体，包括肝糖原、肌糖原和肾糖原等，它们都是糖在体内的储存形式。葡萄糖与糖原都能在体内氧化以提供能量，人体所需能量的70％以上都是由糖类分解提供的。据测算，1克糖在人体内完全氧化时能放出大约17千焦的热量。

食物中的糖类是机体中糖的主要来源，人体摄入糖类后，经酶的作用转化成为单糖后被吸收，经血液运输到各组织细胞进行代谢。血液中的葡萄糖，称为血糖，血糖的浓度是反映机体内糖代谢状况的一项重要指标。正常情况下，血糖浓度是相对恒定的。正常人空腹血浆葡萄糖浓度为3.9～6.1mmol/L（葡萄糖氧化酶法）。空腹血浆葡萄糖浓度高于7.0 mmol/L称为高血糖，低于3.9mmol/L称为低血糖。要维持血糖浓度的相对恒定，必须保持血糖的供给和消耗的动态平衡。

（2）蛋白质

蛋白质是人体的主要组成成分，它在人体内的许多重要作用是其他物质无法替代的，蛋白质的主要作用表现在以下几个方面：

蛋白质是人体的建筑材料。人体的肌肉、骨骼、皮肤、头发、指甲等都是由蛋白质构成的，人体的所有器官都可以认为是蛋白质的有机组合。食物中的蛋白质在人体内经蛋白酶作用分解为多肽，再在多肽酶作用下分解成氨基酸，供人体吸收利用，这些氨基酸在人体内合成生命活动所需要的各种新的蛋白质，维持人体正常的新陈代谢。

蛋白质是营养物质的运输团队。例如，血红蛋白输送氧气、脂蛋白输送脂肪等。

蛋白质为人体提供能量。当人体缺乏能量时，体内的蛋白质和脂肪会自动分解，为人体补充能量。据测算，1克蛋白质氧化后可提供大约17千焦的热能，与1克糖相当。

蛋白质参与生理功能的调节。人体必需的催化和调节功能的各种酶本身就是蛋白质。

氨基酸是构成蛋白质的基本单元，人体的所有蛋白质都是由这些氨基酸构成的。目前，发现的氨基酸有20种，它们是甘氨酸、丙氨酸、缬氨酸、亮氨酸、异亮氨酸、苯丙氨酸、脯氨酸、色氨酸、丝氨酸、酪氨酸、半胱氨酸、甲硫氨酸、天冬酰胺、谷氨酰胺、苏氨酸、天冬氨酸、谷氨酸、赖氨酸、精氨酸、组氨酸。其中，赖氨酸、色氨酸、苯丙氨酸、甲硫氨酸、苏氨酸、异亮氨酸、亮氨酸、缬氨酸这8种氨基酸是人体无法合成和转化的，因此，必须从食物中摄入，称为必须氨基酸。

衡量蛋白质的营养价值有两个指标：一是蛋白质的消化率；二是该蛋白质产生的氨基酸与人体需要的接近程度，对照这两个指标，鸡蛋蛋白是人体最为理想的蛋白质来源。

（3）脂肪

脂肪既是人体储存热量、维持健康、构成组织细胞所必需的基本营养物质，也是人体组织细胞的重要组成部分。脂肪还是从事耐力运动时的主要能源，据估算，1克脂肪在体内完全氧化大约能够释放38千焦的热量。脂肪沉积于皮下和脏器之间，有保护内脏器官、隔热，保温、防止热量散失，保持正常体温、促进食欲的作用。

脂肪属于酯类物质，它的主要成分是甘油三酯，由甘油和高级脂肪酸分子脱水而成。当脂肪酸分子中含有不饱和键时称为不饱和脂肪酸，不饱和脂肪酸和甘油生成的酯多呈为液态，习惯上称为油，如食用油等；由饱和脂肪酸和甘油生成的酯多呈固态，习惯上称为脂肪，如动物脂肪等。

一般情况下，液态的油容易消化吸收，固态的脂肪则相对较难。人体摄入的脂肪需要分解为脂肪酸以后才能被人体吸收利用，脂肪酸是人体必不可少的营养成分之一。有些脂肪酸是人体无法合成的,如亚油酸、亚麻酸等,所以必须要通过摄入一定的脂肪来补充上述脂肪酸。此外,脂肪也是人体获取脂溶性维生素的重要溶剂,所以适当摄入脂肪是很有必要的,但是过量的脂肪摄入则不利于人体健康。

血脂是人体血浆中的中性脂肪(甘油三酯)和类脂(磷脂、糖脂、固醇、类固醇)的总称,广泛存在人体中,它们是生命细胞的基础代谢必需物质。一般说来,血脂中的主要成分是甘油三酯和胆固醇,其中,甘油三酯参与人体内能量代谢。血脂在正常情况下是趋于稳定状态的,但血脂水平也易受非疾病因素的影响,如某人平时空腹血脂正常,食用高脂肪膳食2小时后抽血检查血脂,就会发现此时的血脂水平比平时空腹水平高出许多。但是这种膳食所造成的影响只是暂时的,通常在3～6小时后血脂即可恢复正常。当人长时间、过量摄入脂肪类物质时,就会导致血液中甘油三酯的含量高出正常水平,这就是我们俗称的高血脂。

(4)维生素

维生素是人体生命活动必需的一类低分子化合物,它们在人体内不提供能量,需要量也很少,但它们对营养的吸收、能量的转化和其他生命活动都具有无法取代的重要作用。

目前,发现的维生素大约有30多种,分为脂溶性(如A、D、E、K等)和水溶性(如B族、C族、H等)的两类,除了少数几种在体内能合成之外,大多数维生素都需要从食物中获得,所以膳食要多样化。

(5)矿物质

矿物质又称为无机盐,它们是人体的重要组成部分,可分为主要元素(又称常量元素)和微量元素两类。主要元素有钙、磷、镁、钠、钾、氯等,微量元素有铁、铜、碘、锰、钴、锌、氟等。无机盐都依靠食物供给,如钠和氯主要来自食盐,钙、磷、铁等在一般食物中均可满足需要,但在儿童发育期钙的需要量大,需要补充含钙量,应该多吃含钙丰富的食物。许多无机盐是组成细胞、酶、激素、维生素的成分,如钙、磷、氟是骨骼和牙齿的组成元素,铁是血红蛋白的组成元素,碘是甲状腺激素的组成元素,锌是多种酶的组成元素,钴是维生素B_{12}的组成元素。无机盐也是维持正常生理机能不可缺少的物质,如钠、钾、钙跟神经、肌肉的正常兴奋性有关,氯跟胃酸的形成、唾液淀粉酶的激活有关,锌跟胰岛素的合成有关,钴跟造血机能有关。

(6)水

水是生命之源,是生命活动的基本要素,是人体的主要组成部分。婴幼儿时期水占人体成分80%以上,青壮年时期占70%,在老年时期占50%～60%。人的脑脊髓中水分占99%,淋巴腺中占94%,血液中占70～90%,肌肉中约占80%,心脏等脏器中约占80%,皮肤中约占70%,骨头中约占50%。

水对人的生命活动具有重要的意义,具体表现在以下几方面:

消化吸收。一个正常的人每天需要分泌4升胃肠消化液才能维持正常的消化吸收,而消化液的主要成分是水。缺少水,消化吸收就不能正常完成,人体就不会获得足够的营养物质,人体的建筑就会倒塌。

新陈代谢。血液循环是新陈代谢的基础,水是血液的主要成分,约占其中80%,缺少水血液将不能顺畅流动,营养吸收、废物代谢不能正常进行,人体各组织器官将因缺少养分而失去原有正常的功能,将因废物不能排出而老化死亡,人体就是60万亿个细胞的组合体。如果流失的水分占到体重的10%,人就会出现酸中毒。

调节体温。水的高比热、高汽化热以及水在人体内的大量存在,使得水成为人体维持恒定温度的调节剂。

润滑作用。年轻人各部关节灵活自如,而老年人随着年龄的增加各关节僵硬干涩,甚至经常关节"发音",这都与水分的缺失有直接的关系。

水在食品中通常有两种存在形态——结合水和自由水,前者是分子之间以氢键结合的,不能流动,溶解能力极低,不能被微生物利用,这些水如强行与食品分离,食品的风味和质量就会发生改变;后者则是可以自由运动的分子,溶解能力强,可以被微生物利用。实践证明在一定的条件下,自由水含量的高低是食品是否容易被微生物污染导致质量下降的关键因素,所以要延长食品的保质期,就要设法减少食品中自由水的含量。为定量描述自由水的含量,食品科学中常使用水分活度 A_w 的概念:

水分活度 A_w 就是食品中自由水的蒸气压 p 与纯水蒸气压 p_0 的比值,用公示表示:

$$A_w = p/p_0$$

由于 $p<p_0$,所以 $A_w<1$,显然, A_w 越大,表明食品中自由水含量越高,食品的安全性就越低,同时各种微生物活力的 A_w 也有一定的范围,所以食品储存时需要设法降低其 A_w 的值,以抑制微生物的生长繁殖,延长保质期。降低 A_w 常用的方法有脱水、盐腌、糖渍等。水分活度 A_w 值的大小对食品保存具有重要的参考价值,含有水分的食物由于其水分活度不同,在储存期间的稳定性也不同,通过水分活度的测试,计算食品和药品的保质期,控制微生物的生长繁殖,已逐渐成为食品、医药、生物制品、粮食、饲料、肉制品等行业中检验的重要指标。

3.食品卫生和食品安全

食品卫生是指为防止食品污染和有害因素危害人体健康而采取的综合措施。世界卫生组织对食品卫生的定义是:在食品的培育、生产、制造直至被人摄食为止的各个阶段中,为保证其安全性、有益性和完好性而采取的全部措施。根据上述定义,食品卫生不仅是指食品的加工过程需要防止污染和有害物的侵入,在食品的培育、生产、制造等环节中都需要采取相应的措施。食品卫生既是公共卫生的组成部分,也是食品科学的内容之一。

食品卫生的基本要求是对人体健康无害,食品中的有毒有害物质会对人体健康造成危害时,就构成了食品安全问题。食品安全问题的主要来源有两个:

一是非法生产和销售有毒有害食品。主要是指食品生产者、销售者违反国家食品卫生的相关法律法规,故意在生产、销售的食品中掺入有毒、有害的非食品原料,或者销售明知掺有有毒、有害的非食品原料的食品。例如,用瘦肉精喂养家畜、面粉中添加吊白块、用福尔马林(甲醛含量为35%～40%的水溶液)浸泡食品、在食品中非法使用或超标准使用添加剂等,都是严重危害人体健康的犯罪行为,应予严厉打击。

二是日益严重的环境问题。由于日益严重的环境污染,各种环境毒素正通过土壤、大气和水等渠道污染食品,危害人体健康。现在工业三废,农业使用的农药、化肥、生长激素,生物性污染,例如寄生虫、黄曲霉素等污染大气、水、土壤,再经过食物链被人摄入,严重危害人体健康。

4. 有机食品、绿色食品、无公害食品

(1) 有机食品(Organic Food)

有机食品是国际上对无污染天然食品比较统一的提法。通常是指来自于有机农业生产体系,根据国际有机农业生产要求和相应的标准生产加工,通过合法机构的认证的农副产品。

根据相应的生产标准,有机食品是不使用农药、化肥、激素、饲料添加剂、不采用基因工程获得的生物产品。有机食品标志如图8-1所示。

图8-1 有机食品标志　　图8-2 绿色食品标志　　图8-3 无公害食品标志

(2) 绿色食品(Green Food)

绿色食品是指来自优良生态环境、按照绿色食品标准生产、实行全程质量控制并获得绿色食品标志使用权的安全、优质食用农产品及相关产品按特定的生产加工方式,经专门机构认定,许可使用绿色食品标志,无污染的优质安全营养类食品。

根据相应的生产标准,绿色食品是按规定限量使用农药、化肥、激素等的生物制品。绿色食品标志的标志如图8-2所示。

(3) 无公害食品

无公害农产品是指产地环境、生产过程和产品质量符合国家有关标准和规范的要求,经认证合格获得认证证书并允许使用无公害农产品标志的优质农产品及其加工制品。

无公害农产品生产系采用无公害栽培(饲养)技术及其加工方法,按照无公害农产品生产技术规范,在清洁无污染的良好生态环境中生产、加工,安全性符合国家无公害农产品标准。无公害农产品生产是保障大众身体健康、提高农产品安全质量的基本安全线,通过政府部门认定、产品认证、市场准入。无公害食品标志的标志如图8-3所示。

在这里介绍酒、茶叶两类常见的食品类商品。

8.2 酒类商品

我国是酒的故乡,也是酒文化的发源地,是世界上酿酒最早的国家之一。用粮食酿酒,在我国已有相当悠久的历史。在中国数千年的文明发展史中,酒与文化的发展基本上是同步进行的,酒文化在我国传统文化中具有十分重要的地位。

1. 酒的分类

酒的分类方法很多,常见的有按酿造方法、按酒精含量、按商业习惯等分类方法。

(1) 按酿造方法分为酿造酒、蒸馏酒和配制酒三类

酿造酒(或称压榨酒或发酵原酒):是借助酵母作用,把含淀粉和糖质原料的物质进行发酵后采用压榨方法使酒与酒糟分离制成的酒。这类酒在成品酒中酒精含量低,刺激性小,营养成分含量高,如啤酒、黄酒、果酒等都属于酿造酒。

蒸馏酒:以含淀粉或糖较多的物质为原料,经过糖化、发酵后,采用蒸馏的工艺制成的酒。蒸馏酒中酒精含量高,刺激性大,如白酒、白兰地等都属于蒸馏酒。

配制酒:用成品酒或食用酒精作为酒基,再配以香料、中草药和添加适量的糖和食用色素配制成的酒,如竹叶青、五加皮、青梅酒等都属于配制酒。

(2) 按白酒中酒精含量分为高度酒、中度酒、低度酒三类

高度酒:酒中酒精含量在40%以上,用蒸馏制成的酒,如白酒、威士忌等。

中度酒:酒中酒精含量在20%~40%。如青梅酒、人参酒、莲花白等。

低度酒:酒中酒精含量在20%以下,如葡萄酒、黄酒、啤酒等。

(3) 按商业习惯分成白酒、黄酒、啤酒和果酒四类

白酒:以含淀粉和糖类较多的物质为原料,通过酒曲、酵母的糖化和发酵,经蒸馏而制成的一种无色、透明、酒精含量较高的酒称为白酒。根据酿酒所用的原料不同,白酒又分为粮食白酒、薯干白酒和代用白酒。根据酿酒中采用的糖化剂不同,又分为大曲酒、小曲酒和麸曲酒等。

黄酒:以糯米、黏黄米(黍米)为原料,用麦曲、红曲、酒药进行糖化发酵,经压榨而制成的一种低度酒,称为黄酒,市场上比较多见的有绍兴酒、南方红曲黄酒、即墨老酒等。

啤酒:以麦芽、酒花为原料,经过糖化发酵酿造而成的含有低度酒精和二氧化碳的酒。啤酒常用麦芽汁的浓度来表示其营养成分,麦芽汁浓度就是麦芽汁浸出物占啤酒的重量百分比(用°P表示)。国内知名的啤酒品牌有雪花啤酒、青岛啤酒、哈尔滨啤酒和燕京啤酒等。

果酒:以各种果实为原料,发酵酿制而成的具有果实风味的一种低度酒,如山楂酒、苹果酒、葡萄酒等。国内知名的果酒有宁夏红枸杞酒(宁夏)、张裕葡萄酒(山东)、十二岭青梅酒(广东)、欣妙猕猴桃酒(四川)等。

2. 白酒(Liquor and Spirits)

白酒是以粮食为主要原料,以大曲、小曲或麸曲及酒母等为糖化发酵剂,经蒸煮、糖化、发酵、蒸馏而制成的蒸馏酒,酒质无色(或微黄)透明,气味芳香纯正,入口绵甜爽净,酒精含量较高,经贮存老熟后,具有以酯类为主体的复合香味。白酒的化学成分十分复杂,其主要成分是乙醇(俗称酒精),习惯上把白酒中所含酒精的体积百分数称为白酒的酒精度数,简称酒精度或酒度,如市场上知名的52°五粮液白酒,其酒精含量就是52%(体积百分数,简写为V/V)。

白酒中的酒精是原料中的淀粉经糖化和发酵转化而来的,其转化的过程可以简单表示为:

$$\text{淀粉} \xrightarrow{\text{糖化1}} \text{糊精} \xrightarrow{\text{糖化2}} \text{葡萄糖} \xrightarrow{\text{发酵}} \text{酒精}$$

除了酒精外,白酒中还含有醋酸、丁酸、己酸和乳酸等有机酸,它们会随水蒸气蒸馏进入白酒中,这些物质大多具有刺激性,对白酒的风味影响较大;白酒中还含有各种酯类,它们是酒精和上述这些有机酸经过酯化反应生成的,如乙酸乙酯、己酸乙酯、乳酸乙酯和丁酸乙酯等,它们是决定白酒香型的主要成分。此外,白酒中还含有乙醛、乙缩醛、丙烯醛及糠醛等醛类物质,它们都是乙醇氧化成有机酸过程中产生的中间产物,具有强烈的刺激性和辛辣味等。

白酒的风格是由色、香、味三大要素组成的,习惯上按酒香的类别将白酒分成不同的香型,常见的香型主要有清香型、浓香型、酱香型、米香型和兼香型五种。

清香型:以山西杏花村汾酒为代表,又称汾香型,主香成分是乙酸乙酯和乳酸乙酯。清香型酒酒质清香芬芳,干润爽口,醇厚绵软,酒味纯正,具有传统的老白干风格,如西凤酒、宝丰酒等都是知名的清香型酒。

浓香型:以五粮液和泸州特曲为代表,又称泸香型和窖香型,主香成分是己酸乙酯和适量的丁酸乙酯。浓香型酒香气浓郁,具有入口甜、落口绵、芳香浓郁、绵柔甘洌、回味悠久的特点。市场上常见的五粮液、泸州老窖特曲、全兴大曲(四川产)、古井贡酒(安徽产)都是典型的浓香型酒。

酱香型:以茅台酒为代表,又称茅香型,主香成分是挥发性的酚类化合物,还含有多元醇和多元酚等,是酱香、窖底香和醇甜三种成分融合的独特风味。酱香型酒具有回香绵长、留杯不散、醇香优雅等特点。

米香型:又称蜜香型,主香成分是乳酸乙酯和乙酸乙酯,它们是与部分高级醇共同形成的香型。米香型酒的特点是入口绵甜、幽香纯净,代表产品有桂林三花酒、全州湘山酒等。

兼香型:兼有两种以上香型的白酒,如凌川白酒、白沙液等。

由于白酒的成分复杂,而且不同香型的理化指标难以定论,所以白酒的质量鉴定常采用感官鉴定法。用感官法鉴定白酒时,对白酒的色泽、香气、滋味、理化卫生等指标采用百分记分法,最后根据得分情况,全面、正确地评价白酒的质量。

3.啤酒

啤酒是以小麦芽和大麦芽为主要原料,加啤酒花,经糊化和糖化,再经过液态发酵酿制而成的。啤酒的酒精含量较低,含有多种氨基酸、维生素、低分子糖、无机盐和各种酶,营养丰富,且这些营养成分容易被人体吸收利用,因而有液体面包之称。

根据啤酒的色泽不同可以将啤酒分成浅色、金黄色、棕色、浓色和黑色等几类。

浅色啤酒:酒液淡黄,口味清爽,酒花香气突出,酒液透亮,属于淡爽型。

金黄色啤酒:酒液金黄,口味清爽醇和,酒花香味突出。

棕黄色啤酒:酒液褐黄、棕黄,香气有焦味,口味稍苦醇爽。

浓色啤酒:酒色棕红,麦芽香气突出,口味醇厚。

黑色啤酒:酒色深红褐色或黑褐色,麦芽香味突出,口味醇厚,泡沫细腻。

按啤酒中麦芽汁浓度可以分为高浓度、中浓度和低浓度三类。

高浓度啤酒:麦芽汁浓度为14%~20%,酒精含量为4.9%~5.6%。大多为浓色啤酒或黑啤酒,这类啤酒稳定性好。

中浓度啤酒:麦芽汁浓度为11°~12°,酒精含量为3.1%~3.8%,我国生产的啤酒大多数属于此类。

低浓度啤酒:麦芽汁浓度为7°~8°,酒精含量为2%左右,属于营养型啤酒,适合作为夏天清爽饮料。

按酿造工艺中是否进行杀菌处理,可以将啤酒分成生啤酒和熟啤酒两类。

生啤酒:又称鲜啤酒。在生产中未经杀菌处理,啤酒中保存了一部分营养丰富的酵母菌,口味比普通瓶装熟啤鲜美。鲜啤酒在常温下不能长时间存放,低温下可保存3天左右,0~5℃冷藏可保存一个月左右。生啤酒味鲜美,营养价值高,稳定性差,多为夏季桶装啤酒。

熟啤酒:鲜啤酒经过巴氏杀菌后即成为熟啤酒,具有稳定性好,不易发生混浊,易保管的特点,多用于瓶装和罐装。

巴氏杀菌法是啤酒常用的杀菌方法,最先用于牛奶的杀菌,其目的是杀死牛奶中可能存在的所有有害微生物(致病菌)。其原理是利用牛奶中的病原体不是很耐热的特点,用适当的温度和保温时间处理,将其全部杀灭,但仍保存小部分无害或有益、较耐热的细菌或细菌芽胞。后来巴氏杀菌法用于啤酒的杀菌,经过该法杀菌后灌装的就是熟啤酒。

目前,国际上通用的巴氏消毒法主要有两种:第一种方法是将牛奶或啤酒加热到62~65℃,保持30分钟。采用这一方法,可杀死牛奶或啤酒中的各种生长型致病菌,灭菌效率为97.3%~99.9%,经消毒后残留的只是部分嗜热菌及耐热性菌以及芽胞等,但这些细菌中乳酸菌占多数,乳酸菌不但对人无害反而有益健康。第二种方法是将牛奶或啤酒加热到75~90℃,保温15~16秒,其杀菌时间更短,工作效率更高,但温度太高会导致较多的营养损失。值得注意的是,巴氏杀菌法并不能杀死结核杆菌。

啤酒的组成成分也比较复杂,主要成分有酒精、碳水化合物、含氮化合物和二氧化碳等。

酒精:酒精含量是表示啤酒强度的一种方法,酒精的含量由麦芽汁浓度和发酵度决定。根据产品标准的规定,啤酒酒精含量不低于3.5%,发酵度应在60%以上。

碳水化合物:啤酒中的碳水化合物主要是不能被酵母发酵的糊精,这部分糊精对啤酒的口味较重要,它能增加啤酒的醇厚感,也是啤酒产生热量的主要来源。

含氮化合物:麦芽汁中低分子含氮物质含量较多,经发酵,低分子含氮物多数被酵母繁殖所利用,但酵母在代谢中也分泌一些含氮化合物(低分子含氮物占啤酒总量的25%),这些含氮化合物对啤酒的营养和风味有较好的影响。但是像N,N—二甲基亚硝胺(强致癌物)这类有害物质也存在啤酒中,其含量的多少与生产方法有关。我国关于发酵酒的卫生标准

(GB2785—1981)规定,啤酒中的N,N—二甲基亚硝胺每升应≤3微克。

二氧化碳:和白酒不同的是,啤酒中含有较多的二氧化碳,这是啤酒质量的重要特征。溶于啤酒中的二氧化碳可降低啤酒的pH值,使口味柔和;二氧化碳形成的酸性环境还可防止杂菌污染。由于二氧化碳在水中的溶解度较小,为保证啤酒中足够的二氧化碳浓度,在生产过程中,需要用增大压力的方法来增大二氧化碳的溶解度,所以,瓶装啤酒都是采用的耐内压力的B瓶(耐压在120千帕以上),这是确保安全的重要措施之一。

啤酒的质量鉴定采用感官检验和理化检验相结合的方法进行,感官检验法主要评价指标是透明度、气味与滋味、泡沫和色泽;理化检验主要检查酒精含量、原麦芽汁浓度和二氧化碳的浓度。

4.黄酒

黄酒是一种以稻米为原料酿制成的粮食酒,是中国酒的两大主流产品之一。黄酒没有经过蒸馏,酒精含量低于20%,因色泽呈黄色而得名。

根据含糖量的高低,黄酒可分为干黄酒、半干黄酒、半甜黄酒和甜黄酒四种。

干黄酒:总糖含量低于或等于15.0g/L。口味醇和、鲜爽、无异味。干黄酒的代表有绍兴的"元红酒"、湖南胜景干黄酒等。

半干黄酒:总糖含量在15.0~40.0 g/L,我国大多数高档黄酒均属此种类型,口味醇厚、柔和、鲜爽、无异味。半干黄酒的代表产品有浙江会稽山加饭酒等。

半甜黄酒:总糖含量在40.1~100 g/L,口味醇厚、鲜甜爽口,酒体协调,无异味。半甜黄酒的代表产品有绍兴的古越龙山和善酿酒等。

甜黄酒:总糖含量高于100g/L。口味鲜甜、醇厚,酒体协调,无异味。甜黄酒的代表品牌有古越龙山香雪酒和塔牌香雪酒等。

黄酒的质量鉴定采用感官与理化相结合的方法进行,感官检验法的主要指标有色泽、香气、口味等;理化检验法的主要指标有酒精度、酸度、糖分和固形物等。

5.葡萄酒

葡萄酒是以葡萄为原料酿造的一种果酒。其酒精度高于啤酒而低于白酒。葡萄酒营养丰富,保健作用明显。

葡萄酒的品种有很多,因葡萄的栽培方法和葡萄酒生产工艺条件的不同,葡萄酒风格也不相同。通常按成品的颜色分为红葡萄酒、白葡萄酒及粉红葡萄酒三类,也可以按葡萄酒中含糖量分为干葡萄酒、半干葡萄酒、半甜葡萄酒和甜葡萄酒四类。

干葡萄酒:葡萄中糖分经发酵后,大部分成为了酒精。100毫升酒含糖量在0.4克以下,口味清爽,协调柔和,有明显的葡萄果香,多为佐餐饮料。

半干葡萄酒:100毫升酒中含糖分在0.4~1.2克,酒香浓郁,微酸、爽口。

半甜葡萄酒:100毫升酒中含糖分在1.2~5.0克,口味微甜,醇厚。

甜葡萄酒:酒中糖分含量高,100毫升酒含糖分在5克以上,口味甜爽。我国甜葡萄酒中糖分含量一般为12%左右。

葡萄酒和果酒的质量评价采用感官和理化相结合的方法进行。感官检验法的主要指标包括色泽、透明度、香气、滋味和典型性(风格);理化指标主要有酒精度、酸度、糖分等。

大多数葡萄酒采用深绿色、棕绿色及棕色等有色玻璃瓶装,少数使用透明瓶装,其原因在于其中的有些成分,如蛋白质、胶质、色素、单宁等水溶性胶粒,在外界温度、光等因素的作用下,容易凝聚产生混浊、沉淀,所以葡萄酒要避光保存。

葡萄酒和果酒运输时温度过高、过低易使酒质发生变化,所以,应有防护措施,轻装轻卸,防止破损。

8.3 茶叶

茶是内涵丰富的传统食品和重要消费品,我国的茶文化具有悠久的历史,在世界上独一无二。茶叶中含有茶多酚、咖啡碱、芳香物质、维生素和矿物质等与人体健康密切相关的生化成分。

茶多酚又叫茶单宁,是以儿茶素为主体的多酚类物质和花青素,它们是茶叶呈现汤色的主要物质,对人体有多种药理作用(抗氧化性),如儿茶素具有杀菌、降压、强心作用,对烟毒等有解毒作用。

生物碱类物质:主要是咖啡碱,有兴奋中枢神经、解除大脑疲劳等作用。

芳香物质:主要有苯甲醇、香叶醇、苯甲醛等,是茶叶具有香气的主要原因,也是衡量茶叶品质高低的重要因素。一般嫩芽的芳香物质含量较多,新茶高于陈茶,红茶高于绿茶,芳香物质的含量也受季节的影响。

维生素和矿物质:茶叶中的维生素以维生素C最多,其次是维生素B族;茶叶中矿物质含量较多的是钾,其次是磷、钠、硫、钙、镁、锰、铅,微量元素还有铜、锌、硼、硒、氟等,这些元素大部分是人体所必需的。

氨基酸:与茶叶的香味有关。

其他成分:主要是糖类、色素类物质,糖类物质使茶叶具有甜味,色素类物质使茶汤和叶底呈现颜色。

茶叶具有陈化性、吸湿性、吸附异味性三大特性:

陈化性:茶叶经长时间贮存后,会出现香气下降、色泽变暗等不良变化,称为陈化现象。茶叶的陈化性与茶叶中的主要成分被氧化有关,茶叶中的多酚类、花青素、酯类和芳香物质,在一定的条件下均可被氧化,从而使新鲜茶叶的色香味发生明显变化,色泽变暗、汤色混浊、香气变陈、滋味变淡。若茶叶中水分含量超过一定范围(大于12%),还会发生霉变。

吸湿性:茶叶本身含有一定数量的水分;另外茶叶中含有的化学成分如多酚类、糖类、蛋白质、酯类、果胶等,它们都具有亲水性;成品茶表面疏松,而且多孔隙,也易吸收空气中的水分,上述三个方面决定了茶叶具有较强的吸收水分的能力。茶叶水分含量一旦提高,在适宜的温度条件下，酶被活化，各种生化成分也会随之转化，而且很快会失去新鲜茶的风味。

吸附异味性：茶叶中含有水分和萜烯类化合物，它们具有很强的吸附性和结合气体分子的能力；另外茶叶表面的空隙也是吸附气体分子的又一场所。所以，如果茶叶与有异味的食品、化妆品等接触后，就会因吸收异味而失去商品价值。但是我们可以利用茶叶的吸附性，让茶叶吸收某些鲜花的香味，就能够熏制各种不同的花茶，如茉莉花茶、菊花茶、桂花茶、玫瑰花茶等。

茶叶的分类方法很多，比较合理的分类方法是按茶叶制造的工艺分为不发酵茶、半发酵茶、全发酵茶、后发酵茶四类，或者按照茶叶的外观特征分为红茶、绿茶、乌龙茶、花茶、黑茶、紧压茶六大类。

1. 绿茶

绿茶（Green Tea）是一种不发酵茶，其特点是保持了茶叶的绿色，品质好的绿茶具有"三绿"，即干绿、汤绿、叶底绿。叶底就是泡过的茶叶，绿茶是我国茶叶的主要品种。

绿茶在初制时要进行杀青，也就是通过高温破坏和钝化鲜茶叶中的氧化酶活性，抑制鲜叶中的茶多酚等的氧化，蒸发鲜叶部分水分，使茶叶变软，便于揉捻成形，同时，促进香气的形成，按初制干燥的方法不同，分为三类：

炒青：是指在制作茶叶的过程中利用微火在铁锅中通过人工的揉捻使鲜茶叶水分快速蒸发，阻断茶叶发酵的过程，并使茶汁的精华基本得以保留的工序。炒青茶的特点是条索紧而光滑，汤色、叶底碧绿，清香味浓郁。碧螺春、毛尖、雪芽等都是知名的炒青绿茶。

烘青：干燥方式采用烘笼或烘干机烘干，而不是直接接触铁锅。烘青茶外形较为舒展，色泽翠绿圆润，汤色黄绿明亮，香气青纯。黄山毛峰、太平猴魁、峨眉毛峰等都是有名的烘青绿茶，烘青绿茶大部分用于熏制各种花茶。

晒青：是用日光干燥的一类绿茶，品质不及炒青和烘青，外形条索粗壮肥硕，白毫显露，色泽深绿油润，香气比较低，极具收敛性，耐冲泡，汤色黄绿、明亮，叶底肥厚。主要产于云南、湖北、湖南、贵州、广西等地。

2. 红茶

红茶（Black Tea）是一种全发酵茶，在加工过程中，鲜叶的化学成分变化较大，茶多酚减少90%以上，产生了茶黄素、茶红素等新成分，香气物质比鲜叶明显增加。所以，红茶具有红汤、红叶和香甜味醇的特征，为我国第二大茶类。我国的红茶品种以安徽的祁门红茶最为著名，此外还有滇红、小种红茶等。

祁门红茶：是我国传统红茶种类中的珍品，有百余年的生产历史，主产于安徽省祁门县，祁红以外形苗秀，色有"宝光"和香气浓郁而著称，在国内外享有盛誉。

滇红茶：属大叶种茶，主产于云南的临沧、保山等地，以外形肥硕紧实，金毫显露和香高味浓的品质独树一帜，而称著于世，是我国红茶的后起之秀。其形条索紧结，肥硕雄壮，干茶色泽乌润，汤色艳亮，滋味浓厚鲜爽，叶底红匀嫩亮，国内独具一格，系举世欢迎的红茶。

小种红茶：又称正山小种，首创于福建省崇安县桐木地区，是世界上最早的红茶，亦称红茶鼻祖，至今已经有400多年的历史。后来在正山小种的基础上发展了工夫红茶。茶叶是用松针或松柴熏制而成，有非常浓烈的香味。因为熏制的原因，茶叶呈灰黑色，但茶汤为深琥珀色。正山小种产地在福建省武夷山市，受原产地保护。成品有独特的松木香味，茶条粗实、叶质肥厚、色泽乌黑，汤色红浓，滋味爽口。

3.乌龙茶

乌龙茶（Oolong Tea）亦称青茶、品种较多，是独具中国特色的茶叶品类。乌龙茶是一种半发酵茶，其制作方法兼有红茶的发酵与绿茶的杀青，其成品特点既有绿茶的鲜爽也有红茶的甘醇，而且叶底具有"绿叶红镶边"的特点。乌龙茶主要产于福建、广东、中国台湾等地，主要品种有安溪铁观音、武夷岩茶、大红袍等，对高血压、高血脂有一定的疗效。

4.花茶

花茶（Scented Tea）是中国特有的一类再加工茶，又名香片，即将有香味的鲜花和新茶一起熏制，茶叶吸附了花的香味后再把干花筛除，制成茶。根据其所用的香花品种不同，分为茉莉花茶、玉兰花茶、桂花茶、珠兰花茶等，其中，以茉莉花茶产量最大。花茶的主要特点是香味浓郁，茶汤色深。

5.黑茶

黑茶（Dark Tea）因成品茶的外观呈黑色而得名。黑茶属于六大茶类之一，是后发酵茶，主产区为四川、云南、湖北、湖南、陕西、安徽等地。湖南省益阳市的安化黑茶是中国黑茶的始祖，是中国国家地理标志产品；此外，四川藏茶、广西六堡茶也是比较有名的黑茶。黑茶有止渴、抗辐射、助醒酒、促进消化、减肥、降胆固醇等作用，能增强大脑中枢神经活动的敏锐性，提高思考能力、降血压、抑制动脉硬化等功效。

6.紧压茶

紧压茶，是以黑毛茶、老青茶等为原料，经过堆、蒸、压等典型工艺过程加工而成的砖形、饼形或其他形状的茶叶。紧压茶的多数品种比较粗老，干茶色泽黑褐，汤色澄黄或澄红，在少数民族地区非常流行。

紧压茶也是一种再加工茶，源于运输方便，将茶制成各种块状，有防潮性能好、便于运输和储藏、茶味醇厚、适合减肥等特点，比较有名的紧压茶有云南普洱茶、四川沱茶等。

茶叶的质量评审主要采用感官评审和理化检验相结合的方法进行。感官评审就是通过视觉、味觉、嗅觉、触觉等感受，或参照事物样品对茶叶的感官特性进行评审。一般先通过形状、色泽、嫩度和净度四个方面进行外形鉴别，再从香气、汤色、滋味、叶底四个方面进行内质评定。

茶叶的评审过程分为干评和湿评两部分：

干评：主要是观察干茶叶的形态、嫩度、色泽、净度等，初步确定品质。

湿评：又叫开汤，就是将干茶叶泡开后进行评审。一般用3克左右茶叶，以适当温度的水冲泡。开汤后先嗅香气，看汤色，再尝滋味，后评叶底。叶底主要看老嫩程度、均匀程度、整碎程度、含杂程度等。

茶叶的理化指标主要包括水分、灰分、水浸出物、粗纤维、水溶性灰分、酸不溶性灰分、碱度等，此外有些茶叶对茶多酚、氨基酸及粉末含量也有一定的要求。

茶叶的安全指标主要是重金属和农药残留。

习惯上将当年产的春茶称为新茶；每年清明到谷雨开始陆续上市，至翌年新茶上市后，上一年的茶就成为陈茶。一般来说，新茶的色、香、味均有新鲜爽口的感觉，具有茶叶应有的明显特点；而隔年陈茶则色泽暗枯，香气平淡，冲泡后汤色发暗，有陈年气味。鉴别新茶和陈茶时，主要观察以下几个方面：

新茶较干，陈茶较湿。新茶由于刚制作出来，含水量较低，比较干。而陈茶因储放较久，含水量增高。用手捏下茶叶，新茶能捏成粉末且茶梗易折断，而陈茶柔软，不能捏成粉末，且茶梗不易折断。

新茶色泽鲜亮，陈茶色泽暗淡。一般来说，新绿茶的色泽青翠碧绿，汤色黄绿明亮。新红茶则色泽乌润，汤色红橙泛亮。而陈茶由于光、气、热的作用，会慢慢发生氧化或分解，从而使色泽变得暗淡无光，而茶褐素的增加，会使茶汤变色，失去其原有的色泽。

新茶香味新鲜浓郁，陈茶香味较淡。茶叶在储藏过程中，成分会慢慢挥发氧化，茶叶的香气也会由高变低，香气会由新茶时的清香馥郁而变得低闷混浊。新茶则香味浓郁，新鲜自然。现在市场上个别不良商家会给陈茶熏香，但这样的茶香味不够纯正，只要仔细嗅品，一般都能辨出。

新茶味道醇厚鲜爽、陈茶味淡。在品茶时，新茶的味道比较鲜而厚，而陈茶明显会有一股陈旧感且味道淡。

茶叶品质变化除了受自身特性的影响外，还与外界因素关系极为密切，外界因素主要是湿度、温度、光线和氧气等。茶叶含水量的高低对品质影响之所以很大，是因为水分是化学变化的介质，也是微生物繁殖的必要条件之一。含水量超过6.5%的茶叶，存放6个月时就会产生陈气；含水量达8.8%时就有可能发霉；若达12%又有适合霉菌生长的温度时，霉菌就会大量孳生，导致霉味产生。低温时，茶叶品质变化缓慢；反之，则陈化加速。因此，茶叶应储存在干燥、密闭、隔热、避光的条件下。一般温度为15℃左右，不宜超过30℃；湿度在70%左右，不宜超过80%；为防止异味污染，茶叶应采用瓦坛、铁罐、塑料袋装等方法进行密闭贮藏。

有人总结了茶叶保管的五忌和五要。五忌就是忌水分含量高、忌接触异味、忌光线照射、忌置于高温环境、忌暴露空间；五要就是要干燥、要洁净、要避光、要低温、要少氧。茶叶的保管，需要在外包装具有良好的防潮、阻氧、避光等保鲜性能的前提下，再采用除氧剂、真空抽气充氮、放干燥剂等技术，并在低温下贮藏，其保鲜效果更为理想。

本章练习

一、名词解释

1. 绿色食品

2. 有机食品

3. 食品的水分活度

4. 茶叶的吸附性

二、单选题

1. 茶叶分成红茶、绿茶、乌龙茶等时,其分类标志是( )。
   A.原材料　　　　　B.生产加工方法　　　C.用途　　　　　D.主要成分
2. 人民群众饮食健康的基本安全线是( )。
   A.无公害食品　　　B.绿色食品　　　　　C.有机食品　　　D.健康食品
3. 不使用农药、化肥、激素、饲料添加剂、不采用基因工程获得的生物产品是( )。
   A.无公害食品　　　B.绿色食品　　　　　C.有机食品　　　D.健康食品
4. 白酒的主要鉴定方法是( )。
   A.仪器分析法　　　B.感官检验法　　　　C.理化检验法　　D.生物学检验法
5. 人体内糖代谢中占据主要地位的物质是( )。
   A.葡萄糖　　　　　B.果糖　　　　　　　C.乳糖　　　　　D.糖原
6. 维生素是人体必需的( )。
   A.构成物质　　　　B.调节物质　　　　　C.代谢产物　　　D.运输物质
7. 人体中能量的主要来源是( )。
   A.蛋白质　　　　　B.脂肪　　　　　　　C.糖类　　　　　D.维生素
8. 啤酒中二氧化碳的主要作用是( )。
   A.调节口感　　　　B.调节 pH 值　　　　C.增大压力　　　D.增加营养
9. 下列茶叶中属于再加工茶的是( )。
   A.绿茶　　　　　　B.红茶　　　　　　　C.清茶　　　　　D.花茶
10. 属于后发酵茶的是( )。
    A.绿茶　　　　　　B.红茶　　　　　　　C.乌龙茶　　　　D.黑茶

三、多选题

1. 判定蛋白质营养价值的指标是（　　）。
   A.蛋白质的消化率　　　　B.蛋白质产生的氨基酸与人体需要的接近情况
   C.蛋白质的来源　　　　　D.蛋白质的热量　　　　E.蛋白质的含水量
2. 茶叶的安全指标主要是（　　）。
   A.茶多酚含量　　B.重金属　　C.微量元素　　D.咖啡碱　　E.农药残留
3. 白酒的香型主要有（　　）。
   A.浓香型　　B.清香型　　C.米香型　　D.酱香型　　E.兼香型
4. 茶叶的安全指标包括（　　）。
   A.咖啡碱的含量　　B.茶多酚的种类　　C.农药残留　　D.重金属　　E.矿物质含量
5. 茶叶存放容易发生的变化主要包括（　　）。
   A.霉变　　B.陈化　　C.吸湿　　D.吸附异味　　E.结块
6. 属于高度白酒的是（　　）。
   A.42°海之蓝　　　　　　B.38°五粮液　　　　　　C.53°习酒
   D.22°泸州老窖　　　　　E.39°杜康酒
7. 绿茶的三绿指的是（　　）。
   A.鲜茶绿　　B.干绿　　C.汤绿　　D.叶底绿　　E.包装绿
8. 关于酒的分类下列叙述正确的是（　　）。
   A.酿造酒的营养成分含量高　　　B.蒸馏酒的刺激性大
   C.配制酒的营养成分全　　　　　D.酿造酒的酒精含量高
   E.蒸馏酒的营养成分高

四、填空题

1. 食品的营养成分主要有＿＿＿、＿＿＿、＿＿＿、＿＿＿、＿＿＿、＿＿＿，其中，构成物质是＿＿＿、＿＿＿、＿＿＿，供能物质是＿＿＿、＿＿＿，调节物质是＿＿＿。
2. 绿茶的"三绿"指的是＿＿＿、＿＿＿、＿＿＿。绿茶杀青的方法有＿＿＿、＿＿＿、＿＿＿。
3. 目前，发现的氨基酸有＿＿＿种，其中必需氨基酸有＿＿＿种。
4. 维生素既有＿＿＿溶性的，例如＿＿＿等，也有＿＿＿溶性的，例如＿＿＿等。
5. 衡量蛋白质营养价值的指标是＿＿＿、＿＿＿，根据上述指标，＿＿＿蛋白是人体最理想的蛋白质来源。

五、判断题

1. 对12°啤酒来说，其酒精含量是12%。（ ）
2. 白酒的检验一般都采用感官检验法。（ ）
3. 维生素都是水溶性的。（ ）
4. 食品的水分活度越大，食品中自由水含量越高，食品的安全性就越低。（ ）
5. 市场上销售的白酒都是酿造酒。（ ）
6. 从营养价值的角度来看，生啤酒不如熟啤酒。（ ）
7. 在各种葡萄酒中，干葡萄酒的含糖量最低。（ ）
8. 茶叶的质量评审方法是感官评审和理化检验相结合的方法。（ ）
9. 环境污染也是食品安全问题的主要来源。（ ）
10. 绿色食品是人民群众食品安全的基本标准线。（ ）

六、简答题

1. 食品的营养成分有哪些？

2. 产生食品安全问题的根源是哪些？

3. 白酒的香型主要有哪些？它们的代表产品是什么？

4. 茶叶有哪些特性？

5. 如何识别新茶和陈茶？

第9九章

服装

教学目标

☞ **知识目标**

了解纺织纤维的分类及特点，了解棉纤维、麻纤维、羊毛、蚕丝的结构特点及其功能，了解天然纤维的主要成分，了解化学纤维的概念和合成纤维的品种及主要用途；

掌握植物纤维、动物纤维、化学纤维的鉴别方法；

了解服装面料的相关知识；

了解体型与服装号型标准的关系，理解服装类商品的性能特点及质量标准。

能力目标

具备鉴别植物纤维、动物纤维和化学纤维的能力；

初步具备鉴别服装质量的能力；

具备根据体型选购服装商品的能力。

素质目标

培养学生理论联系实际、学以致用的思想方法和科学的工作态度；

培养学生树立质量意识。

服装是人们日常生活的重要必需品，俗话说衣、食、住、行，穿着是放在第一位的，服装对人们生活的重要意义可见一斑。服装的基本功能是御寒和覆盖，随着人类文明的进步，服装的内涵不断丰富，其社会、文化功能不断得到强化，审美功能、标识功能等已日益得到人们的重视。

什么是服装？简单说来，服装是穿着并覆盖人体各个部位的着装总称。服装材料通常由面料和辅料两部分组成,而服装面料的基本成分是纺织纤维,所以认识服装,必须从纺织纤维开始。

9.1 纺织纤维

纤维是自身长度大于直径1000倍以上,而又具有一定强度的高分子材料,用于纺织的纤维称为纺织纤维。一般地说,纺织纤维必须柔软、具有一定长度、细度、强度、弹性和稳定性,并且有较好的染色能力。

1.纺织纤维的分类

纺织纤维种类有很多,常常根据来源将纺织纤维分为天然纤维(Natural Fiber)和化学纤维(Chemical Fiber)两大类,天然纤维主要有植物纤维、动物纤维和矿物纤维三类,化学纤维主要有人造纤维、合成纤维、无机纤维三大类。

植物纤维(Plant Fibre)是指来自植物界,经人工种植、机械加工或化学处理获得的纤维,多可作为纺织原料。主要有种子纤维,如棉纤维、木棉纤维等,茎纤维(又称韧皮纤维)如苎麻、亚麻、黄麻等,叶纤维如剑麻、蕉麻、菠萝麻等。植物纤维的主要成分都是纤维素。

动物纤维(Animal Fiber)是指来自动物界,经人工饲养而取得的纤维。主要有毛发类,如绵羊毛、山羊绒、兔毛、骆驼毛等;腺分泌物类如桑蚕丝、柞蚕丝等。动物纤维的主要成分都是各类蛋白质。

矿物纤维(Mineral Fibre)是指来自矿物,经加工而得到的纤维,主要是石棉。

人造纤维(Artificial Fiber)又称再生纤维,它是以天然的高分子材料为原料,经化学处理和机械加工而制得的纤维。常见的有粘胶纤维、富强纤维、铜氨纤维、醋酯纤维等。

合成纤维(Synthetic Fiber)是指满足一定条件(通常含有不饱和键)的低分子化合物,经过加成聚合反应或缩合聚合反应得到相应的高分子化合物,再经过纺丝得到的纺织纤维。目前,合成纤维的主要产品包括七大纶,它们是:

聚酯纤维——涤纶　　　聚丙烯纤维——丙纶

聚酰胺纤维——锦纶　　聚氯乙烯纤维——氯纶

聚丙烯腈纤维——腈纶　聚氨酯纤维——氨纶　　聚乙烯醇缩甲醛纤维——维纶

无机纤维(inorganic fiber)是以矿物质为原料制成的化学纤维。主要品种有玻璃纤维、石英玻璃纤维、硼纤维、陶瓷纤维、金属纤维等。

2.常见的纤维品种

(1)棉纤维

棉纤维是世界上用量最大的纺织纤维,棉纤维是棉花的种子纤维。目前,主要有细绒棉和长绒棉两个品种。

细绒棉(又称陆地棉),是世界上种植最广、产量最大的棉花品种,占原棉总产量的90%,我国细绒棉的种植面积占棉田总面积的98%以上。细绒棉纤维的长度一般为25~31mm,细度为18~20微米,细绒棉一般能纺10号以上的纯棉纱,也可以和各种棉型化纤混纺,是用量最大的品种。

长绒棉(也称海岛棉),是世界上品质最好的一种棉纤维,长度为33mm以上,最长为60~70mm,细度为15~16微米,长绒棉可纺制10号以下的高档细纱,它主要产于非洲的尼罗河流域,新疆是我国长绒棉的主要产区。

在显微镜下观察,正常成熟的棉纤维具有纵向天然转曲结构,单根纤维呈扁平带状,截面呈腰圆形,中有空腔,一端封闭,一端开口,是两头细中间粗的管状物(如图9-1所示),纤维之间抱合度不紧密,无论是纤维之间还是单根纤维的中空部分都储有大量空气(如图9-2所示),隔热性能较好,这种特殊的结构对棉织品的保暖性能具有重要的意义。

图9-1 单根棉纤维的形态

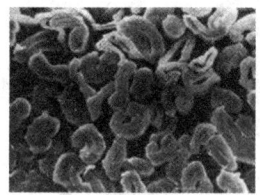
图9-2 一簇棉纤维的横断面

棉纤维具有较好的吸湿性,吸湿性是衡量纺织纤维品质的重要指标,对穿着的舒适度具有重要的意义。纺织行业常用回潮率来评定纤维的吸湿性能,所谓回潮率是指纤维含水重量占纤维干重的百分数,用公式表示为:

$$回潮率=(湿纤维重量-干纤维重量)/干纤维重量×100\%$$

由于纺织纤维的吸湿能力在不同状态下是不同的,为了使回潮率指标有一定的可比性,同时便于统一计量纺织材料的重量,国际上统一规定了一个标准状态,纤维在标准状态的回潮率称为公定回潮率,我国规定的标准状态为湿度65%±3%,温度为20℃。在这个标准状态下,棉纤维的公定回潮率在8.5%~10%。

(2)麻纤维

麻纤维指的是从各种麻类植物取得的纤维,包括韧皮纤维和叶纤维两类。

韧皮纤维是取自植物茎部的纤维,主要分为两种:一种是木质纤维,它含木质素较多,质地粗硬,主要用于做麻袋、绳索等,常见的有黄麻、大麻、红麻、青麻、洋麻等;另一种是非木质纤维,这种纤维含木质素较少,质地柔软,可作为纺织原料,主要有苎麻、亚麻等。

叶纤维是从单子叶植物的叶片中取得的纤维,纤维粗硬,称为硬质纤维,主要有蕉麻、剑麻、龙舌麻、菠萝麻等的纤维,它们都不适宜做纺织纤维。

亚麻和苎麻是重要的纺织原料,以它们为原料制成的纺织纤维可用纯纺或混纺工艺加工成服装面料，产品具有凉爽、透气的特性，且刚度高、硬挺、不贴身，适宜做夏季衣料。

苎麻被称为"中国草"，主要产于我国长江流域及东南沿海，我国的苎麻产量占世界的70%左右。苎麻的纤维长，比棉花的纤维长度还要长几倍，经过脱胶加工处理的苎麻纤维光泽良好、洁白。苎麻面料特点是透气凉爽，这主要是由于苎麻纤维的结构中空隙大，透气，吸水性好，且散湿效率高，与棉花相比，苎麻纤维的强度是棉花的7倍以上，而且延伸性小而轻，比棉花轻20%左右，苎麻不怕虫蛀、不怕霉菌。

亚麻是人类最早使用的天然纤维之一，距今已有超过1万年的历史。亚麻纤维是一种稀有天然纤维，仅占天然纤维总量的1.5%。由于它的天然、古朴、稀有、色彩自然和高贵，被誉为天然纤维中的"纤维皇后"。亚麻多产于欧洲，苏联产量最大，约占世界总产量的80%，我国亚麻的主要产地为黑龙江、甘肃等地。

从麻茎上剥取下来的生麻，必须脱胶成为柔软、松散的纤维才能成为纺织用的麻纤维。与棉纤维不同，单根麻纤维平直无转曲，表面光滑，纤维与纤维之间抱合紧密，如图9-3所示。麻纤维强度高，且湿强更高，单纤维的断裂强度湿态下可提高20%；伸长变形小，手感粗硬，弹性差；耐磨性差，脆性高；保暖性差，散热较棉纤维快25%。麻纤维的回潮率为12～13%。

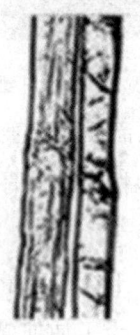 

（1）单根麻纤维结构　　（2）一簇麻纤维的截面图

图9-3　麻纤维的结构示意图

（3）毛纤维

毛纤维一般都是指羊毛纤维，以绵羊毛为主，我国是世界上主要的产毛国之一。世界上以产于澳大利亚的羊毛品质最好，俗称"澳毛"。羊毛的保暖性极佳，但易受虫蛀。

毛纤维的主要品种有绵羊毛和山羊绒，绵羊毛是覆盖在绵羊身上的毛，羊毛是天然蛋白质纤维，主要成分是角朊蛋白，角朊含量占97%，无机物占1%～3%，组成羊毛角朊的主要元素是C、H、O、N、P、S。羊毛纤维的结构比较复杂，它由包覆在外部的鳞片层、组成羊毛实体的皮质层和毛干中心不透明的髓质层三部分组成，如图9-4所示，髓质层只存在粗羊毛中，细羊毛中没有。

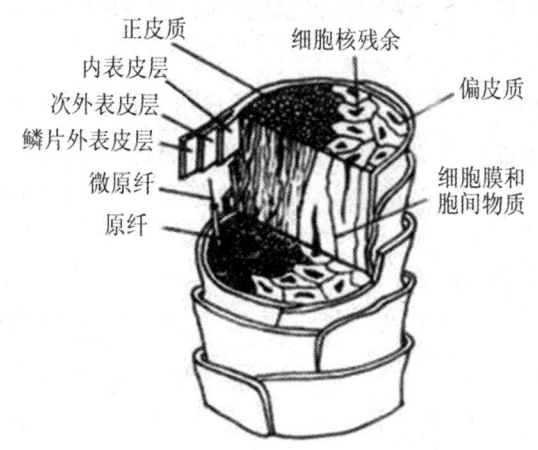

图 9—4 羊毛纤维的结构示意图

羊毛的吸湿性强,公定回潮率为 15%～17%,最高可达 40%,吸湿性比棉好。

羊毛纤维弹性好,是天然纤维中弹性恢复性最好的纤维;比重小,在 1.28～1.33;保温性好,强度较其他纤维低。

缩绒性和可塑性是羊毛纤维特有的两个重要性质,这两个性质对羊毛制品的制造和塑型具有十分重要的意义。

缩绒性是指羊毛纤维及其织品在湿热(100℃蒸汽)条件下,经机械力作用,使羊毛集合体逐渐收缩紧密,并相互穿插纠缠、交编毡化、厚度加大的特性。毛织物通过缩绒,可提高织物厚度和紧度,产生整齐的绒面,外观更优美,手感更丰满,保暖性更高。但有些品种如精纺织物及羊毛衫等,要求纹路清晰,形状稳定,这时候需减小缩绒性,而改用采用破坏鳞片层的方法达到目的。

可塑性是指羊毛在湿热(100℃蒸汽)条件下膨化,失去弹性,此时将其压制成各种形状并迅速冷却,解除外力后,制成的形状经久不变的特性。可塑性在羊毛织物处理中有重要的意义,一是暂定,即定型后通过比热处理更高温度的蒸汽作用,使纤维重新回缩至原来形状;二是永定,即定型后的纤维在蒸汽中处理 1～2 小时,仅能使纤维稍有回缩,基本形状保持不变。

山羊绒则是从山羊身上梳取下来的绒毛,原产于中国的西藏。山羊绒绒毛纤维内部结构无髓质层,长度 30～40mm,其强度、弹性变形较绵羊毛好,具有轻、软、暖的优良特征。

常见的毛纤维还有马海毛、兔毛、骆驼绒、牦牛绒等。

(4)天然丝

养蚕缫丝起源于我国,据考古研究,蚕丝的使用在我国已有六千多年的历史,在秦汉时期,我国的丝绸业已发展到很高的水平,张骞两次出使西域,携带大量的丝织品,从此,我国的丝织技术传至国外。

蚕丝是高级纺织原料,其综合性能居纺织纤维之冠。蚕丝强韧而富有弹性,纤细而柔软,其织品光泽优美、染色鲜艳、手感良好、穿着舒适,是纺织品中的高贵品种,深受欢迎。

丝的种类比较多，常见的主要有家蚕丝(桑蚕丝)、野蚕丝(柞蚕丝)、蓖麻蚕丝、天蚕丝(日本柞蚕丝)、樟蚕丝等。

蚕丝是由蚕体内的绢丝腺分泌出的丝液凝固(成茧)而成的，蚕丝的主要成分是丝蛋白。

在显微镜下观察，构成茧层的茧丝是由两条平行的直径为1微米左右单丝组成的，内部存在孔隙，如图9-5所示。蚕丝的细度、长度随品种不同而异，长度为1千米左右。

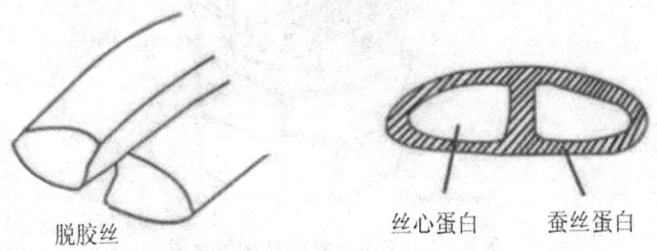

图9-5 桑蚕丝的结构示意图

蚕茧放入80℃热水的煮茧器中，使之软化膨松后，抽出蚕丝的过程称为"缫丝"，抽出来的蚕丝叫作生丝，生丝中含有约20%的丝胶成分，富于光泽且质感稍硬，呈半透明，生丝精炼脱去胶质后，柔软具有光泽，称为"熟丝"。

一粒蚕茧可以缫丝的长度平均为600～800米，因此，生丝为连续性纤维，极适合织布，生丝的比重较小、耐热性比羊毛好、光泽柔和，有极具特色的丝光、强度比羊毛高3倍、吸湿性较强，公定回潮率为11%，在饱和状态下最大可达30%，是极理想的纺织纤维。

(5)化学纤维

化学纤维是利用天然的高分子物为原料或用人工合成的高分子经过化学处理与机械加工而制得的纤维。化学纤维简称化纤，我国有关方面规定，人造短纤维称为"纤"，合成短纤维称为"纶"，长纤维均称为"丝"。

化学纤维可以分为人造纤维和合成纤维两大类。

1)人造纤维

又称再生纤维，是用天然高聚物为原料，经过化学处理与机械加工后再生制得的纤维。人造纤维主要品种有：

①黏胶纤维。黏胶纤维是再生纤维素纤维，几乎全部由纤维素组成，化学组成与棉纤维相似，性能与棉相近。近年来在黏胶纤维基础上发展起来的莫代尔进行丝光处理后，手感极为柔软，可与毛纤维媲美。黏胶纤维具有吸湿性好，公定回潮率为13%，染色鲜艳，手感柔软，织物吸湿透气、穿着舒适，抗静电、易加工，强度低等优点，但缺点是弹性差，遇水变硬，缩水变形大，成衣尺寸不稳定，耐磨性低。

②富强纤维。富强纤维实际上是一种高性能的黏胶纤维，品质比黏胶纤维有较大改进，强度也提高了，已经接近优质棉，富强纤维尺寸稳定性好，一般性质接近黏胶纤维。

③醋酯纤维。醋酯纤维是纤维素与醋酐发生酯化反应生成的纤维醋酸酯,经纺丝而成的纤维。醋酯纤维是人造纤维的一大品种,具有良好的服用性能,回潮率约为6.5%,比重为1.32。适于制内衣、浴衣、儿童衣着、妇女服装和室内装饰织物等。短纤维用于同棉、毛或其他合成纤维混纺,制成的织物易洗易干,不霉不蛀。

④铜氨纤维。是将某些天然纤维素原料溶解在氢氧化铜或碱性铜盐的浓氨溶液内,配成纺丝液,在凝固浴中铜氨分解再生析出纤维素,经加工即得到的纤维。铜氨纤维的截面呈圆形,无皮芯结构,纤维可承受高度拉伸,制得的单丝较细,所以面料手感柔软,光泽柔和,有真丝感。铜氨纤维的吸湿性与黏胶纤维接近,其公定回潮率为11%;在相同的染色条件下,铜氨纤维的染色亲和力好于黏胶纤维;铜氨纤维的干强度与黏胶纤维接近,耐磨性优于黏胶纤维。由于纤维细软,光泽适宜,常用于制作高档丝织或针织物,其服用性能近似于丝绸,吸湿性好,极具悬垂感,符合环保服饰潮流。

2)合成纤维

合成纤维是利用煤、石油、天然气等为原料提取的低分子化合物为原料,经加聚反应或缩聚反应合成的高分子再经加工成为仿丝、仿毛、仿棉的纤维,目前,合成纤维的主要品种有七大纶。

①涤纶——聚酯纤维

涤纶俗称的确良,虽然问世较晚,但发展很快,目前产量位于世界第一,具有强度高、弹性好、防皱、耐日晒、保型性极好等优点。涤纶耐酸不耐碱,吸湿性差,是典型的疏水性纤维,公定回潮率为0.4%,染色困难;涤纶纤维易产生静电,穿着舒适感较差。涤纶纤维面料的种类较多,除织制纯涤纶织品外,还有许多和各种纺织纤维混纺或交织的产品,弥补了纯涤纶织物的不足,发挥出更好的服用性能,目前,涤纶织物正向着仿毛、仿丝、仿麻、仿鹿皮等合成纤维天然化的方向发展。

②锦纶——聚酰胺纤维

锦纶又称为尼龙,1939年由美国杜邦公司发明,是世界上最早投入大规模工业化生产的合成纤维,其产品在化纤产量中占第二位。

锦纶纤维的强度高,是合成纤维中最高的;回弹性好,耐冲击、耐疲劳性好;耐磨性是合成纤维中最好的,比棉高10倍,比羊毛高20倍;吸湿性较好,在合成纤维中仅次于维纶,公定回潮率为4.5%;染色性较好,可在常温、常压下染色;耐热性较好,空气中的最高使用温度为100~110℃,熨烫温度达120℃。纤维的缺点是挺括性差,尺寸不稳定,同时锦纶不耐日晒,在长期日光照射下易发黄,强度下降;锦纶的耐碱性好,耐酸性差。

锦纶主要用于混纺或纯纺制成各种医疗及针织品,锦纶长丝多用于针织及丝绸工业,如织单丝袜、弹力丝袜等各种耐磨的锦纶袜,锦纶纱巾,蚊帐,锦纶花边,弹力锦纶外衣,各种锦纶绸或交织的丝绸品。锦纶短纤维大都用来与羊毛或其他化学纤维的毛型产品混纺,制成各种耐磨经穿的衣料。在工业上,锦纶纤维大量用于制造帘子线、工业用布、缆绳、传送带、帐篷、渔网等,在国防上主要用作降落伞及其他军用织物。

③腈纶——聚丙烯腈纤维

腈纶纤维于1950年投入工业化生产，目前世界上产量位居第三。腈纶纤维比重小、质轻，弹性好，蓬松柔软；保暖性好，有"人造羊毛"之称，其强度远高于羊毛；腈纶纤维的耐光性是所有合成纤维中最好的，阳光下曝晒1000小时，强度仅损失10%；纤维对氧化剂、漂白剂及有机溶剂较稳定。但腈纶的耐磨性低，且局部易起毛起球；吸湿性较低，公定回潮率为2%；纤维的染色性差；导电性差，易产生静电、沾污；腈纶在酸中的稳定性比在碱中高得多，长期置于10%的硫酸或盐酸中，强度损失不明显，但在稀碱溶液或氨水中，颜色泛黄，强力下降，在浓碱溶液中，纤维可被溶解。

腈纶纤维主要是保暖性好，触摸有温暖感，能与涤纶、羊毛等混纺，制织毛型织物，如毛毯、毛线、毛衣、围巾等。

④维纶——聚乙烯醇纤维

维纶学名称为聚乙烯醇缩甲醛纤维，是由德国人发现的，最早在20世纪30年代进行小批量生产。维纶纤维强度较高，耐磨性较好，吸湿性好，公定回潮率达5%，在合成纤维中居首位，故有"人造棉花"之称；耐光性良好，与棉相近。但维纶织物弹性差，易产生褶皱，纤维耐干热，不耐湿热，纤维对碱有良好的稳定性，不耐酸，染色时吃色量少，不鲜艳，但牢度较高。

维纶价格低廉，经久耐用，可制织各种布、针织内衣、工作服、手套等，还可以与棉、黏胶混纺，制织床单、棉毛衫裤等。长丝可制渔网、篷布、绳索、包装布等，由于它具有水溶性和生理亲和性，可用于做外科手术线。

⑤丙纶——聚丙烯纤维

丙纶的原料来自天然气及石油裂解气，制造工艺简单，无污染，1957年投入工业化生产，目前产量低于腈纶，占第四位。

丙纶纤维的比重小，质轻，是化纤中最轻的；回弹率高，与涤纶相近；耐磨性较好，与涤纶相近；丙纶对酸、碱的稳定性好，对浓硫酸、盐酸、硝酸和强碱的抵抗力相当强，一般无机酸对它无破坏作用。丙纶不吸水，是典型的疏水性纤维，公定回潮率为0，染色性差；耐热性较差，超过130℃产生变形，145～155℃时软化，176℃达到熔点；丙纶耐光性差，易老化，在光照下，强度下降、发脆。

丙纶长丝可制袜、蚊帐、弹力衫等，可与棉、黏胶、腈纶混纺制造衣料、被絮、纱布、地毯等；工业上作绳索、渔网、滤布、帆布、墙布、家具布、无纺布的制作。

⑥氯纶——聚氯乙烯纤维

氯纶纤维保暖性好，耐光性较好，难燃烧，具有灭火性，耐酸、碱性。缺点是强度低，其强度是合成纤维中强度最小的，吸湿性差，易产生静电，耐热性差，多用于劳动防护服制作。

⑦氨纶——聚氨酯纤维

聚氨酯弹性纤维学名是聚氨基甲酸酯纤维，20世纪50年代末在美国研制成功，60年代末发展起来。聚氨酯纤维分子结构较松散，具有像橡胶般的高伸长性及高回弹力，耐日光大气性能良好，着色性能较好。缺点是力学性能差，吸湿性差，公定回潮率为1%。

以氨纶或氨纶与锦纶弹力丝合并加捻，或以氨纶为纱芯，外包棉涤/棉、黏胶、羊毛或腈纶制成包芯纱，主要用于成品游泳衣、滑雪服、舞蹈服及弹力布等的制作。

3.各类纤维的鉴别方法

纤维的鉴别方法很多，主要有感官鉴别法、燃烧鉴别法、比重鉴别法、试剂鉴别法、熔点鉴别法和显微镜鉴别法等，这里介绍感官检验法和燃烧检验法。

(1)感官鉴别法

感官鉴别法是通过人的感官，主要是通过眼观、手摸，并结合各类纤维的特征来鉴别纤维或织品的方法。眼观，能够鉴别纤维或织品的外观、光泽、纤维粗细、弯曲状态等特征；手摸，能够鉴别纤维的柔软性、弹性和褶皱情况，将两者结合起来就能初步判断纤维种类。

棉花：纤维具有天然转曲，纤维细而短，一般长度为33mm左右，弹性较差，手感柔软，光泽暗淡。

羊毛：纤维有较好的弹性，呈卷曲状，较棉粗而长，手感温暖，织品揉搓时不易产生褶皱，手感滑爽挺括。

蚕丝：具有特有的丝光。

麻：纤维较粗，多呈片状，强力高，缺乏弹性及光泽，织品手感粗硬、有凉爽的感觉。

合成纤维：合成纤维强力较大，弹性好，手感光滑但不柔软。维纶极似棉花，但不如棉花柔软；锦纶强度最高，手感凉爽；涤纶弹性最好，表面光滑；腈纶蓬松，弹性差，用手揉搓时，产生嘶鸣声。

从上面的介绍中可以看出，感官法鉴别各种纤维需要丰富的实践经验，需要熟知各种纤维的主要性能特点，普通人难以在短时间内掌握，故多为专业人士使用。

(2)燃烧鉴别法

将纤维放在火焰上燃烧，观察其受热后的变化情况、火焰状况、燃烧的难易程度、燃烧速度、火苗的颜色及散发的气味等，最后观察灰烬和剩余物形状、硬度等可以方便地鉴别各类纤维。表9-1中列出了常见纤维的燃烧特征，通过纤维的燃烧试验观察到的现象，对照表中的特征，可以比较方便地鉴别各种纤维。

表9-1　各种纤维的燃烧特征

纤维种类	接近火焰	火焰中	离开火焰	燃烧气味	灰分
棉	在火焰边灼烧并收缩	燃烧很快产生黄色火焰有蓝烟	继续燃烧不熔融	烧纸样气味	深灰色细软粉末
麻	同上	同上	同上	烧草样气味	浅灰色细软粉末

续表

纤维种类	接近火焰	火焰中	离开火焰	燃烧气味	灰分
蚕丝	在火焰边卷曲	缓慢燃烧缩成一团，放出火焰	缓慢燃烧有时自动熄灭	烧毛发臭味	形成黑褐色小球，易碎
羊毛	同上	缓慢燃烧冒蓝灰色烟	继续燃烧	同上	形成有光泽的不规则黑色块状，易碎
粘胶	在火焰边灼烧并收缩	燃烧很快产生黄色火焰，无烟	继续燃烧	烧纸样气味	灰烬极少，呈浅灰色或深灰色
涤纶	在火焰边灼烧并收缩	燃烧时有黄白色火焰，很亮，无烟	时常自动熄灭	无特殊气味	冷却后形成浅褐色小球，不易研碎
锦纶	在火焰边迅速卷曲	熔融而缓慢燃烧，白烟但无火焰	同上	稍有芹菜味	同上
腈纶	在火焰边先软化后收缩	熔融燃烧	熔融并继续燃烧	酸的气味	形成黑色脆性小球
维纶	发生很大收缩稍有熔融	徐徐燃烧同时出现熔融，顶端有火焰	继续燃烧	臭味	黄褐色不定型硬块，凝结强压可碎
氯纶	在火焰很远处即软化	熔融	离开火焰熔融即停	烧蜡样臭味	形成不规则黑色硬球
丙纶	在火焰很远处即软化	熔融并缓慢燃烧	离开火焰熔融即停	石蜡样气味	无灰烬，燃烧剩余物为透明球体

需要强调的是，对面料或成品采用燃烧鉴别法时，需要先从适当的位置抽出少许经、纬纱，捻开后再将抽出的纤维点燃，细心观察燃烧情况，注意燃烧产生的气味和灰烬或燃烧剩余物的形状及硬度等特征，对照表 9-1 中列出的各种纤维的燃烧特征，基本就能确定纤维的种类。

9.2 服装面料及服装

1.服装面料

服装是纺织纤维经过一定工艺织成的面料加上辅料再加工制成的成品。纺织纤维除了天然丝和化纤长丝可以直接织造外，所有的短纤维都需要先制成纱线后才能织成面料。

纱是单纱的简称，是纺织纤维经过纺纱工艺制成的具有一定强度、细度的单根产品；线是指两根或两根以上的单纱经并合加捻制成的产品。纺织纤维在加工成纱、线以后，其粗细程度可以用支数或号数来表示。单位质量(通常为 1 克)纱线的长度称为支数，显然，长度越长，纱线就越细，这种表示纱线粗细的方法习惯上称为定重制；反之，一定长度纱线的重量称为号数，习惯上用9000米的纱线作为计重标准，显然，重量越重，纱线就越粗，这种方法就是定长制。

按照使用原料的不同，服装面料分为纯棉、纯麻、纯毛、纯丝、化纤、混纺等几类；按照织造方法的不同，服装面料可以分为梭织、针织和无纺布三类。

梭织面料也称机织物，是把经纱和纬纱按一定规律相互垂直交织在一起形成的织物。其基本组织有平纹、斜纹、缎纹三种。不同的梭织面料也是由这三种基本组织及由其变化的组织构成的，梭织面料的主要品种有牛津布、牛仔布、斜纹布、法兰绒、花缎等。

针织面料，是用织针将纱线或长丝构成线圈，再把线圈相互串套而成的织物。由于针织物的线圈结构特征，单位长度内储纱量较多，因此，大多有很好的弹性。针织面料可分为纬编针织物与经编针织物两大类，主要品种有汗布、天鹅绒、网眼布等。

无纺布是一种不需要纺纱织布而形成的织物，它是将纺织短纤维或者长丝进行定向或随机排列形成纤维网状结构，然后采用机械、热粘或化学等方法加固而成的一种面料。无纺布没有经纬线，剪裁和缝纫都非常方便，而且质轻，容易定型，深受手工爱好者的喜爱。

2.服装辅料

服装辅料包括衬料与垫料（在面料和里料之间起加固造型、支撑保暖作用的材料，如袖衬、肩垫等）、服装里料（部分或全部覆盖服装里面的材料）、服装填料（服装面料与里料之间的填充材料）、其他辅料（纽扣、拉链等）。所有这些辅料，无论对服装的内在质量，还是外在质量都有重要的影响。例如，里料、缝纫线主要是影响服装的内在质量，影响服装的使用牢固度，当然也起到一定的装饰作用；而衬垫料、花边等主要用来装饰服装等。

3.服装

服装又称衣服，在国家标准中服装的定义为缝制，穿于人体，起保护和装饰作用的产品。社会生活中，服装不仅是每个人装饰自己、保护自己的必备用品，还是一个身份的象征，也是一种生活态度和展示个人魅力的表现。

款式、色彩、面料是服装的三要素。

服装款式。是造型要素一种，就是指服装的式样或款式，好的服装款式能给人带来愉悦，能调节人的情绪。服装款式一般包括结构、流行元素和质地三个方面。

服装色彩。用色彩来装饰自身是人类最原始的本能，从古到今，色彩在服饰审美中都有着举足轻重的作用。随着商品经济的发展，服装色彩越来越受到服装设计界人士的关注。从20世纪末"色彩搭配"理念传入中国以来，终结了大多数中国人只敢穿黑、白、灰、蓝的历史，对人们的穿衣打扮指导，促进商业企业的新型营销，提高城市与建筑的色彩规划水平，改善全社会的视觉环境都起到了重要的推动作用。

服装面料。服装是由面料制作而成的，面料不仅可以诠释服装的风格和特性，而且直接左右着服装的色彩、造型的表现效果。在服装大世界里，面料五花八门、日新月异，但是从总体上来讲，优质、高档的面料，大都具有穿着舒适、吸汗透气、悬垂挺括、视觉高贵、触觉柔美等几个方面的特点。理想的服装面料,柔软的手感不仅能够呈现出着装者自身的高贵完美,还能给人美好的舒适感。

服装的功能可以概括为实用功能、美化功能和标识功能。实用功能主要体现在防寒保暖、防暑隔热,适应人体活动和耐用方面的基本功能;美化功能是指服装给人带来的美感,一些特定场合更需要具有装饰功能的服装,俗话说"人靠衣装"就是这个道理;标识功能是指通过服装的外观形态可以区分着装者的身份和地位,如警察制服、法官制服、民俗服装等,使人一看便可以知道其身份和地位。

(1)服装的质量标准

服装的质量标准包括号型标准、技术标准和使用说明标准等方面。

1)号型标准:号型标准是为适应服装工业化生产要求和消费者需求而制定的服装尺寸规格标准。号型标准规定:总体高(身高)为"号",以厘米为单位。由于人体各部位之间存在一定的比例关系,因此,号还对应着人体各部位的长度,如上肢和下肢的长度等,号是设计和选购服装长度的依据;人体的净胸围或腰围为"型",以厘米为单位。型也对应着人体各部位的围度尺寸,如肩宽、领围、臀围等,型是设计和选购服装肥瘦的依据。

根据人的胸围和腰围以及两者的落差,人的体型可以分为Y、A、B、C四种类型,如表9-2所示。

表9-2 人的体型分类(单位:厘米)

体形分类代号		Y	A	B	C
胸围腰围落差	男	22～17	16～12	11～7	6～2
	女	24～19	18～14	13～9	8～4

在胸围相同的情况下,Y型属于肩宽腰细体型;A型属于正常体型;B型属于微胖体型,C型属于胖体型。一般来说,儿童不分体型。

例如,某男士身高178cm,胸围88cm,腰围74cm,则胸围与腰围的差就是14cm,对照表9-2,该男士的体型为A型;如果某女士身高168cm,胸围84cm,腰围62cm,则胸围与腰围的差是22cm,对照表9-2,该女士的体型属于Y型。

国家标准规定,服装上必须标明号型,套装中的上、下装应分别标明号型;号与型之间用斜线"/"分开,后接体型代号。例如,男上装170/88A,其中,170代表号,88代表型(胸围),A代表体型;男下装的号型标志170/74A,其中,170代表号,74代表型(腰围),A代表体型。

除了国家标准规定的外,目前市场上还可以看到S、M、L的表示方法,其中S代表小号、M代表中号、L代表大号,还有XL、XXL等,代表号型逐渐增大、增肥。

号型系列的设置是以各体形中间体为中心,向两边递增或递减组成的。在号型系列中,一般身高以5厘米分档,胸围以4厘米分档,腰围以2厘米分档组成系列。多数情况下,男装以身高 170 为中心，女装以 160 为中心，分别向左右增减 5 厘米向两边扩展形成系列；男装胸围以 88 厘米为中心，女装以 84 厘米为中心，分别向左右增减 4 厘米形成系列；男装腰围以 68 厘米为中心，女装以 62 厘米为中心，分别向左右增减 2 厘米形成系列。

服装上的号型标志，表示该服装适用于身高、胸围和腰围与此号型相近，同时胸围和腰围的落差在此范围内的人。例如，某女式上装的号型标志为 165/92A，表示该上装适用于身高 163～167 厘米、胸围 90～94 厘米、胸围与腰围的落差在 14～18 厘米（腰围在 90－18＝71 厘米，94－14＝80 厘米）为 71～80 厘米的女士。

例 1：某男士身高 175 厘米，胸围 90 厘米，腰围 76 厘米，怎样选择合体的服装呢？

［分析］首先从胸围与腰围的差 90－76＝14 厘米，对照表 9－2 可以确定他的体型为 A，查表，这位男士的上装号型可以选择 175/88A 或 175/92A，下装号型可选择 175/76A。

例 2：某女士身高 169 厘米，三围为 88/64/90，该如何帮助她选择合体的服装呢？

［分析］首先计算胸围与腰围的落差，88－64＝24 厘米，查表 9－2 确定体型为 Y，由于号型中没有 169 厘米的长度，所以应向 170 厘米靠档，由此确定上装尺寸为 170/88Y，下装（裙子或裤子）的尺寸为 170/64Y。

2）技术标准：服装的技术标准包括号型规格系列、辅料规定、技术要求、等级划分、检验规定、包装标志六个方面的内容，这里不再赘述。

3）使用说明标准：服装使用说明标准的采用主要是为了保护消费者的利益作出的规定。纺织品和服装使用说明的主要内容包括：商标和制造单位；服装号型、规格；采用原料的成分，必要时还应标明特殊辅料的成分；产品的特殊使用性能，如阻燃性、防蛀、防水、防缩水等；洗涤条件，包括说明能否水洗、水洗的方法（手洗或机洗）和水温；洗涤剂（碱性、中性、酸性）的选择及脱水的方法（甩干或拧干），说明能否氯漂；熨烫，说明能否熨烫，熨烫方法和温度；干洗，说明是否要干洗和干洗剂的选择；水洗后的干燥方法；洗涤和熨烫时的注意事项，穿用或使用时的注意事项；贮藏条件及注意事项以及其他与使用有关的事项。上述说明有时也采用图例的方式标注，表 9－3 中列出了纺织品和服装使用说明的基本图形符号。

服装的使用说明可以在服装包装上使用；也可以以标签吊牌的形式挂在产品上；特殊产品也可以采用使用说明书形式。

表 9－3　　纺织品和服装使用说明的基本图形符号

序号	名　称	图形符号	说　明
1	水洗		洗涤槽表示水洗。在图形符号中间添加阿拉伯数字，则表示水洗温度，在图形符号下面添加条粗实线，则表示对水洗条件有所限制
2	氯漂		

续表

序号	名称	图形符号	说 明
3	熨烫		在图形符号中间添加"高、中、低"文字或不同的圆点,则表示不同的温度。在图形符号下面加上不同的细部图形,则表示不同的熨烫方法
4	干洗		在图形符号下面添加条粗实线,则表示对干洗条件有所限制
5	水洗后干燥		在图形符号中添加不同的细部图形,则表示不同的水洗后的干燥方法

(2)服装质量

服装质量是指服装的内在品质和外观形态,如服装的规格尺寸、面料和辅料的成分含量、服装的色彩和色差,款式和加工的质量,包装材料的安全、卫生、环保及检验标准等,上述诸方面可以概括为以下特性:

1)适应性

适应生产环境。服装适应生产环境表现为设计可操作性强,裁剪方法科学省料,缝纫适应机械化流水线生产,减少手工操作,工艺流程便于计算机管理。

适应流通环境。服装适应流通环境表现为服装的包装方法适合现代运输贮存和陈列展销的需要。

适应消费环境。主要表现在规格合体性、适合目的性、方便保养性等方面。

适应生态环境。服装对生态环境的适应性首先表现在对气候的适应性,服装在严寒酷暑、风霜雨雪等恶劣气候中应对人体有保护作用。

适应社会环境。服装对社会环境的适应性表现在对社会经济发展水平的适应性和文化的适应性,不同的时代、不同的文化背景对服装有不同的要求。

2)审美性

服装的审美性是一种整体美,主要包括内在美、外在美和流行美。

内在美:服装的内在美是指服装蕴含的文化内涵。

外在美:服装的外在美是指服装的客观化美感,它主要通过造型、色彩、肌理、装饰和工艺等手段来表现。

流行美:流行美也是服装审美性的重要方面。流行是一种客观存在的社会现象,是指在一定时间、一定空间,为一定人群所接受和认同,并互相追随模仿的新兴事物。

3)舒适性

触觉舒适性:服装的触觉舒适性主要反映在服装与皮肤接触时的粗糙感、瘙痒感、温暖感或阴凉感等触觉感受上。

温湿度舒适性:从温湿度舒适性来看,人类为了能在不断变化的气候环境下舒适地生活,必须要保持人体的热平衡。

运动舒适性:从服装的运动舒适性来看,由于人体运动的多方向、多角度和大弯曲性,要求服装具有一定的延伸性,能自由地依顺人体活动。

4) 卫生安全性

服装面料本身,无论是天然纤维,还是化学纤维,都不能对人体皮肤有明显的刺激作用。阻燃性指服装材料具有的明显推迟火焰蔓延的性质,阻燃性的高低广泛采用氧指数度量,氧指数指当衣料点燃后,在大气中维持燃烧所需要的最低含氧的体积百分数,氧指数越高,面料就越难燃烧,也就是阻燃性越好。表9-4中列出了常见纺织纤维的氧指数。

表9-4 各种纤维衣料的氧指数

衣料名称	氧指数(%)	衣料名称	氧指数(%)
羊毛	25.2	涤纶	20.6
棉	20.1	腈纶	18.2
黏胶	19.7	维纶	19.7
锦纶	20.1	丙纶	18.6

5) 带电性

减少服装的带电性可采用防静电处理,如对纤维表面进行亲水性单体接枝聚合,或用耐久性亲水树脂进行处理。

6) 吸污性和防污性

提高外衣的拒污性,除了正确选择面料种类外,可采用化学物质进行防污处理,使纤维表面具有拒油性、拒水性,也可进行防静电处理,防止静电吸尘。

7) 耐久性

结构耐久性:结构耐久性包括尺寸稳定性和形态稳定性。尺寸稳定性指服装的长度、围度、厚度等尺寸的稳定,还包括面料与里料、衬料及其他辅料尺寸的长期匹配。尺寸收缩是由于面料经向的预伸长引起的回缩,天然纤维遇水后直径的膨胀,羊毛纤维的缩绒性以及面、里、衬料的收缩率差异等所导致的。尺寸伸长经常发生在针织服装中,主要是由于针圈密度设计不当造成的,应在服装制作前对服装材料进行预先整理,并对材料搭配、织物结构进行精心设计,不能把"合格尺寸"的假象转移给消费者。

材质耐久性:服装面料的结实耐久性关系着服装的穿用寿命。在外界因素的长期作用下,服装面料会发生物理和化学性质的变化,导致面料质地变脆、褪色、起毛起球、破损、断裂等,使服装的形态、功能受到直接的影响。服装面料的耐久性取决于原料选择,纺纱、织造及后整理等工艺是否合理。服装面料的结实耐久性指标有耐磨性、耐疲劳性、撕裂强度、顶破强度、色牢度、耐洗涤性、耐光气候性等。

8)经济性

服装的经济性是指合理的产品寿命周期费用。产品寿命周期费用包括开发研制过程、生产制造过程、流通使用过程以及用后处置所需费用的总和。产品寿命周期费用是设计者、生产者、销售者、消费者费用的总和。

(3)服装的保养

1)棉、麻服装:存放时,衣服须洗净、晒干、折平,衣橱、柜箱、聚乙烯包装袋都要保持清洁干净和干燥,防止霉变。白色服装与深色服装存入时最好分开,防止沾色或泛黄。

2)丝绸服装:收藏时,为防潮防尘,要在服装面上盖一层棉布或把丝绸服装包好。白色服装既不能放在樟木箱内,也不能放樟脑丸,否则易泛黄。

3)呢绒服装:各种呢绒服装穿着一段时间后,要晾晒拍打,去除灰尘。不穿时放在干燥处。宜悬挂存放,且将织物反面外翻,以防褪色风化,出现风印。存放前,应刷清或洗净、烫平、晒干,通风晾放一天。高档呢绒服装,最好挂在衣橱内,勿叠压,以免变形而影响外观。在存放全毛或混纺服装时,要将樟脑丸用薄纸包好,放在衣服口袋里或衣橱、箱子内。毛绒服装宜与其他服装隔开存放,以免掉绒掉毛,沾污其他服装。

4)化纤服装:人造纤维服装宜平放,不宜长期吊挂,以免因悬垂而伸长。在存放含天然纤维的混纺织物服装时,可放少量樟脑丸或去虫剂,但不要接触;对涤纶、锦纶等合成纤维的服装,则不需放樟脑丸,更不能放卫生球,以免其中的二萘酚对服装及织物造成损害。

本章练习

一、名词解释

1. 男上装 170／88A 的含义

2. 羊毛的缩绒性

3. 纱(线)的支数

二、单选题

1. 麻纤维的主要成分是(　　)。
   A. 纤维素　　　　B. 蛋白质　　　　C. 木质素　　　　D. 树脂
2. 毛纤维的主要成分是(　　)。
   A. 纤维素　　　　B. 角朊蛋白　　　C. 无机物　　　　D. 果胶汁
3. 属于人造纤维的是(　　)。
   A. 腈纶　　　　　B. 粘胶纤维　　　C. 棉花　　　　　D. 蚕丝
4. 被称为"人造羊毛"的是(　　)。
   A. 腈纶　　　　　B. 维纶　　　　　C. 涤纶　　　　　D. 氨纶
5. 被称为"人造棉花"的是(　　)。
   A. 腈纶　　　　　B. 维纶　　　　　C. 涤纶　　　　　D. 氨纶
6. 对号型标准男上装 170/88A 的理解，不正确的是(　　)。
   A. 身高 170 厘米　B. 体型为 A 型　　C. 腰围 88 厘米　　D. 胸围 88 厘米
7. 服装面料的阻燃性指标是(　　)。
   A. 纤维类型　　　B. 氧指数　　　　C. 纤维名称　　　D. 纤维拒水性
8. 下列纤维可以直接用于织造的是(　　)。
   A. 棉花纤维　　　B. 羊毛纤维　　　C. 天然丝　　　　D. 合成纤维
9. 世界上用量最大的纺织纤维是(　　)。
   A. 化学纤维　　　B. 合成纤维　　　C. 棉纤维　　　　D. 羊毛维
10. "公定回潮率"是用于表示纤维(　　)的重要指标。
    A. 强度　　　　　B. 硬度　　　　　C. 吸水性　　　　D. 保暖性

三、多选题

1.和棉纤维相比,羊毛纤维的主要特点是( )。
   A.吸水性　　　B.缩绒性　　　C.抗拉性　　　D.耐腐蚀性　　　E.可塑性

2.下列纤维中属于人造纤维的是( )。
   A.腈纶　　　B.粘胶纤维　　　C.富强纤维　　　D.氨纶性　　　E.纤维素纤维

3.下列纤维中以蛋白质为主要成分的是( )。
   A.苎麻纤维　　　B.蚕丝　　　C.羊绒　　　D.长绒棉　　　E.合成纤维

4.服装的质量标准包括( )。
   A.号型标准　　　B.技术标准　　　C.使用说明标准　　　D.价格标准　　　E.款式标准

5.下列纤维中属于化学纤维的是( )。
   A.天蚕丝　　　B.亚麻纤维　　　C.人造纤维　　　D.合成纤维　　　E.无机纤维

6.服装的三要素是指( )。
   A.款式　　　B.面料　　　C.色彩　　　D.号型　　　E.标签

7.服装的号型标志表示该服装适合于( )的人群。
   A.身高相近　　　B.胸围相近　　　C.腰围相近　　　D.年龄相近　　　E.地域相近

8.服装的功能主要有( )。
   A.实用功能　　　B.美化功能　　　C.标识功能　　　D.保护功能　　　E.增值功能

四、填空题

1.根据来源,纺织纤维可以分为_____、_____、_____三类。

2.合成纤维的"七大纶"是指_____、_____、_____、_____、_____、_____、_____。

3.麻纤维中_____和_____是重要的纺织原料。

4.羊毛纤维最重要的特性是_____、_____。

5.服装的使用说明可以在_____上使用,也可以以_____挂在产品上。

五、判断题

1.人造纤维是一种化学纤维。　　　　　　　　　　　　　　　　　　　　　　　　(　)

2.化学纤维就是用化学方法合成的纤维。　　　　　　　　　　　　　　　　　　　(　)

3.被称为"人造羊毛"的合成纤维是腈纶。　　　　　　　　　　　　　　　　　　(　)

4.被称为"合成棉花"的合成纤维是维纶。　　　　　　　　　　　　　　　　　　(　)

5.植物纤维的主要成分是纤维素。　　　　　　　　　　　　　　　　　　　　　　(　)

6.动物纤维的主要成分是蛋白质。　　　　　　　　　　　　　　　　　　　　　　(　)

7. 羊毛纤维的最大特点是缩绒性和可塑性。　　　　　　　　　　　　（　）
8. 采用定重制度表示纱线的细度时，纤度越大，纱线就越细。　　　（　）
9. 采用定长制度表示纱线的细度时，纤度越小，纱线就越细。　　　（　）
10. 服装的"号"是指人体的身高，是设计和选购服装长短的依据。　（　）
11. 服装的"型"是指人体的胸围或腰围，是设计和选购服装胖瘦的依据。（　）
12. 人的体形可以分为 Y、A、B、C 四种类型。　　　　　　　　　　（　）

六、简答题

1. 某女士身高168厘米，三围为88/64/90，该如何帮助她选择合体的服装？

2. 如何用简单方法鉴别棉纤维、毛纤维和化纤制品？

3. 棉纤维具有良好保暖性能的原因是什么？

4. 服装的号型系列一般是如何规定的？

5. 测量自己的身高、三围，对照体型表确定自己的体型，为自己选择一套合适的服装。

6. 什么是纱？什么是线？纱线的细度是如何表示的？

第 10 章

日用工业品

教学目标

☞ **知识目标**

了解日用工业品的分类常识；

了解洗涤用品的分类，理解肥皂的主要成分及肥皂的去污原理，掌握表面活性剂的分类及其主要用途和质量要求；

了解化妆品的分类及其主要作用及质量要求；

了解皮革的基本常识和皮鞋的质量及保养方法；

了解塑料制品的分类，了解常见塑料的主要特征及用途。

能力目标

初步具备洗涤用品的养护能力；

初步具备识别真皮制品与人造革制品的能力；

初步具备正确、合理地选择使用常见塑料制品的能力。

素质目标

培养学生理论联系实际、学以致用的思想方法和科学的工作态度。

日用工业品又称为日用百货，是指供人们日常生活使用的工业产品。日用工业品种类繁多、性能各异、用途广泛，主要包括洗涤用品、化妆品、玻璃器皿、陶瓷制品、搪瓷制品、铝制容器、不锈钢制品、塑料制品、箱包、玩具等，在这里介绍洗涤用品、化妆品、皮革制品和塑料制品。

10.1 洗涤用品

洗涤用品是通过其水溶液来达到清洁、去污目的的日常生活用品,这类物品通常具有表面活性和胶束性(在水溶液中分子聚集而规则定向排列),主要品种有人体清洁用品、衣物洗涤用品、厨房洗涤用品、住宅洗涤用品等。

1. 肥皂

肥皂是高级脂肪酸或混合脂肪酸盐类的总称。一般由高级脂肪酸钠和添加剂组成。生产肥皂的主要原料是油脂和碱,辅助材料主要有香料、色料和填料等,常用的填料主要有水玻璃、滑石粉等。肥皂一般成块状,有一定的强度,其特点是溶解性好,去污力强,使用方便。

肥皂是高级脂肪酸的钠盐,它的分子可以分为两部分:一部分是带有极性的羧基,它易溶于水,具有很好的亲水性,但不溶于油,因而是憎油的,称为亲水基;另一部分是非极性的烃基,它不溶于水而溶于油,是亲油而憎水的,称为憎水基。

当肥皂进入水溶液时,在水面上,肥皂分子中亲水基部分倾向于进入水分子中,而憎水基部分则被排斥在水的外面,这样就形成了定向排列的肥皂分子。这层定向排列的高级脂肪酸盐分子,削弱了水表面上水分子之间的相互引力,强烈地降低了水的表面张力,因而是一种表面活性剂。当肥皂在水中的浓度较低时,肥皂分子以单分子形式存在,这些分子聚集在水的表面,即亲水基团进入水中,憎水基团被排斥在水的外面;与此同时,当水中肥皂的浓度逐渐增大到一定程度时,水溶液内部肥皂分子的憎水基之间开始彼此靠范德华力(一种分子间相互吸引力,力的大小随分子量的增大而增大)聚集在一起,而亲水的羧基包裹在外面与水相连,形成胶体大小的胶束,胶束的外部带有相同的电荷,同性电荷之间的斥力使得胶束稳定。当胶束达到临界浓度时,水的表面已被占满,水的表面张力降至最低。在遇到衣物表面的油污时,肥皂分子中憎水基部分就溶解进入油污内,而亲水基部分则伸在油污外面的水中,油污被肥皂分子包围形成稳定的乳浊液。由于水的表面张力得到降低,使得油污的油渍变得容易被湿润,并使得油渍与植物纤维逐渐松开,通过机械搓揉和水的冲刷,油渍等污物就脱离纤维分散成更小的乳浊液滴进入水中,随水漂洗而离去。这就是肥皂的洗涤原理。肥皂的优点是具有优良的洗涤作用,但由于肥皂遇到水中的钙离子和镁离子等容易结合生成不溶性的盐,会严重降低洗涤的效果,所以,肥皂不适合在硬度较大的水中使用。

常见肥皂的品种主要有洗衣皂、香皂、透明皂、药皂等。

洗衣皂:主要成分是高级脂肪酸钠,根据其中脂肪酸的含量分为42型、47型、53型、60型等,一般来说,脂肪酸含量越高,肥皂的碱性越小,对皮肤的刺激性就越小,也越耐用。

透明皂:脂肪酸含量大约为72%,通常采用纯净的浅色原料以保证成品皂的透明外观。采用牛羊油、漂白的棕榈油、椰子油做油脂原料,以多元醇如糖类、香茅醇、聚乙醇、丙醇或甘油或蔗糖做透明剂。透明皂具有耐用、碱性小、溶解度大、泡沫丰富等特点。

香皂:脂肪酸含量大于80%,皂基型(以Ⅰ表示)是指仅含脂肪酸钠、助剂的香皂;复合型(以Ⅱ表示)是指含脂肪酸钠和(或)其他表面活性剂、功能性添加剂、助剂的香皂。

药皂:是在香皂中加入中西药物而制成的块状硬皂,脂肪酸含量大约为72%,由于加入药物种类和量的多少不同,药皂对不同的皮肤病有不同的疗效。近几年国内也出现了不少新的药物香皂,如硫黄香皂、去痱特效药皂、中草药香皂、驱蚊香皂等。

肥皂的质量检验由外观质量检验、包装检验和理化指标检验三部分。

外观质量主要观察软硬适中程度,不发黏、不分离、不开裂,图案清晰,字迹清楚,形状端正,色泽均匀,无不良异味等。

包装检验主要检查箱体是否牢固,是否受挤压变形、破损以及有无水渍、印迹等。

肥皂理化检验的内容及指标包括总脂肪含量、标准重量、游离碱、脂肪酸凝固点、硅酸钠含量、泡沫、溶解度等。

肥皂的成分很不稳定,容易受气候及环境的影响而引起质量的变化;肥皂容易吸湿,受潮后会出现冒汗、部分糊烂,甚至引起酸败;高温和阳光的照射作用下,会产生皂体变软和酸败现象;在-50℃下,易冻结并使皂体发生裂纹或破裂,使用时会掉渣片;受压过大,容易变形,甚至成为废品而不能销售,所以肥皂应贮存于干燥通风的仓库内,避免受冻、受热、曝晒,堆放应离地面20厘米以上,以免受潮,纸箱堆垛最高不超过15箱,防止压坏底层纸箱,每垛间隔20厘米左右。肥皂运输时,必须轻装轻卸,有遮盖物,并防止受潮、受冻、曝晒。

2.合成洗涤剂

合成洗涤剂是以合成表面活性剂为主要成分,并添加其他助洗剂和辅助材料制成的洗涤用品。合成洗涤剂有良好的去垢性和耐硬水性,不受水温的影响(加酶的除外),用途广泛。

表面活性剂是一种能在低浓度下降低溶剂表面张力的物质。和肥皂分子相似,表面活性剂分子也有憎水的烃基和亲水的极性基团两部分组成,遇水后就具有湿润、渗透、分散、乳化、起泡等作用,能有效降低水与污垢界面之间的水的张力,使水容易湿润到固体的表面,并渗透到织物内部,不仅破坏了衣物和污垢之间的吸引力,而且破坏了污垢颗粒之间的吸引作用,使之容易与织物表面分离。

根据表面活性剂在水溶液中离解出来质点的电荷不同可以将表面活性剂分为四种:

阴离子型表面活性剂:这类表面活性剂在水溶液中离解出来的阴离子具有表面活性,它是洗涤剂中的大类,占总产量的65%~80%,用量最大、应用最广,主要用于制造洗衣粉,常见的有烷基磺酸钠、烷基苯磺酸钠、脂肪醇硫钠等,适合于碱性或中性溶液中洗涤,常用于洗涤棉、麻、化纤织品。

阳离子表面活性剂:这类表面活性剂在水中离解出的阳离子具有表面活性,主要有胺盐型、季胺盐型等,因其只有在酸性溶液中才能发挥作用,阳离子表面活性剂去污能力较差,目前,主要用于工业上杀菌、消毒、纺织柔软剂、抗静电剂、杀菌剂等,一般不作洗涤剂。

非离子表面活性剂:这类表面活性剂在水溶液中不会离解为带电的阴离子或阳离子,即在水中呈中性的分子状态或胶束状态。主要有脂肪醇聚氧乙烯醚、烷基酚聚氧乙烯醚等,它们的水溶液呈中性,可以在碱性、酸性以及金属盐类溶液中使用,广泛用于配制餐具洗涤剂、香波及浴液、硬表面清洗剂、液体洗涤剂等。

两性表面活性剂:两性表面活性剂兼有阴离子和阳离子基团,在酸性溶液中解离成阳离子;在碱性溶液中解离成阴离子;在中性溶液中为非离子,是一种性能全面的活性物质,所以既有阴离子表面活性剂的洗涤作用,又具有阳离子表面活性剂的对织物的柔软作用。它易溶于水,耐硬水,对皮肤刺激小,有较强的杀菌力和发泡力,适宜做泡沫清洗剂,多用于洗涤丝毛织物和洗发香波中。由于成本较高,限制了其使用。主要品种有甜菜碱类、咪唑啉类、氨基酸类等。

除了表面活性剂以外,洗涤剂中还加有助洗剂和辅助材料等能够产生协同效应的物质,常见的有聚磷酸盐硅酸钠(由于磷易造成水体富营养化,目前已被沸石等取代)、碳酸钠、硫酸钠、荧光增白剂、酶制剂等,它们都以不同的方式扩展了合成洗涤剂的功能。

合成洗涤剂的主要品种有:

(1)合成洗衣粉:合成洗衣粉是合成洗涤剂用品中的主要大类,其有效成分主要是阴离子表面活性剂,产品通常是空心粉状的,如果调整其中表面活性剂的配比以及加入特殊的助洗剂,就可以制成各种特点的洗衣粉,如丝毛洗衣粉、加酶洗衣粉、漂白洗衣粉、低泡洗衣粉、浓缩洗衣粉等。

(2)液体洗涤剂:液体洗涤剂在合成洗涤剂中是仅次于洗衣粉的第二大类洗涤剂,使用方便,溶解迅速,并适合节能时代的要求。

(3)浆状洗涤剂:以烷基苯磺酸钠为主体成分,加入各种助洗剂和适量的脂肪醇硫酸盐或非离子型活性物。浆状洗涤剂便于生产、洗涤性能良好,成品为稳定、均匀、黏稠的胶态分散体。

(4)餐具洗涤剂:餐具洗涤剂是厨房用洗涤剂中最重要的一类,在产、销量上仅少于衣用洗涤剂,有效成分主要是阳离子表面活性剂,近年来餐具洗涤剂的功能更趋于完善,洗涤、杀菌、消毒等功能集于一体。

合成洗涤剂的质量检验主要从三个方面进行。

包装检验。合成洗涤剂可采用塑料袋或硬纸盒包装,要求封口牢固整齐,印刷图案、文字清晰美观,不能褪色或脱色。具体要求是小包装箱不得松动或鼓盖,必须放平码齐;小包装箱上应有下列标志:产品名称、类别型号、商标图案、厂名厂址、性能及保管说明;大包装上应有产品名称及牌号、净重及内装小包装袋数、厂名厂址、装箱日期、箱体体积以及"防止受潮""轻放轻装"等标志。

外观检验。重点是色泽和气味,合成洗衣粉的色泽应为白色,不得混有深黄色或黑粉(若是添加了色料的洗衣粉色泽应均匀一致),合成洗衣粉的气味要求正常,无异味。洗衣粉的颗粒度应该均匀,空心粉状洗衣粉的表观密度(反映含水量)在 $0.42 \sim 0.75 \mathrm{g/ml}$ 左右;具有较好的流动性及不吸潮结块,无泛红、变臭现象。

理化指标。我国洗衣粉国家标准(GB/13171—1997)规定的洗衣粉属于弱碱性产品,适于洗涤棉、麻和化纤织物,按品种、性能规格分为含磷(HL)类和无磷(WL)类 2 类,每类又分为普通型(A 型)和浓缩型(B 型)。

10.2 化妆品

化妆品是以用涂敷、揉擦、喷洒等不同方式,涂加在人体皮肤、毛发、指甲、口唇和口腔等处,起清洁、保护、美化、促进身心愉快等作用的日用化学工业产品。

化妆品种类繁多,成分、性能和质量要求各不相同,常见的主要有护肤类化妆品、美容类化妆品、发用化妆品、香水类等类型。下面介绍常见的几种化妆品。

1.雪花膏

雪花膏属于护肤类化妆品,通常由硬脂酸、甘油、水、乳化剂组成,是一种半固体膏状化妆品,白似雪花,涂在皮肤上遇热融化,像雪花一样地消失,故得名雪花膏。

雪花膏能在皮肤上形成油型薄膜,防止皮肤干燥、皲裂,雪花膏可以作为基料加入粉质、药物、营养物质制成不同品种。通常雪花膏的配方见表 10—1。

表 10—1 雪花膏的配方

组分	配方(%)
硬脂酸	10~25
苛性钾(80%KOH)	1~3
甘油	10
香精	1
水	余量

2.润肤霜和蜜

润肤霜和蜜也属于护肤类化妆品,它们能恢复和维持皮肤的滋润、柔软和弹性,保持皮肤的健康和美观。润肤霜和蜜中的主要成分有水溶性物质和油溶性物质两大类。

水溶性物质有各种保湿剂,如甘油、山梨醇、丙二醇,水相增稠剂如维生素胶、海藻酸钠、膨润土等;另外,防腐剂和杀菌剂如六氯酚、对羟基苯甲酸酯也是水相中的一种组分。

油溶性物质主要有羊毛脂、蜂蜡、月桂醇、磷脂、多元醇酯、硅酮油、各种动植物油脂等,这些物质都是有效的封闭剂,敷在皮肤上能阻滞水分挥发,同时对皮肤表层起柔软、增塑作用。油溶性物质中有些成分与皮肤相似,可以渗透到皮肤内被组织细胞吸收,改善皮肤的生理机能。营养霜中常常还含有一些活性物质,如水解蛋白、人参浸出液、珍珠粉水解液、水溶性维生素及各种酶制剂等,对皮肤有一定的营养作用。当水相和油相两相的比例和组分决定之后,就可进行乳化剂的选择,乳化剂可用阴离子型、非离子型或阳离子型表面活性剂,经过乳化后,原本不相溶的水相和油相就成为均一的乳化体,这就是我们在市场上见到的成品润肤霜和蜜。

3. 香粉类

香粉是美容类化妆品,其主要作用是遮盖、吸收、附着、滑爽等,常用于面部,能够改变脸部皮肤,遮掩褐斑、雀斑及皮肤上的其他缺陷,减少皮肤分泌的油分,使皮肤具有光滑、细腻的感觉。香粉可制成粉状、饼状、膏状、乳液状等各种形态的商品。香粉的成分一般有滑石粉、高岭土、氧化锌、钛白粉、碳酸钙、碳酸镁、硬脂酸锌、硬脂酸镁、淀粉、香粉、色素和树脂粉末等,香粉饼、香粉密、香粉膏都是以香粉为基础制成的。

香粉类化妆品的质量要求是香味芬芳、无异味、无刺激性、粉质细腻、无粗粒、无硬块,涂于面部附着力强、覆盖面积大、色泽纯正,敷用后无不舒适的感觉。

4. 胭脂、唇膏、眼影、指甲油

胭脂、唇膏、眼影、指甲油都属于美容类化妆品,胭脂的主要作用是能使面部红润美观。常制成饼状、膏状和条状等,主要成分是滑石粉、高岭土、氧化锌、硬脂酸锌、淀粉、色素、香粉等,配色加入黏合剂经压制而成。好的胭脂色泽鲜明,质地细柔、滑爽,易于擦抹,不易碎裂,并有一定的附着力和遮盖力。

唇膏又称口红。主要作用是美容和保护口唇不开裂,使口唇光润。唇膏的颜色有深红、紫红、鲜红、玫瑰红、橘红、白色和变色玫瑰等。它们的主要成分是油脂、蜡类和色素。质量要求是色泽均匀持久,涂用后,不易脱落,软硬适度,常温下不变形,不发汗、干裂;使用时滑爽而无黏滞感,对皮肤无刺激性,香味宜人。

眼影是一种眼部化妆品。有蓝、绿、褐、灰等色,可制成流体、膏体或块状。少量搽在上下眼皮处,能造成阴影,赋予立体感,突出眼部的美。主要成分是白油、凡士林、卡拿巴蜡、无机颜料、二氧化钛等。

指甲油的主要成分是成膜剂(乙酸纤维素、硝酸纤维素等)、树脂、增塑剂、溶剂、色素和抗沉淀剂等。质量要求是涂抹容易、快干、有适当的黏度,不易脱落,成膜均匀,色调一致,干燥后的薄膜有模糊感或气孔,富有光泽;此外,还应对指甲无害,易被除去剂除去。指甲油的许多成分是易燃有机物,使用和保管时严禁接触火源。

5. 洗发香波与护发素

洗发香波是一种常见的发用化妆品,其有效成分通常为两性表面活性剂。按洗发香波适用的发质不同可分为通用型、干性头发用、油性头发用和中性洗发香波等产品;按产品形态分类,可分为液体、膏状、粉状、块状、胶冻状香波及气雾剂型产品;按功效分,有调理香波、普通香波、药用香波、婴幼儿香波、抗头屑香波、烫发香波、染发香波等。

护发素多属于水包油型乳化体,是一种亲油性护发用品,可避免头发枯燥和断裂,使洗后的头发柔软、保持自然光泽。护发素一般由抗静电剂、柔软剂和各种护发剂配制而成。主要由阳离子表面活性剂、油性物质和水组成,考虑到护发素的多效性,常常需要加入水解蛋白、维生素 E、杏仁油，及其他中草药、动植物提取物等，制成具有多种功效的护发素。

6.香水类

香水类化妆品都是将香精溶解在酒精中制成的，其质量的高低主要由香精的品质决定。香精一般都是选用几种至几十种天然和合成香料，按香型、用途和价格等要求配制成的混合体。

香水类化妆品的代表是香水。香水所用香料比较名贵，往往采用天然的植物油，如茉莉精油、玫瑰精油等，或以天然的动物性香料如麝香、灵猫香、龙涎香等配制而成。香水总的要求是香气幽雅、细致而协调，既要有好的扩散性，使香气四溢，又要在肌肤或织物上有一定的留香能力，香味要对人有吸引力，格调新颖，富有感情，能引发人们的好感与喜爱。

7.防晒化妆品

防晒化妆品的作用是防止皮肤晒伤。从防晒机理来讲，防晒化妆品可归纳为两类：一类是含有能够分散入射到皮肤上紫外线的物质，如钛白粉、氧化锌、高岭土、碳酸钙、滑石粉等；另一类是含有对紫外线有吸收作用的物质，如水杨酸薄荷酯、苯甲酸薄荷酯、水杨酸酯、对氨基苯甲酸乙酯等。

防晒化妆品的防晒效果用防晒系数 SPF 值表示。所谓防晒系数就是指在涂有防晒剂防护的皮肤上产生最小红斑所需要的能量与未加防护的皮肤上产生相同程度红斑所需要的能量之比。防晒系数 SPF 值的高低从客观上反映了防晒产品对紫外线防护能力的大小。

美国 FDA 在 1993 年规定：最低防晒品的 SPF 值为 2～6，中等防晒品的 SPF 值为 6～8，高度防晒产品的 SPF 为 8～12，SPF 值为 12～20 的产品为高强防晒产品，超高强防晒产品的 SPF 值为 20～30。皮肤专家认为，一般情况下，使用 SPF 值为 15 的防晒制品已经够了，最高不要超过 30。

化妆品的质量检验包括包装与感观检验、理化及微生物检验两个方面。

化妆品的包装应整洁、美观、封口严密，不能泄漏；商标、装饰图案、文字说明等应清晰、美观、色泽鲜艳、配色协调。使用说明要标准、规范，应包括产品的组成成分、使用方法、安全保养、贮存条件、生产日期、保质期、生产号等，特殊用途化妆品还必须有特殊用途化妆品的卫生批准文号；进口化妆品的包装应使用规范的汉字标注，并应标明进口化妆品卫生许可证批准文号及国内代理商名称。

化妆品的品质要求因类型不同而各有侧重，无色固状、粉状、膏状、乳状的化妆品应洁白有光泽，液状应清澈透明；有色化妆品应色泽均匀一致，无杂色；固状化妆品应软硬适宜、粉状化妆品应粉质细腻，无粗粉和硬块；膏状、乳状化妆品应稠度适当，质地细腻，不得有发稀、结块、剧烈干缩和分离出水等现象；液状化妆品应清澈、均匀、无颗粒等杂质；化妆品必须具有幽雅芬芳的香气，香味可根据不同的化妆品呈现不同的香型，但必须优厚持久，没有强烈的刺激性。

化妆品理化性质检验主要包括耐温性、干缩度、所用原料的限度、化学有毒物质（如重金属）含量等，微生物检验主要是细菌菌落总数和安全性试验。

选用化妆品应根据各自皮肤、发质选用;不同季节、不同时间应选用不同化妆品;药疗类化妆品应根据说明书谨慎选用;新品牌在使用前应进行试用。

10.3 皮革与皮鞋

皮革是经脱毛和鞣制等物理、化学方法加工所得到的已经变性、不易腐烂的动物皮,是毛皮和革的总称,一般把革制成的产品称为皮革制品,把毛皮制成的产品称为裘皮制品。

制革原料皮常用的有牛皮、羊皮(山羊皮和绵羊皮)、猪皮、马皮(骡皮、驴皮)、兽皮(鹿皮、麂皮、袋鼠皮)、海兽皮(海豹皮、海猪皮、鲨鱼皮、鲸皮、海豚皮)、爬行动物皮(蛇皮、鳄鱼皮)、驼鸟皮等,有些皮虽然数量不多,但很有发展前途。

1.皮革

牛皮革:是以牛皮为原料制成的皮革。牛皮的皮层厚薄均匀、粒面光滑细致,纤维束粗壮,组织紧密,坚韧结实。黄牛皮是质量最好的一类,主要用作鞋面革,也用于制作鞋底革、箱、包、服装、沙发、乐器等。牛皮的粒面特征是毛孔细圆而直,分布均匀又紧密,毛孔陷入不深;粒面丰满、细致、坚实,手感硬而有弹性,皮面光滑平坦。

羊皮革:绵羊皮的特征是表皮薄,毛囊、皮脂腺、汗腺多,所以制成的革特别松软,延伸性大,手感像丝绒,因为纤维束较细,编织疏松,因此制成的皮革强度较小,有较高的透水性和透气性,皮面较细致光滑,常用来制作服装、手套、帽子等。山羊皮与绵羊皮不同,毛囊、皮脂腺、汗腺等均比绵羊皮少,纤维组织紧密,纤维束粗壮,所以制成的革比绵羊皮饱满坚实,强度比绵羊皮稍大。皮面紧密有光泽,是一种高级原料皮。山羊皮的粒面特征是毛孔细小呈扁圆形,排列均匀如鱼鳞状。山羊皮较薄,厚度为 0.4～0.6mm,强度不太高,皮纤维组织紧密,皮质柔软,延伸性大、弹性足,透气性好,能染成鲜艳的颜色,且不易褪色。

猪皮革:猪皮皮层结构上下一致,不像牛皮那样容易松面脱层,由于皮纤维紧密坚韧,纤维束粗壮,所以耐磨强度好,比牛皮耐折,不容易断裂,制成的鞋底更耐磨。由于猪皮的毛孔较大,毛囊穿透皮层,所以具有良好的透气性,穿着舒适。不足的是表面粗糙,皮质略为粗硬,弹性较小,易变形;毛针穿透皮层,防水性差,吸水后易膨胀变形。但这些缺点通过采取适当的加工方法予以改变后,猪皮同样可以制成美观、耐用的皮革,如猪皮细纹革、猪皮打光革、猪皮丝光面革等品种,都是经过改进的猪皮革制品。猪皮革的粒面特征是毛孔稀少,毛孔深而粗大,三个毛孔为一组,呈品字形排列,革面粗糙,且凹凸不平,很容易辨认。

马皮革:马皮革表面也很光滑细致,与牛皮鞋差不多,但马皮的毛孔呈椭圆形,比黄牛皮的毛孔略大,并斜插于革内,这些毛孔有规律地排列着,构成了山脉形状。马皮革不如牛皮丰满美观,厚度和牢度都不如牛皮,但透气性和吸湿性比较好,穿着时不会感到闷气不适。

绒面革:绒面革是用机械设备将皮革表面起绒后再染上颜色而制得的。皮革制成绒面革的原因主要有三个:一是因为皮革本身比较粗糙或斑疤过多;二是为了提高皮革的利用率,把较厚的皮劈成二张或三张,制成绒面革;三是因为成品品种的需要。绒面麂皮革是绒面皮革中最好的一种,这种麂皮因皮面粗糙,斑疤很多,所以不适宜制作正面革,制成的绒面皮厚度为 0.5～1.2mm,纤维组织细密柔软,弹性、强度、韧性、耐磨性能都比山羊皮好,绒面细腻而整洁,适用于制造各种皮鞋,在女鞋和童鞋中用得比较多。

总之,皮革都具有良好的耐热性和耐寒性,较高的机械强度,良好的保温性、透气性、透湿性和卫生性和很好的着色能力。

2. 人造革

人造革是一种外观、手感与皮革相似,并可代替皮革使用的塑料制品。人造革通常是在织物上涂覆合成树脂及塑料添加剂制成的,主要产品有 PVC 人造革、PU 人造革和复合人造革三类。在我国,人们习惯将由聚氯乙烯树脂为原料生产而成的人造革称为 PVC 人造革(简称人造革);用聚氨酯树脂为原料生产的人造革称为 PU 人造革(简称 PU 革)。

PVC 革是在织物上涂覆 PVC 树脂、增塑剂、稳定剂等助剂后,再经一定的工艺加工制成的。PVC 革制品具有强度高,容易加工,成本低廉,质轻、耐磨、价廉等优点;缺点是透气性差,低温时柔软性和手感较差,而且易因为变硬而导致屈挠性差,易产生龟裂,耐滑性、耐油性、耐高温性差。普通的 PVC 人造革一般用来制造鞋底、包头、后跟加固、箱包、沙发外套等。当 PVC 采用高发泡率的材料涂覆后,外表很像绒面,称为人造麂皮革。这种人造麂皮革有华美感和麂皮的效果,可用来制造箱包、旅游鞋、健身鞋的装饰及室内装饰等,可用于代替价格较贵的静电植绒革。在 PVC 人造革上涂一层黏合剂后,再利用静电植绒工艺植上绒毛状短纤维,经干燥固化形成牢固的绒面,称为霸王革,这是一种新型的 PVC 绒面革,其手感柔软、富有弹性、防潮、防震、隔音、保温、耐磨、耐洗涤,适用于制鞋、制箱包及装饰用。

PU 革,即聚氨酯人造革,是由二元醇或多元醇与二元或多元异氰酸酯经化学反应而形成的产品。PU 革的加工工艺分为干法和湿法两种。

干法制成的 PU 人造革具有质轻、耐磨、不滑、耐寒、穿着舒适、耐油、耐化学药品、防震绝缘等很多优点,是 PVC 人造革不可比拟的,适宜制作靴鞋、提包和外衣。

湿法制成的人造革比干法制成的革透水透气性好、耐寒、耐屈挠、耐老化,又具有天然革的丰满、柔软和弹性,具有很高的剥离强度,阻燃性好,唯一的缺点就是价格较贵。适宜作夹克装、风雨衣、防寒手套、羽绒服、鞋料、家具、沙发坐垫和内装饰等。

复合人造革。将 PVC 树脂与 PU 树脂互配,或 PVC、PU 树脂分别与其他材料互配进行改性,能够制成复合人造革,如 RM—PVC 人造革,具有外观好,手感柔软舒适,冬季不硬不脆,具有良好的耐寒性和耐老化性。用丁腈橡胶改性的 PVC 鞋用材料具有较好的弹性,有类似橡胶的柔软性和舒适性,防滑、耐磨、耐低温屈挠等。用部分 PVC 代替 PU 制成的 PU—PVC 复合人造革,其表面性能优于 PVC 人造革,接近 PU 人造革;具有表面滑爽,耐酸、碱及其他溶剂,外观接近天然革,且成本低,加工方便,机械性能、耐老化性能、耐寒性能均满足技术要求,广泛地用来制造沙发、鞋、箱包等。

另外，还有一些根据特殊需要制成的具有特殊功能的人造革，除具有天然革的优点外，还具备动态防水、防治脚气病、防治霉菌及其感染的功能，同时还释放出芳香气味，是一种卫生性能良好的人造革。

[介绍一个鉴别真假皮革的小常识]

"真皮"在皮革制品市场上是常见的字样，是人们为区别人造革而对天然皮革的一种习惯叫法，在消费者的观念中，"真皮"也具有非假的含意。实际上，真皮就是皮革，它主要由动物皮加工而成。真皮种类繁多，品种多样，结构不同，品质各异，价格千差万别。因此，真皮既是所有天然皮革的统称，也是商品市场上一个含糊的标识。

天然皮革按其种类来分主要有猪皮革、牛皮革、羊皮革、马皮革、驴皮革和袋鼠皮革等，另有少量的鱼皮革、爬行类动物皮革、两栖类动物皮革、驼鸟皮革等。其中，牛皮革又分黄牛皮革、水牛皮革；羊皮革分为绵羊皮革和山羊皮革。按其层次分，有头层革和二层革，其中，头层革有全粒面革和修面革；二层革又有猪二层革和牛二层革等。在主要的几类皮革中，黄牛皮革和绵羊皮革的表面平细，毛眼小，内在结构细密紧实，革身具有较好的丰满和弹性感，物理性能好。因此，优等黄牛革和绵羊革一般用作高档制品的皮料，其价格较高。

在诸多的皮革品种中，全粒面革应居榜首，因为它是由伤残较少的上等原料皮加工而成的，革面上保留完好的天然状态，涂层薄，能展现出动物皮自然的花纹美，它不仅耐磨，而且具有良好的透气性。

修面革：是利用磨革机将革表面轻磨后进行涂饰，再压上相应的花纹而制成的。实际上是对带有伤残或粗糙的天然革面进行了"整容"。此种革几乎失掉了原有的表面状态，涂饰层较厚，耐磨性和透气性均不如全粒面革。

二层革：是厚皮用片皮机剖层而得，头层用来做全粒面革或修面革，二层经过涂饰或贴膜等系列工序制成二层革，它的牢度、耐磨性较差，是同类皮革中最廉价的一种。然而，不同种类的皮革在外观上和内在结构上有相似之处，如马皮革与牛皮革、黄牛皮革与牦牛皮革、驴皮革与羊皮革、袋鼠皮革与小牛皮革等。随着皮革加工技术的提高，革经过整饰和仿制压花，可使其面目全非，原有的某些特征被遮盖，再经过剪裁分割和精巧缝制，用肉眼几乎难以辨认究竟属于哪种皮革。因此，真皮后面的假货便得到天赐良机，为追求利润，极个别厂家利用不同皮革外观上的相似处，在制作中偷梁换柱或采用搭配办法，如以马皮充牛皮，以牦牛皮充黄牛皮，以驴皮充羊皮……在商家，也常见皮革制品上挂着"真皮"或"牛皮"的标识，个别销售人员为推销自己的商品，不做翔实介绍，导致顾客误选误购。所以，皮革虽然家喻户晓、人人皆知，但是对大多数人来说仍缺乏辨别的相关知识。

以上介绍的方法比较专业，非专业人士较难掌握，下面的辨别方法普通人较易掌握。

(1)手感：用手触摸皮革表面，如有滑爽、柔软、丰满、富有弹性感觉的是真皮；而一般人造革面会发涩，感觉死板，柔软性差。

(2)眼观：观察真皮革面都有较清晰的毛孔、花纹。黄牛皮有较匀称的细毛孔，牦牛皮有较粗而稀疏的毛孔,山羊皮有鱼鳞状的毛孔,猪皮有三角粗毛孔,而人造革,尽管也仿制了毛孔,但其分布十分均匀,而且其边界也不清晰。

(3)嗅味:凡是真皮革都有皮革特有的气味;而人造革则具有刺激性较强的塑料气味。

(4)燃烧:从真皮革和人造革背面撕下一点纤维,点燃后,凡发出刺激性的气味,灰烬结成硬块的是人造革;凡发出烧毛发臭味,灰烬不结硬疙瘩的是真皮。

将上述方法结合起来使用,就能够比较快速、准确地鉴别真假皮革。

3. 皮鞋

皮鞋是指以天然皮革为鞋面,以皮革或橡胶、塑料、PU发泡、PVC等为鞋底,经缝绱、胶粘或注塑等工艺加工成型的鞋类。皮鞋具有透气、吸湿和良好的卫生性能,是各类鞋靴中品位最高的鞋。

皮鞋由鞋帮与鞋底两部分组成的。鞋帮一般包括包头、中帮和后帮三部分,包头与中帮又可合称为前帮。皮鞋鞋帮的变化最多,各种式样皮鞋的区别主要在于鞋帮结构的变化,如图10-1所示。

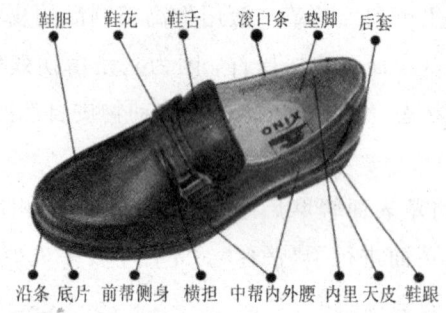

图10-1 皮鞋的结构

包头能保护脚趾不受外物的碰撞,是皮鞋最显露的部分。为了使皮鞋美观耐用,包头应选用表面平整无伤残、色泽均匀、结构紧密的面革。包头的内层垫有一层较硬的内包头,使鞋头保持固定形状,内包头是用硬革裁切成的。内包头的里层垫有柔软的衬革或衬布,以免硬革与脚趾摩擦。

中帮包覆着脚跖周围,要受到体重的撑压和反复的伸屈,是鞋帮上承受外力作用最大的部分。中帮所用的革料应是鞋帮上最好的革料,既要柔软密致,又要具有良好的机械性能。因此,应从面革中心部位选料,不可带有伤残。

后帮是由内外侧两块革片缝合的,其作用主要是端正地托住脚后根,后帮并不承受很大的重力,穿着皮鞋时,这部分也不甚显露(内侧后帮更不显露),裁切后帮应使用面革质量较次的部位,厚度亦可低于前帮。后帮里层沿脚后跟两侧垫有用硬革切制的主跟,以保护托住脚后跟,并保持后帮的形态。最里层是后帮里子,这部分要承受经常的摩擦,须使用较致密的鞋里革。缝结两块后帮的革条称为保险皮,保险皮须受较大的张力,革料质量应高于后帮。

鞋眼部位的下层垫有柔软的革片——鞋舌,用以垫隔鞋眼和鞋带对脚背的摩擦和硬压,可使用面革松软的部位。

皮鞋的检验通常采用感官检验法,将皮鞋放在手中,凭眼看、手摸,结合量具进行比较检验。这种检验方法主要凭检验人员的实际经验,因此带有一定的主观性。但从制鞋工业的现有水平来看,感官检验仍然是皮鞋检验的主要方法。检验时要求室内光线充足,但应避免阳光直照,视距一般为500mm左右。感官检验应关注的内容很多,以皮鞋面革的检验为例,目前伪劣皮鞋中有许多是用低级皮革冒充高级皮革,因此,应重视皮鞋面革的鉴别,鉴别时应依据各类皮革的特征进行鉴别。

优质天然皮革鞋面革表面光滑细致,厚度、颜色比较均匀,不脱色,涂饰层牢固、不松面、不裂浆。当用手压表面时,革面上仅出现细微的放射状皱纹,手松开后即刻恢复平整,并有弹性感。反之,劣质天然皮革鞋面表面在按压后会出现杂乱粗细不匀的皱纹,手松开后不能恢复平整。

皮鞋在保管过程中,主要是防止皮鞋成分、性能的变化和外观的损伤。皮革含有一定量的油脂和水分,贮存期过长或保管不当,油脂和水会逐渐挥发,皮鞋就会因干缩发硬而逐步变质。所以,皮鞋的保质期一般应以1年为限。皮鞋在保管过程中应注意以下几个方面:

防潮湿:皮革的含水量在14%~18%,在正常温湿度条件下能保持平衡,当湿度增高时皮革将吸收水分,但当水分过大时就容易生霉,不仅表面产生难以消除的霉斑,革质强度也会降低;鞋上的一些金属配件也会生锈。因此,保管皮鞋首先就要注意防潮,存放和陈列的地方要干燥通风,避免阳光直射,离开地面和砖墙远些。为防止产生霉斑,黄梅季节可以涂些防霉药水。

防热:皮革除含有一定量的水分外还含有一定量的油脂,以保持其柔软和光泽。若保管环境温度过高,皮革水分蒸发,面革纤维干枯发脆,可能出现裂面和变形现象;若积热不散,又将引起油脂的分解变质,降低皮革的强度和柔韧性,同时,也易于引起橡胶和塑料配件的老化。所以,保管和陈列的皮鞋不应受日光照射,不应靠近炉火、暖气管等。

防酸碱:皮革接触到带有酸碱性的物质时,会由于腐蚀作用而使皮面裂纹、折断,降低韧性和弹力。因此,皮鞋不能和肥皂、碱面、化工原料以及一些副食品等放在一起。

防虫蛀鼠咬:皮革本身含有动物蛋白质纤维和油脂成分,同时皮鞋里面帮内一般是用糯米浆粘贴的,因此,很容易被虫蛀或鼠咬,尤其是皮毛里的棉皮鞋更易受害。所以,保管皮鞋必须注意防虫防鼠。

防尘及其他污染:尘埃落附在鞋面能吸去表面层的油脂,使革面粗糙和僵硬,当油脂含量降低后,皮鞋表面易吸潮而发霉。同时灰尘里含有大量的霉菌孢子,也会有作为营养源的碳和氮。所以,保管时必须保持皮鞋的洁净。

防挤压:皮鞋不可挤压,以免鞋帮塌陷而变形走样,鞋帮不能受硬物摩擦,应用软纸包裹,并用纸盒盛装。

存放皮鞋的库房要求阴凉、干燥和严密,库内温度以不超过 30℃ 为宜,相对湿度宜保持在 50%~80%;为了防止发霉,可在皮鞋表面喷刷防霉剂,为防止生虫应加放樟脑。

雨水较多的季节,空气湿度大,温度高,皮鞋最易发霉。初期出现绒毛很短的白色斑点,这是轻霉;发展下去变成淡绿色的霉花,最后是黄绿色的绒毛布满鞋身,这已成重霉。这时,如果再不处理,这些绒毛就又转变成黑色霉点,皮革的纤维组织渐渐腐烂,皮鞋的质量就要受到影响,这就是霉变。霉菌的繁殖发展是极快的,三五天内就可由轻霉变成重霉。因此,如果发现皮鞋有发霉现象,无论是轻霉或重霉,都应该立刻处理。处理的方法比较简单,把发霉的皮鞋放在干燥通风的地方吹干(或在日光下短时间照晒一下)然后用鞋刷或毛巾等把霉花擦刷干净,擦上一些鞋油再保管好,这对质量和美观并无太大的影响。如果金属部件生锈,可用煤油擦洗干净,再用软布擦干,涂上一些凡士林等油质即可。

10.4 塑料制品

1.塑料的特点

塑料(Plastic),全称合成塑料,是一类在常温下能保持固定形状,高温时能够塑造成型的高分子材料。它与合成橡胶、合成纤维共同构成了当今日常生活不可缺少的三大合成材料。塑料的主要成分为合成树脂,加有填料、增塑剂、稳定剂、润滑剂、色料等添加剂。

与其他材料相比较,塑料的性能特点是显而易见的。

(1)重量轻:塑料是较轻的材料,相对密度分布在 0.90~2.2。

(2)优良的化学稳定性:绝大多数的塑料对酸、碱等化学物质都具有良好的抗腐蚀能力。特别是俗称为塑料王的聚四氟乙烯(F4),它的化学稳定性甚至胜过黄金,放在"王水"中煮十几个小时也不会变质。由于 F4 具有优异的化学稳定性,是理想的抗腐蚀材料,可以作为输送腐蚀性和黏性液体管道的材料、制作海底电缆的保护层等。

(3)优异的电绝缘性能:普通塑料都是电的不良导体,其表面电阻、体积电阻都很大,击穿电压高,介质损耗角正切值很小。因此,塑料在电子工业和机械工业上有广泛的应用,如制作电线电缆的绝缘层等。

(4)导热性差,具有消声减震的作用:一般来讲,塑料的导热性是比较低的,只相当于钢的几百分之一;泡沫塑料的微孔中含有气体,其隔热、隔音、防震性更好。例如,聚氯乙烯(PVC)的导热系数仅为钢材的 1/357,铝材的 1/1250。在隔热能力上,单层玻璃塑窗比铝窗高 40%,双层玻璃比铝窗高 50%。将塑料窗体与中空玻璃结合起来后,在住宅、写字楼、病房、宾馆中使用,冬天节省暖气、夏季节约空调开支,优势十分明显。

(5)机械强度分布广和较高的比强度:有的塑料坚硬如石头、钢材,有的柔软如纸张、皮革;从塑料的硬度、抗张强度、延伸率和抗冲击强度等力学性能来看,塑料的机械强度分布范围很广,使用时有很大的选择余地。另外,塑料的比重小、强度大,具有较高的比强度。

当然，与其他材料相比，塑料也存在明显的缺点，如容易燃烧，刚度不如金属高、耐老化性差、不耐热等。

塑料的发展方向可概括为两个方面：一是高性能，即以各种方法对现有品种进行改性，使其综合性能得到提高；二是高功能，即发展具有光、电、磁等物理功能的高分子材料，使塑料能够具有光电效应、热电效应、压电效应等。

2. 塑料的分类

目前，工业生产的塑料已有几百种，其中常用的也有60多种，常见的分类方法有：

(1) 按塑料受热后的性能表现分为热固性塑料和热塑性塑料两类

热固性塑料的特点是在一定的温度下，经过一定时间的加热或加入固化剂发生化学反应后固化成型。固化后的塑料，质地坚硬，而且不溶于任何溶剂，也不能用加热的方法使其再次软化。热固性塑料的树脂多为缩聚反应而成，常见的有胶木、电玉、装饰板及不饱和聚酯塑料等。

热塑性塑料的特点是受热软化成为黏流态物质，冷却后则凝结成固体，加工过程中一般只发生状态变化而其化学性质保持不变。热塑性塑料的树脂多为加聚反应生成的，常见的有聚乙烯塑料、聚丙烯塑料、聚苯乙烯塑料、聚氯乙烯塑料等。

(2) 按塑料的应用范围分为通用塑料和工程塑料两类

通用塑料主要是指产量大、用途广、价格低的一类塑料，它们占塑料总产量的80%左右。主要品种有聚乙烯、聚氯乙烯、聚丙烯、聚苯乙烯、酚醛和氨基塑料等。

工程塑料一般是指能在工程技术中作为结构材料使用的塑料。该类塑料显著的特征是机械强度高、耐化学腐蚀和耐高温性能强，可代替金属或用于其他特殊的用途。主要品种有聚酰胺、聚碳酸酯、聚甲醛、聚砜、ABS(丙烯腈—丁二烯—苯乙烯塑料共聚物)、聚苯醚、氟塑料等。

3. 常见的塑料品种

(1) 聚乙烯塑料(PE)

聚乙烯塑料是乙烯单体的聚合物。生产聚乙烯的原料是石油、焦炉气或酒精产生的乙烯单体，工业生产乙烯的方法一般由乙醇脱水、乙炔催化加氢或高温裂解。聚乙烯的商品名称为乙塑，英文缩写为PE。聚乙烯分子是线型结构，从理论上来讲没有支链，容易产生结晶。通常聚乙烯大分子是由晶区和处于高弹态的无定形区交错构成；晶区赋予聚乙烯塑料较高的硬度、强度、化学稳定性等；无定型区赋予聚乙烯塑料较高的柔软性、韧性、透明度等。实际上，聚乙烯大分子不是绝对没有支链的，其结晶度不同，密度也不同，物理机械性能也有差异。根据聚乙烯材料的密度大小不同，可以分为低密度聚乙烯(HDPE)、中密度聚乙烯(MDPE)和高密度聚乙烯(HDPE)。

低密度聚乙烯(LDPE)：又称"高压软塑料"。它是由乙烯单体用氧、有机过氧化物或偶氮化合物作为引发剂，在1200~2000大气压、温度为100~300℃的条件下进行聚合而成。密度在0.915~0.940g/cm³，LDPE的平均分子量一般在5万以下，产品呈乳白色颗粒，无毒、无味、无臭。主要用途是作薄膜产品，还用于注塑制品、医疗器具、药品和食品包装材料，如家用食品保鲜膜、保鲜袋等，还用于制作吹塑中空成型制品。

中密度聚乙烯（MDPE）：在30～70大气压、温度为100～250℃的条件下，用氧化铬或氧化钼作催化剂合成中密度聚乙烯。MDPE的相对密度为0.926～0.953g/cm³，结晶度为70%－80%，平均分子量约为20万，产品用于高速成型各种瓶类、高速自动包装薄膜、各种注塑制品、旋转成型品、电线电缆包覆层、防水材料、水管、燃气管等。

高密度聚乙烯（HDPE）：白色粉末或颗粒状产品，无毒、无味，结晶度为80%～90%，软化点为125～135℃，使用温度可达100℃；硬度、拉伸强度和蠕变性优于低密度聚乙烯；耐磨性、电绝缘性、韧性及耐寒性较好；化学稳定性好，在室温条件下，不溶于任何有机溶剂，耐酸、碱和各种盐类的腐蚀；薄膜对水蒸气和空气的渗透性小，吸水性低；耐老化性能差，耐环境应力开裂性不如低密度聚乙烯，在受力情况下热变形温度较低，应用时要注意。HDPE是在10个大气压和60～80℃的条件下，用烷基铝和四氯化钛催化剂聚合而成的，分子量范围是40000－30000。高密度聚乙烯树脂可采用注射、挤出、吹塑和旋转成型等方法成型塑料制品。采用注射成型可成型出各种类型的容器、工业配件、医用品、玩具、壳体、瓶塞和护罩等制品。采用吹塑成型可成型各种中空容器、超薄型薄膜等。采用挤出成型可成型管材、拉伸条带、捆扎带、单丝、电线和电缆护套等。

聚乙烯为乳白色腊状半透明体材料，比水轻、无嗅无味无毒；HDPE柔软、LDPE刚硬；透气性随密度的增大而减小，对N_2、O_2、CO_2的透气性与其他薄膜相比，HDPE较大，但相对地对水蒸气的透气性却很小；PE耐低温性能是通用塑料中最好的，脆裂温度为－70℃，但不耐高温；HDPE的强度、硬度较好，但冲击强度、弹性较差、透明度低；而LDPE则相反。PE常温下能耐一般酸、碱、盐，但不耐浓的H_2SO_4、HNO_3，在60℃以下能耐绝大多数有机溶剂，在脂肪烃、芳香烃和氯代烃中溶胀。PE在空气中O_2的作用下缓慢降解；受热、紫外线、高能辐射的作用，降解加速；介电常数小、黏结、印刷、着色性差；易燃，离火后继续燃烧，并放出与石蜡燃烧时相同的气味；燃烧时，火焰尖部呈黄色，底部呈蓝色，烟少；燃烧时边熔、边燃、边滴落。

（2）聚丙烯塑料（PP）

聚丙烯塑料是由丙烯在甲基铝和三氯化钛催化剂的作用下，在20个大气压和50℃的条件下，以汽油为溶剂进行聚合而制得的。它的商品名称叫"丙塑"，英文缩写为PP。

未着色时PP为乳白色半透明体，质软；相对密度小于水，能浮于水平面上；沸水中软化不显著，不变型，软化温度110℃；手摸润滑，但无油腻感，质地挺硬有韧性。取条样拉伸时，发生脆性断裂。易燃，离火后可继续燃烧，有特殊气味逸出；火焰尖部呈黄色，烟少，边燃烧、边熔化、边滴落。

聚丙烯属于线型大分子，但聚丙烯的甲基侧链有三种不同的排列方式，使其具有较高的结晶度。由于甲基侧链的影响，使聚丙烯与聚乙烯塑料的性质有所区别，主要表现在以下几个方面：

化学稳定性比聚乙烯好：除发烟硝酸和发烟硫酸以外，耐化学腐蚀性很好，实验室中80％的硫酸和浓盐酸在100℃时仍不能破坏聚丙烯。

耐热性突出：可在100～120℃的条件下长期使用；但低温时抗冲击强度急剧降低，0℃时的抗冲击强度是20℃时的一半。

透气性和透水性低于聚乙烯。

刚性、拉伸强度比聚乙烯好。

定向拉伸：拉伸方向强度提高，抗弯曲性好，柔韧性增大，对折弯曲100万次，被弯处不变白。

耐老化性较聚乙烯差：聚丙烯长链有甲基叔碳原子不稳定，使用中严防与铜长期接触产生"铜害"。

聚丙烯主要用途可用作工程塑料，适用于制作电视机、收音机外壳、电器绝缘材料、防腐管道、板材、贮槽等，也用于生产包装薄膜、盆、桶、家具、薄膜、编织袋、瓶盖、汽车保险杠等；它也抗细菌生长，适合制作一次性注射器和医疗设备；抽丝PP产品包括衣物、尿布、非织品等；还可以铸造或定向拉伸成为薄膜，作为香烟、糖果及许多物品的包装材料；PP片材用于制热成型的食品容器。

(3) 聚苯乙烯塑料(PS)

聚苯乙烯是由苯乙烯单体聚合而成的线型结构的塑料。它的商业名称叫"苯塑"，英文缩写为PS。表面硬而光滑，透明度好，着色力强，色泽鲜艳；质地发脆、冲击强度低、易磨划、易破碎；敲击时，声音清脆，拗折时容易碎裂；相对密度大于1，略沉于水中。聚苯乙烯易燃，离火后继续燃烧，并有苯乙烯臭味放出，火焰呈黄色、冒黑烟；燃烧时软化、起泡。

聚苯乙烯的结构式属线型结构，但分子链碳原子上有连续间隔的庞大苯环，这种结构决定了聚苯乙烯的特殊性能。质地坚硬，抗冲击强度较低；无规构型的聚苯乙烯光泽好、透光率大、着色性好；软化温度为80℃，在80℃以下它是硬如玻璃的固体，在80℃以上则变成较软的物体，有类似橡胶的性质，所以应避免在高温下使用；聚苯乙烯成型性能好，在使用温度范围内成品收缩变形性小，尺寸稳定；耐水性好，化学稳定性随温度的升高而降低；对一定浓度的无机酸、有机酸、盐类溶液及碱类、醇类、植物油类等都有较好的抵抗性，在日光下长期放置会逐渐变黄，失透并发生裂纹现象。

聚苯乙烯塑料广泛应用于光学仪器、化工部门及日用品方面，用来制作茶盘、糖缸、皂盒、烟盒、学生尺、梳子等。由于具有一定的透气性，当制成薄膜制品时，又可做良好的食品包装材料。

(4) 聚氯乙烯塑料(PVC)

聚氯乙烯塑料是由氯乙烯单体聚合而成的，是常用的热塑性塑料之一。它的商品名称叫"氯塑"，英文缩写为PVC。

纯聚氯乙烯树脂是坚硬的热塑性材料，其分解温度与塑化温度极为接近，而且机械强度较差。因此，无法用聚氯乙烯树脂来塑制产品，必须加入增塑剂、稳定剂、填料等以改善性能，制成聚氯乙烯塑料，然后再加工成各类产品。聚氯乙烯，根据加入增塑剂量的多少分为硬质聚氯乙烯和软质聚氯乙烯。

聚氯乙烯薄膜透明度比聚乙烯高，制品色泽鲜艳，手摸光滑，无蜡状感，常可嗅到特殊气味；遇冷后明显变硬，使用温度为60℃以下；相对密度大于1，能沉于水下，这是区别聚氯乙烯的显著特点；硬制品坚硬光滑，敲击时声音发闷；软制品柔软、富有弹性。

聚氯乙烯属于难燃性塑料，离火即灭，燃烧时，有刺激性的氯化氢臭味放出，同时软化。

软质聚氯乙烯一般含增塑剂30～50%，由于质地柔软，强度较高，具有良好的气密性和不透水性。

硬质聚氯乙烯只添加少量的增塑剂，其特点是质地坚硬，机械强度高，耐化学腐蚀性能好。聚氯乙烯塑料耐热性差，强度受温度影响较大，-20℃时比20℃时的强度下降80%。因此，薄膜制品不宜在低温下保管使用；软制品使用温度不超过45℃，硬制品不超过60℃，长期光照时会老化变脆。聚氯乙烯薄膜在加工时，为防止加热分解，需加入热稳定剂，由于热稳定剂大多为铅盐，使聚氯乙烯塑料有毒性，故不能用作食品包装。聚氯乙烯塑料与有机溶剂和萘等防虫药剂接触，会产生发黏、熔化现象，并且容易吸收异味；由于增塑剂挥发性较强，故不宜贮藏过久。

软质聚氯乙烯可制成较好的农用薄膜，常用来制作雨衣、台布、窗帘、票夹、手提袋等，还被广泛用于制造塑料鞋及人造革。

硬质聚氯乙烯能制成透明、半透明及各种颜色的珠光制品，常用来制作皂盒、梳子、洗衣板、文具盒、各种管材等。

(5)酚醛塑料(PF)

酚醛塑料商业名称为"胶木""电木"，用PF表示。它是以苯酚和甲醛为原料，在酸或碱性催化剂的作用下进行缩合聚合反应成为酚醛树脂，然后加入木粉填充剂制成的塑料。

酚醛塑料外观呈黑色、棕色、不透明体；表面光滑、坚硬；质脆易碎，断面结构松散，敲击时有木板声。属难燃性塑料，离火即灭，燃烧时有苯酚味产生，火焰呈黄色，比重为1.34～1.45，沉于水中。酚醛塑料耐热性能好，不易传热，沸水中不变软，制品的形状不受温度变化的影响；电绝缘性能好，表面硬度大，有较好的机械强度，抗压强度和抗弯强度较高，但抗冲击强度较小；化学稳定性能好，耐各种溶剂和油类的浸渍，在强酸和各种有机溶剂中均比较稳定，但在碱性溶液中能发生溶解现象；制品较硬脆，易破碎，制品韧性差，色泽不鲜艳，表面光泽不如其他塑料，树脂本身呈棕色、黑色。

酚醛塑料主要用于电讯、电器、仪表等方面，也用于制造日用品，如纽扣、皂盒等。

(6)脲醛塑料(UF)

脲醛树脂是由脲素和甲醛缩聚而成的，树脂中加入纸浆可制成脲醛塑料，它的商业名称为"电玉",简写的英文名称 UF。

脲醛塑料制品的外观多为浅色、半透明体,比电木制品光亮,色泽鲜艳;表面坚硬、质脆易碎,断面结构紧密;沸水浸泡不变软,相对密度为 1.47～1.52,难燃,离火时熄灭,并有脲臭味逸出,火焰尖部呈浅绿色,与火焰接触部位发白开裂。

脲醛塑料的颜色较浅,可制成淡色制品;制品表面坚硬、光滑、耐油浸、不发霉;耐热性能好,耐热温度为 100℃以上。但当制品成型时的温度、时间不足时,所获得的制品若放在沸水中煮 10～15 分钟,表面会变成白色,煮后迅速干燥,表面会出现裂纹。

脲醛塑料主要制作纽扣、餐具、皂盒、瓶盖等,也用于工业和民用的电器元件和外壳,如开关面板、电源插座等。

(7)有机玻璃(PMMA)

有机玻璃是聚甲基丙烯酸甲酯的俗称,它是由甲基丙烯酸甲酯单体经加聚反应而成的线型树脂,其英文缩写为 PMMA。

有机玻璃制品透明度高,表面光滑、坚韧,色泽淡黄,外观似水晶制品;敲击时无清脆声,拗折时有韧性,不易折断;用柔软物磨擦制品时,能产生芳香的水果味;燃烧时发出响声,无胶质滴落。

有机玻璃光学性能好,透光率达 92%,能使光线沿着弯曲的体形前进;染色性能好,加入合成的鱼鳞粉后,能生成五光十色的珠光有机玻璃;低温使用性能好,在－40℃的条件下仍能保持较高的抗冲击强度;卫生性能好、质轻,易二次加工成型,并可拉伸定向。

有机玻璃主要用于航空、轮船、车辆、仪表的透明护罩及安全防护罩等,也被大量用于光学工业透镜和医用导光管等;还用于制作文具、日用品,如笔杆、丁字尺、三角尺、烟盒、伞柄等。

(8)硝酸纤维素塑料(CN)

硝酸纤维素塑料是棉短绒或其他草类、木材等天然纤维素与硝酸发生酯反应化生成的,树脂中加入 20%～30%的增塑剂樟脑即可制成塑料,它的商业名称为赛璐珞,英文缩写为 CN。

硝酸纤维素塑料为半透明体,摩擦时有樟脑味;沸水中浸泡易软化变型,当温度达到 100℃时分解,170℃时即可燃烧,遇明火时剧烈燃烧,属于易燃性塑料;燃烧的火焰呈黄色,并有樟脑味放出,燃烧后残灰少。

硝酸纤维素塑料染色鲜艳,可加入颜料制成不透明制品;软化温度较低,加热 80℃时,可任意加工,成型尺寸比较稳定;对油类稳定,易溶于许多有机溶剂中,但在 5%的乙醇、四氯化碳和汽油中均不受影响;在稀酸、稀碱溶液中,可改变表面颜色,在较浓的酸、碱溶液中易分解;在光和热的长期作用下,樟脑会逐渐升华,使其重新恢复硝酸纤维素固有的硬脆性质,使制品易破裂。

赛璐珞主要用于制作文教用品,如三角尺、笔杆、乐器外壳等,还可制作眼镜框、伞柄等;

还常用作玩具、梳子、皂盒等;由于质轻、弹性好,故是制作乒乓球的上好原料。

(9)泡沫塑料

泡沫塑料是一种内部具有无数微小气孔的塑料,具有质软、隔热、吸音、缓冲等性能。根据软硬程度的不同分为软、半硬质和硬质泡沫塑料三种;根据气泡结构又可分为开孔泡沫塑料和闭孔泡沫塑料。开孔泡沫塑料是指泡孔之间相互联通,具有良好的吸音性能和缓冲性能;闭孔塑料是指泡孔互不贯通,它具有较低的导热性,吸水性较小,有漂浮性。

泡沫塑料广泛用于隔音、绝热、保温、绝缘、防震、过滤、包装等材料,如聚氨酯、聚苯乙烯、聚氯乙烯等低发泡泡沫塑料可用作木材的代替品;聚乙烯、聚苯乙烯、聚氯乙烯泡沫纸可印制特种文件、地图或制成纸板,用于包装及天花板等建筑材料。另外,泡沫塑料与纤维的复合材料,如泡沫人造革、合成革等,手感柔软、丰满,可代替皮革制成鞋、帽、箱、包、手套等。

本章练习

一、名词解释

1. 工程塑料

2. 表面活性剂

3. SPF 值

4. 皮革

5. 塑料

二、单选题

1. 肥皂的有效成分是（　　）。
   A.合成表面活性剂　　　B.油脂　　　　　　　C.发泡剂　　　　　　　D.高级脂肪酸盐
2. 合成洗涤剂的主要成分是（　　）。
   A. 高级脂肪酸的钠盐　B. 表面活性剂　　　C. 助洗剂　　　　　　D. 添加剂
3. 将塑料分为工程塑料和通用塑料时，选择的分类标志是（　　）。
   A.商品的原材料　　　　B.商品的加工方法　　C.商品的用途　　　　　D.商品的成分
4. 关于人造革，下列叙述正确的是（　　）。
   A.人造革是一种真皮　　　　　　　　　　　B.人造革是一种塑料制品
   C.PU 革不是人造革　　　　　　　　　　　D.PVC 革是一种复合人造革
5. 关于合成洗涤剂，不正确的叙述是（　　）。
   A.香皂是最常见的合成洗涤剂　　　　　　　B.洗衣粉的主要成分是阴离子型表面活性剂
   C.阴离子表面活性剂主要用于织物柔顺剂　　D.两性表面活性剂主要用于洗发香波
6. 合成洗衣粉中使用的表面活性剂主要是（　　）。
   A.阳离子表面活性剂　　　　　　　　　　　B.阴离子表面活性剂
   C.两性表面活性剂　　　　　　　　　　　　D.非离子表面活性剂
7. 家用冰箱保鲜膜不能直接加热，其主要成分是（　　）。
   A. 聚乙烯　　　　　B. 聚氯乙烯　　　　C.聚苯乙烯　　　　　　D. 酚醛树脂
8. 耐热性食品包装的塑料主要是（　　）。
   A. 聚乙烯　　　　　B. 聚氯乙烯　　　　C.聚苯乙烯　　　　　　D. 聚丙烯

三、多选题

1.可以回收再利用的塑料是（　）。
　　A.PE　　　　　B.PVC　　　　　C.PF　　　　　D.UF　　　　　E.PP
2.属于热固性塑料的是（　）。
　　A.聚乙烯　　　B.聚氯乙烯　　　C.电木　　　　D.电玉　　　　E.聚苯乙烯
3.以下各类商品属于日用工业品的是（　）。
　　A.化妆品　　　B.洗涤用品　　　C.塑料制品　　D.玩具　　　　E.陶瓷制品

四、填空题

1.肥皂的主要成分是_____，它进入水中以后能够降低水的_____。
2.塑料按照其用途可以分为_____和_____两类。按照受热后的性能表现可以分为_____和_____两类。
3.合成洗衣粉的有效成分是_____，按其在水溶液中解离产生的质点电荷可以分为_____、_____、_____、_____四类。
4.肥皂的质量检验分为三部分，即_____、_____和_____。
5.塑料的发展方向主要是_____和_____。

五、判断题

1.脂肪酸含量越高，肥皂的碱性越小，对皮肤的刺激性就越小，也越耐用。（　）
2.表面活性剂的作用是有效降低水与污垢界面之间的水的张力使水容易湿润到固体的表面并渗透到织物内部。（　）
3.阴离子表面活性剂适合于碱性或中性溶液中洗涤，常用于洗涤棉、麻、化纤织品。（　）
4.阳离子表面活性剂主要用于杀菌、消毒、纺织柔软剂等，一般不作为洗涤剂。（　）
5.防晒系数SPF值的高低从客观上反映了防晒产品对紫外线防护能力的大小。（　）
6.热固性塑料不能回收再利用。（　）
7.人造革是用纤维与塑料结合在一起的复合材料。（　）
8.合成洗衣粉的主要成分是阴离子表面活性剂。（　）

六、简答题

1.怎样用最简便的办法识别真皮制品和人造革制品？

2.简述肥皂的去污原理。

3.Ⅰ型和Ⅱ型香皂有什么不同?

第 11 章

家用电器类商品

教学目标

☞ **知识目标**

了解常见家用电器的分类,了解电视机、电冰箱、空调器、洗衣机的基本结构;

理解电冰箱、空调器、洗衣机型号的含义;

理解电视机、电冰箱、空调器、洗衣机的性能指标;

掌握电视机、电冰箱、空调器、洗衣机的养护要点。

能力目标

能够对常见家用电器(电视机、电冰箱、空调器、洗衣机)进行初步质量鉴别、维护并提供咨询服务;

初步具备常见家用电器的使用及养护能力。

素质目标

培养学生理论联系实际、学以致用的思想方法和科学的工作态度。

家用电器(Household Electric Appliance)是指在家庭及类似场所中使用的各种电器和电子器具的总称。家用电器是生活现代化的基本标志,在改善人们生活环境、丰富人们的物质文化生活等方面具有重要的地位。

美国是家用电器的发源地,1879年爱迪生发明了白炽灯,开创了家庭用电时代。20世纪初,理查森发明了电熨斗,随后其他家用电器相继问世,吸尘器、洗衣机、电冰箱、空调器应运而生。19世纪80年代,爱迪生发现和验证电磁波,为电子学的诞生创造了条件,电子管应运而生。1923—1924年,美国的兹沃雷金发明了摄像管和显像管,1931年组装成世界上第一个全电子电视系统。集成电路的发明,使电子技术进入微电子技术时代,家用电器提高到一个新的水平。家用电器种类繁多,按产品的功能、用途,大致分为8类。

(1)制冷电器。包括家用冰箱、冷饮机等。

(2)空调器。包括房间空调器、电扇、换气扇、冷热风器、空气去湿器等。

(3)清洁电器。包括洗衣机、干衣机、电熨斗、吸尘器、地板打蜡机等。

(4)厨房电器。包括电灶、微波炉、电磁灶、电烤箱、电饭锅、电热水器、食物加工机等。

(5)电暖器具。包括电热毯、电热被、水热毯、电热服、空间加热器。

(6)整容保健电器。包括电动剃须刀、电吹风、超声波洗面器、电动按摩器。

(7)声像电器。包括微型投影仪、电视机、收音机、录音机、录像机、摄像机、组合音响等。

(8)其他电器。如烟火报警器、电铃等。

家用电器工作时都需要消耗电能,所以节能就显得十分重要;家用电器都是带电工作,所以安全就成为首要指标;家用电器大多结构复杂,元器件可靠性要求高,设计要美观新颖,安装、使用和维护都有相关的要求。

中国能效标识又称能源效率标识(如图11-1所示),是附在家用电器产品或其最小包装物上的,表示产品能源效率等级性能指标的一种信息标签,目的是为用户和消费者的购买决策提供必要的信息,以引导和帮助消费者选择高能效节能产品。标志上的红色代表禁止,绿色代表环保与节能;等级1表示产品达到国际先进水平,最省电,即耗能最低;等级2表示比较节电;等级3表示产品的能源效率为我国市场的平均水平。

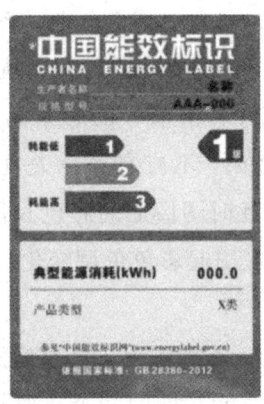

图11-1 中国能效标识

11.1 电视机

电视机(Television)是借助光或电信号即时传送活动视觉图像的装置。同电影相似,电视利用人眼的视觉残留效应显现一帧帧渐变的静止图像,形成视觉上的活动图像。电视系统的发送端把景物的各个微细部分按亮度和色度转换为电信号(或光信号)后,顺序传送,在接收端按相应的几何位置显现各微细部分的亮度和色度来重现整幅原始图像。

电视机的性能技术指标有很多,国家规定必须检测的项目就有数十项,其中主要包括:

安全性能:保证使用者人身和财产安全,安全要求属强制性要求,不符合安全标准的电视机不允许生产和销售,有问题的要限期解决。

电、光、声、色性能:电视机的这些性能反映该机器的综合性能水平,按照有关规定,共有50多个项目。我国在例行的质量检测中有20~30个主要指标,如灵敏度、选择性、自动频率控制范围、音频输出功率等。

干扰特性:电视机的干扰特性指标主要反映电视机对其他电器和家用电子产品的干扰以及对城市电网电磁干扰的抵抗能力等。

电视机的平均无故障工作时间值:基本上反映了整机长期工作的稳定性和可靠性。我国大多数彩色电视机的平均无故障工作时间值在20000小时左右,与国外水平相差不大。

电视机的温度稳定性:主要指电视机在高温高湿条件下工作的能力。

机械强度:是电视机在恶劣的机械条件下正常工作的能力。

电视机的外观质量鉴别:外观要求协调、自然、机壳平整光洁,无变形、无损伤、无锈蚀、无裂纹、配件齐全,各开关、按钮、旋钮操作轻便自如;荧光屏无划伤、水纹、气泡和麻点,仔细观察屏幕颜色应均匀,不应有局部发黄、发黑或色差。

电视机的图像质量鉴别:接收电视台电视信号,要求图像稳定,行场同步范围宽,图像无扫动、影移、跳动和闪烁等现象;图像应清晰,细节分明,无回扫线、毛刺、镶边和雾状现象;亮度和对比度调节范围大,作用明显;图像应有较强的抗干扰能力,当周围电器有影响时,能正常观看画面不出现跳动、歪斜、扭曲等;彩条信号的彩条的顺序应正确,荧光屏上依次为白、黄、青、绿、紫、红、蓝、黑8种颜色的竖条,不应有彩色失真。各彩条应色彩鲜明,间隔分明,稳定不变,将色饱和度由小调到大,此时图像上的彩色只能产生由淡到浓的变化,而不应有颜色的变化;亮度和对比度的调节不应引起彩色色调变化,图像轮廓与彩色应能很好地重合,无错位和镶边现象。

以市场最为常见的液晶电视为例,选购电视机需要注意以下几个方面:

分辨率:分辨率是衡量液晶电视性能高低的一个重要标准,目前市场主流的分辨率参数主要是1366×768和1920×1080。高清平板电视机在水平和垂直方向上的清晰度要高于720线,简单来说就是真正的高清平板电视机分辨率必须要高于1366×768。

响应时间:响应时间也很重要,它会决定在显示高速动态画面时是否会出现模糊和拖尾现象,目前,主流的8毫秒响应时间基本可以满足使用要求。一般来说反应时间越快,液晶电视就会越少出现拖尾、残影现象,最好在购买前看看实际播放动作片的效果。

亮度、对比度:其实可以直接忽略厂商提供的亮度和对比度参数,直接以自己的目测感受为主,方法为在5米以外的距离,查看屏幕显示亮度和对比度,注意一些黑暗场景中的细节表现，多做几款产品对比。

尺寸：要了解摆放电视机的房屋大小，从而确定应该选购多大尺寸的电视。比如，42寸液晶电视最佳的收视距离是2.5～3.3米，47寸液晶电视的是3～4米，55寸液晶电视的是4.5～5.5米，可以根据实际情况来选择电视机尺寸的大小。

HDMI接口：HDMI接口是可以同时传输音频和视频信号的数字接口，它不但可以简化连接，减少连线负担，而且可以提供庞大的数字信号传输所需带宽。强调这一接口的重要性主要在于现在新的和未来的碟机、电脑、家庭影院等设备，都采用这一接口，而应用这一接口来连接这些设备，无疑可以获得最好的效果。

坏点：在购买之前一定要仔细地观察屏幕上是否有亮点和暗点。可以在白屏的时候寻找暗点，黑屏的时候寻找亮点，一旦有亮点或者暗点非常容易看出来。

音质：各个厂家在这方面都有自己的卖点，什么Surround三维空间环绕声、SRS虚拟环绕声、BBE立体声音效、分频扬声器、DDAS数字动态声谷、各式各样的音频解码芯片和引擎，可谓花样繁多。但是这些东西除了部分专业人士和音乐发烧友可以看懂之外，对普通的消费者并没有实际的意义，所以消费者挑选时应该拿定主意，听一听音质好坏最关键。

遥控器：挑选时最容易被忽视的就是遥控器。质量好的遥控器按钮的回弹力强，给人很敦实的感觉，而质量差的遥控器通常显得很轻，其原因除了里面的元件做工实在以外，就是外壳采用的材质不同。遥控器上下外壳的结合紧密程度上，质量好的结合非常紧密，差的结合疏松。好的按键只要用适当的力度就可以按下，弹性好，回弹有力度。最后还可以敲敲听声音，差的遥控器听起来里面像是空的，而好的遥控器由于做工实在，听起来像是实心的。

设计：选择液晶电视机还需要关注人性化设计是否与自己使用需求合拍。例如，平板电视机外观与家居设计的融合受到越来越多的关注，外形也不能不考虑，再比如背光调节、无线耳机接收等功能都会影响使用感受。特别是音箱的设计尤其重要，因为听不好一定就会影响看的效果。

由于目前16:9的液晶屏已经成为液晶发展的主流，这使得液晶电视在纵向延伸了液晶电视机身长度，卧式液晶电视音箱设计使得16:9显示屏的液晶电视整体布局更加协调。另外卧式音箱设计有利于人声对白的表现，让人更身临其境，其作用类似于环绕声系统中的中置音箱。在环绕声系统中，70%的声音都是发自中置音箱。

售后：电视机的售后服务主要是看液晶屏幕的保修期。一般情况下，厂商都提供整机免费保修一年，其他部件免费保修三年的服务。需要壁挂使用的液晶电视机，建议要求厂商上门专业安装。按照今年国家新发布的平板电视机安装服务标准，大厂商应该都能提供上门安装服务。

11.2 电冰箱

电冰箱（Refrigerator）既是保持恒定低温的一种制冷设备，也是一种使食物或其他物品保持恒定低温冷态下保鲜的民用产品。电冰箱由箱体、制冷系统、控制系统等几部分组成。

箱体一般由外壳、隔热层、磁性密封条等组成，其作用是隔绝与外界的热交换，维持箱体内部一定的低温。箱体分为冷藏和冷冻两部分，有的冰箱还分为多个温区。

制冷系统由压缩机、冷凝器、干燥过滤器、毛细管、蒸发器组成，彼此之间用空心管道相连，管道内充满制冷剂，构成了一个封闭的冷循环系统，其作用就是使冰箱内部温度降低，达到冷藏和冷冻的目的。

控制系统包括温度控制装置、除霜控制装置、电机过载保护装置等，其作用是确保制冷系统按不同的要求自动、安全运行。

电冰箱的工作原理是利用制冷剂的状态变化过程需要吸收或放出大量热量，设法将冰箱内部的热量转移到外界，从而达到降低或保持内部低温的目的。电机启动后，电冰箱通过压缩机对制冷系统作功，吸入低压气态的制冷剂，然后经压缩使之成为高温气态，经排气管到达冷凝器后，高温、高压的制冷剂将所带的热量传递给外界的空气，自身则降温成为高压液态，经干燥器去除水分和杂质后，通过毛细管节流降压，送入蒸发室，由于制冷剂沸点很低，加上自身压力骤降，液态制冷剂在蒸发器内迅速蒸发为气态，这个过程需要吸收大量的热，从而使冰箱内部温度降低。液态的制冷剂重新被压缩机吸入压缩，如此不断循环，直到冰箱内温度达到设定值。

电冰箱按冷却方式可以分为直冷式和间冷式两种。

直冷式冰箱又称为有霜电冰箱，这类冰箱有两个蒸发器，分别安置在冷藏室和冷冻室内壁，直接制冷形成低温，具有结构简单、冷却速度快、耗电少、寿命长、噪声低等优点，但冷冻室结霜，使用比较麻烦。

间冷式电冰箱又称为风冷式或无霜式冰箱，它只有一个蒸发器，安装在冷冻室和冷藏室之间的背部夹板内，通过专用的风扇和通风通道强制性制冷，箱内温度均匀，不结霜，冷却速度也快，但结构复杂，耗电较多，噪声也较大。

电冰箱型号的表示方法如图 11－2 所示。

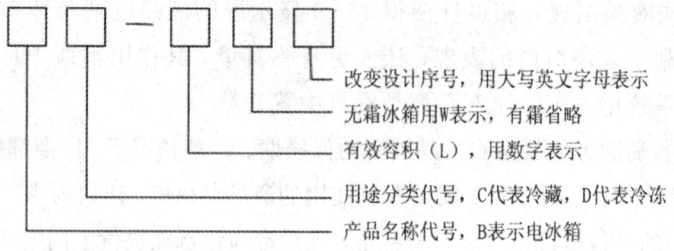

图 11－2　电冰箱型号的表示方法

例如，型号为 BCD—216WB 的冰箱，表示第二次改进设计的容积为 216 升的无霜直冷式冷藏冷冻电冰箱。

冰箱的性能指标主要有冷却性能、冷却速度、耗电量和输入功率、启动性能、耐泄漏性能等。

冷却性能：是指电冰箱制冷能力的指标。测试方法是在规定测试的条件下，在环境温度为15℃和32℃时，调温装置在可调范围内调于任意点上，并按容积每升放置一公斤冷冻负荷物。使电冰箱运行，达到稳定状态后(冷藏室温度变化每2小时低于1℃)，测定冷藏室和冷冻室的负荷温度，冷藏室温度为3±1℃，冷冻室应达到各星级的规定值。

冷却速度：冷却速度是反映电冰箱制冷效率的质量指标。测试方法是在规定测试条件下，在环境温度为32±1℃时，待箱内外温差大致相等时，关上箱门，启动压缩机连续运行，使冷藏室温度降到10℃，冷冻室温度降到－5℃时，所需时间一般不应超过3小时。测试时，箱内不置负荷物。

冷藏室温度波动范围：在规定测试条件下，试验环境温度为32±1℃，电冰箱内冷藏室温度稳定在3±1℃，冷冻室负荷温度符合各星级规定值。

在一个运行周期内，在冷藏室中心部位测试点上，其温度的最高值与最低值之差为冷藏室温度波动范围，波动范围不得大于±1℃。

耗电量和输入功率：测量电冰箱在规定条件下，24小时的耗电量作为该冰箱日耗电量。

输入功率：是指压缩机正常运转时的消耗功率。上述两项实测值不应超过标定值的15％。

启动性能：是指在电源电压允许的波动范围内电冰箱的启动能力。

噪声：电冰箱在运行过程中，不应产生明显的噪声和震动，在消音室内，距电冰箱1米处，测量电冰箱运行时的噪声应不高于54dB。

冷冻性能：星级电冰箱应具有的冷冻能力，是指电冰箱在24小时能冻结到－18℃的食物重量。

耐泄漏性能：用灵敏检漏仪检查制冷系统，制冷剂不应有泄漏。

电冰箱的质量鉴别应包括外观质量鉴别和性能鉴别两部分：

外观质量鉴别：冰箱外观不应有明显的缺陷，表面漆膜颜色一致，结合牢固，无明显的流疤、划痕、麻坑、漏涂和集结沙粒等缺陷。电镀件表面应色泽光亮、均匀一致，不应有鼓泡、露底、划伤等；箱门门封四周应严密，在室温下，箱门正常关闭，用一片200×50×0.08mm的纸条，垂直插入门封的任何一处，不应自由滑落；箱门转动灵活，磁性门封应有足够的吸力。

性能鉴别：通电后，压缩机应立即启动，运转声轻微，无异常声响；温控器置中间档，启动电冰箱运行30分钟，观察冷冻箱，其箱内壁应结薄霜，用手摸时，应有冰黏的感觉，冷凝管应比较热；将冰盒盛上水，放入冷冻箱内，待观察；在两箱内各放置一支温度计，温度控制器置于最冷档，关上箱门，开机2个小时，冷冻室温度应达到各星级标准、冷藏室温度应达到5℃左右，冷冻室冰盒内的水应结成实冰；可根据冷冻室结霜状况，判断制冷剂是否不足，如冷冻室内壁结霜均匀，且充满各处，说明制冷剂充足，如果有局部不结霜，说明制冷剂不足。

电冰箱应安置在通风良好，远离热源的地方，避免阳光直射、水浸油污，箱体四周应留有一定的空间，箱体距墙壁应在10cm以上，以利于冷凝器通风散热，电冰箱应放置平稳、垂直，地面不平时可调整底角螺丝，使其放平稳。

11.3 空调器

空调是现实生活中不可或缺的电器之一,空调的种类有很多,习惯上按结构和功能进行分类:

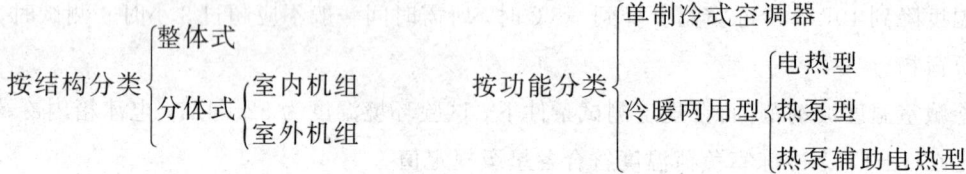

空调的型号由一组符号表示,其含义如图11-3所示。

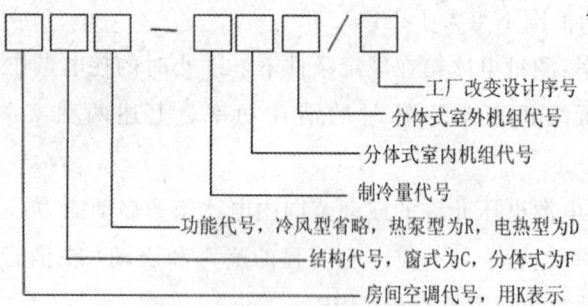

图11-3 空调型号的表示方法

例如,型号为KFR—35GW/A的空调,表示第一次改进设计制冷量为3500W的热泵型壁挂式分体房间空调。

空调器(以分体式空调为例)由室外机组和室内机组两部分构成:

室外机组由离心风扇、空气过滤器、蒸发器、出风栅、集水盘和排水管组成。

室内机组由轴流风扇、冷凝器、压缩机、毛细管、干燥过滤器组成。

空调器制冷降温是把一个完整的制冷系统装在空调器中,再配上风机和一些控制器来实现的,制冷的基本原理按照制冷循环系统的组成部件及其作用,分别由四个过程来实现。

压缩过程:从压缩机开始,制冷剂气体在低温低压状态下进入压缩机,在压缩机中被压缩,提高气体的压力和温度后,排入冷凝器中。

冷凝过程:从压缩机中排出来的高温高压气体,进入冷凝器中,将热量传递给外界空气或冷却水后,凝结成液体制冷剂,流向节流装置。

节流过程:又称膨胀过程,冷凝器中流出来的制冷剂液体在高压下流向节流装置,进行节流减压。

蒸发过程:从节流装置流出来的低压制冷剂液体流向蒸发器中,吸收房间内(空气或水)的热量而蒸发成为气体,从而使外界(空气或水)的温度降低,蒸发后的低温低压气体又被压缩机吸回,进行再压缩、冷凝、节流、蒸发,依次不断地循环和制冷。单冷型空调器结构简单,主要由压缩机、冷凝器、干燥过滤器、毛细管以及蒸发器等组成,单冷型空调器环境温度适用范围为18~43℃。

室内机组工作原理是,室内空气被机组内的离心风扇吸取,经进风滤网过滤流向蒸发器,被降温成为冷气,再经出风栅送入室内,使室内温度降低。空气中的水蒸气遇冷而凝结成水,经集水盘和排水管排至室外。

室外机组工作时轴流风扇吸入室外空气吹向冷凝器,强制冷却冷凝器,热空气又吹向室外。

空调的质量鉴别分为外观质量鉴别和性能鉴别两部分。

空调器的外观造型应美观,色调淡雅,应与室内色调协调;加工应精细,边角无毛刺,部件配合紧凑、安装牢固、机壳无脱漆、露底、划痕、锈蚀、裂纹等现象;配件、附件完备无损伤;导风板应能上下左右调整,松紧适度,灵活自如,且能在任意位置定位,不应自行移位;检查过滤网拆装是否方便,过滤网有无破损;旋钮应转动正常,按键动作应可靠不松动。电脑控制的空调器,遥控器、线控器上的各功能选择键和钮动作应轻快灵活,无卡键、接触不良等现象,且控制动作准确。电源线、电源插头应符合规范,当拉电源引线时应不松动。

空调器的性能鉴别时,首先接通电源,开启开关,用试电笔测试壳体是否带电,然后进行性能测试。

风扇运行性能:风扇运行时应开停自如、运行平稳、无异常声响,低风档运行时噪声小,高风档运行时噪声稍大。

控温性能:包括温度设定和温度控制两个方面。以制冷为例,按动遥控器设定温度,当设定温度低于室温时,制冷机组不应运行,仅有风扇转动,当设定温度高于室温时,制冷机组才会启动(指示灯亮);运行一段时间后,当室温达到设定值时,压缩机应能停止工作,并进入间断运行状态,即运行一段时间后能自动启停,保持室温在设定值上下。

空调的基本性能指标主要有:

制冷量:实际制冷量不小于额定制冷量的95%。

制冷消耗功率:实际功率不大于额定功率的110%。

能效比:指输入单位功率的产冷量,不小于2.6。

噪声:一般小于50dB。

空调器的安装应牢固、无松动,室内机组应水平安装,且紧靠墙面,距地1.8米以上;支架要坚固耐用、焊缝平整牢固;室外机架要进行防腐、防震处理,应备有吊篮和凉篷等附件。过墙管线要进行包扎;安装完后要进行检查和调试。

空调器的使用过程中应注意维护。停机后,至少要过3分钟后,才能再次开机,以免损坏电机压缩机;定期清洁进风滤网等;夏季不要使室内外温差太大,以差7℃左右为宜;气流调节以微风为最好;湿度,指相对湿度,夏季为50%~60%,春秋为40%~70%,冬季为40%~50%。

11.4 洗衣机

洗衣机是利用电能产生机械作用来洗涤衣物的清洁电器，按其额定洗涤容量分为家用和集体用两类。我国规定洗涤容量在 6 千克以下的属于家用洗衣机，家用洗衣机主要由箱体、洗涤脱水桶（有的洗涤和脱水桶分开）、传动和控制系统等组成，有的还装有加热装置。

洗衣机按洗涤方式可以分为滚筒式、搅拌式、波轮式等；按自动化程度可以分为普通型、半自动型、全自动型。

洗衣机型号的表示方法如图 11-4 所示。

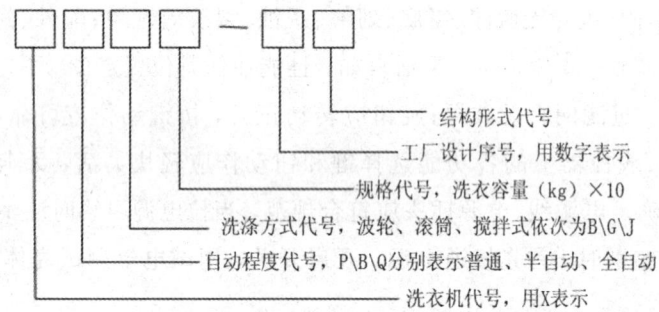

图 11-4 洗衣机型号的表示方法

例如，型号为 XQG50—3 的洗衣机，表示洗涤容量为 5 千克的滚筒式全自动单筒洗衣机，为厂家的第三代产品。

各种类型的洗衣机结构大同小异，一般都由机箱部分、洗涤部分、脱水部分、控制部分和进排水部分组成。其工作的原理就是模仿人工的洗涤方式，把衣物放在洗衣桶内，加上水和洗涤剂，在机械力的作用下进行剧烈搅拌，衣物随水流不断旋转，衣物之间、衣物和桶壁之间产生摩擦冲击，在洗涤剂的作用下，使污垢脱离衣物表面，从而达到洗净的目的。

洗衣机的质量指标主要有洗净比、织物磨损率、漂洗性能、脱水率、噪声、耗电量和耗水量等。

洗净比是洗衣机的主要质量参数之一，表示衣服被洗干净的程度。它是用专用仪器测定污染布的反射率，与参照布进行比较所得到的数据，国家制造标准规定洗净比的合格值为 0.7，达到 0.91 的就是一级能效。

织物磨损率是指在达到一定洗净程度的情况下，被洗衣服的磨损程度。织物的磨损程度一般用失重比率来衡量，即洗涤后过滤所得绒毛渣的重量与实际洗涤物重量之比的百分数。

漂洗性能是指洗涤的衣物放在清水中漂洗去除附着在衣物上的洗涤剂溶液及污垢，最后达到的洗净能力，通常用漂洗比表示。

脱水率是反映洗衣机在脱水时，脱出被洗涤物中水分能力大小的指标，以洗涤物的含水重量计算，应大于 50%。

噪声是指洗涤过程中机器发出的噪声,洗衣机的噪声要求不高于65dB。

耗电量和耗水量是指洗涤一次衣物所需消耗电和水的数量。不同类型的洗衣机,由于洗涤方式和洗涤速度的不同,其耗电量和耗水量不一样。以洗涤5kg的衣物为例,普通滚筒式洗衣机每次需要注水15~18L,一般一个洗涤周期洗涤1次、漂4次,需要用水75~100L。波轮式洗衣机和搅拌式洗衣机是靠水的浮力把衣物泡起来,再依靠波轮转动来搅动衣物的,所以其用水量较多,一般洗涤1次需用水150L左右。

洗衣机的质量检验包括外观检验、品质检验。

外观检验机壳要求光滑平整,无损失,无锈蚀,各按钮、旋钮、开关完好无损,且灵活可靠,洗衣桶内壁光滑,盛水以后不漏水。

品质检验要求洗衣机运转平稳,没有过大的噪声,也不应有异响,机体应该有良好的绝缘性,不漏电,进水管、排水管等配件齐全。

本章练习

一、名词解释
1. 洗衣机型号 XQG50—3

2. 空调型号 KFR—35GW/A

3. BCD—216WB

二、单选题
1. 对型号为 KFR—26GW 的空调,不正确的理解是（　　）。
A.制冷量为 2600W　　B.分体式　　C.热泵型　　D.直冷式
2. 现行中国能效标志上的数字 3 表示的含义是（　　）。
A.产品达到国际先进水平,最节电　　B.比较节电
C.产品的能源效率为我国市场的平均水平　　D.禁止使用
3. 跟其他日用品相比,家用电器最大的特点是（　　）。
A.价格高　　B.寿命长　　C.带电工作　　D.对环境没有污染
4. 对型号为 XQG50—3 的洗衣机,不正确的理解是（　　）。
A.全自动　　B.滚筒式　　C.波轮式 F　　D.洗涤容量为 50kg
5. 型号为 BCD—216WB 的电冰箱,下列叙述不正确的是（　　）。
A.具有冷藏冷冻功能　　B.无霜　　C.容积为 216 升　　D.能效为 2 级

三、填空题
1. 冰箱的主要性能指标主要有＿＿＿＿、＿＿＿＿、＿＿＿＿、＿＿＿＿和耐泄漏性能等。
2. 一般洗衣机都由＿＿＿＿、＿＿＿＿、＿＿＿＿和进排水部分组成。
3. 以分体式空调为例有＿＿＿＿和＿＿＿＿两部分构成。
4. 按自动化程度,洗衣机可以分为＿＿＿＿、＿＿＿＿、＿＿＿＿三种类型,按洗涤方式可以分为＿＿＿＿、＿＿＿＿、＿＿＿＿等类型。
5. 电冰箱的性能指标主要有＿＿＿＿、＿＿＿＿、＿＿＿＿、＿＿＿＿启动性能和耐泄漏性能等。

四、简答题

1.电冰箱的主要性能指标有哪些?

2.空调的主要性能指标有哪些?

3.洗衣机的主要性能指标有哪些?

第 12 章

汽车

> **教学目标**

☞ **知识目标**

了解汽车分类的相关知识，了解汽车的结构；

了解汽车质量指标及性能特点；

了解三大车系。

能力目标

能够运用所学知识和技能，对汽车进行初步质量评价购和咨询服务。

素质目标

培养学生理论联系实际、学以致用的思想方法和科学的工作态度。

汽车是指有自备动力装置驱动，一般具有四个或四个以上车轮，不依靠轨道或架线而在陆地行驶的车辆。汽车通常用来载运客、运输货物和牵引客、货挂车，也有为完成特定运输任务或作业任务而将其改装或经装配了专用设备成为专用车辆，但不包括专供农业使用的机械。全挂车和半挂车并无自带动力装置，它们与牵引汽车组成汽车列车时才属于汽车范畴。有些进行特种作业的轮式机械以及农田作业用的轮式拖拉机等，在少数国家被列入专用汽车，而在我国则分别被列入工程机械和农用机械中。我国国家标准 GB/T3730.1—2001《汽车和挂车的类型术语和定义》中对汽车的定义是：由动力驱动，具有四个或四个以上车轮的非轨道承载的车辆，主要用于载运人员和（或）货物；牵引载运人员和（或）货物的车辆；特殊用途。

12.1 汽车的分类

按用途不同，汽车分为普通运输汽车、专用汽车和特殊用途汽车等类型；普通运输汽车分为轿车、客车、货车；各种类型又按照各自的主要特征参数分级，轿车按发动机排量、客车按照车辆总长度、货车按总质量分级。

轿车按发动机工作容积（发动机排量）分为：

微型轿车——发动机工作容积在 1L 以下；

普通级轿车——发动机工作容积为 1.0～1.6L；

中级轿车——发动机工作容积为 1.6～2.5L。

这里所说的排量是指发动机气缸活塞从上止点移动到下止点所通过的空间容积，如果发动机有多个气缸，所有气缸工作容积之和称为发动机排量。

上述三种级别的轿车的主要特点是尺寸较小，结构紧凑，前排座椅是较舒适的乘坐位置，而后排座椅通常供辅助用。因此，这些轿车最宜作为车主自己驾驶的家庭用车。

中高级轿车——发动机工作容积为 2.5～4L，如德国奔驰 300 系列轿车。

高级轿车——发动机工作容积为 4L 以上，如美国通用汽车公司的凯迪拉克(CADILLAC)高级轿车，美国福特汽车公司的林肯(LINCOLN)高级轿车，英国罗尔斯·罗依斯(ROLLS ROYCE)高级轿车和德国奔驰 500 系列、560 系列高级轿车。

上述两种级别的轿车的主要特点是尺寸大、装备齐全考究、性能优良，较舒适的座位设置在后排。因此，这些轿车适于聘任驾驶员的社会上层人士使用。

客车通常按车辆长度分级：

微型客车——长度为 3.5m 以下。

轻型客车——长度为 3.5～7m。

中型客车——长度为 7～10m。

大型客车——长度为 10～12m。

特大型客车——包括铰接式客车（车辆长度大于 12m）和双层客车（长度为 10～12m）两种。

货车通常按其总质量分级：

微型货车——总质量小于 1.8t。

轻型货车——总质量为 1.8～6t。

中型货车——总质量为 6～14t。

重型货车——总质量大于 14t。

此外，还有特种用途汽车、专用汽车等。例如，商业售货车、环卫环保作业车、市政建设工程作业车、农牧副渔作业车、石油地质作业车、医疗救护车、公安消防车、机场作业车等类型。

12.2 汽车的总体结构

汽车由发动机、底盘、车身、电器与电子设备四大部分组成，典型轿车的结构如图12-1所示。

1. 发动机

发动机是汽车的动力装置，它的作用将汽油或柴油等燃料燃烧转变为机械能，为汽车提供动力。

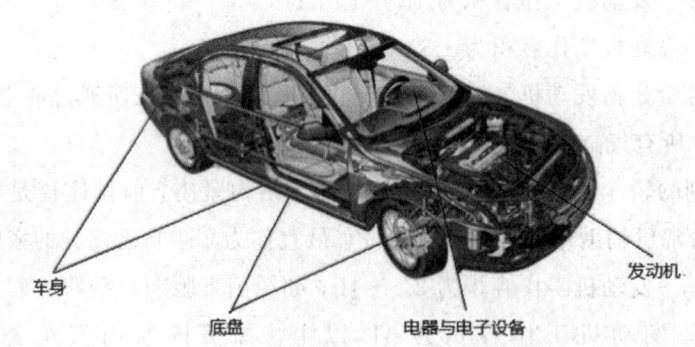

图12-1 汽车的总体结构示意图

发动机由曲柄连杆机构、凸轮配气机构2大机构以及燃料供给系、冷却系、润滑系、点火系（汽油机）、起动系5大系组成。

曲柄连杆机构。曲柄连杆机构是发动机的主要运动机构。其作用是将气缸活塞的往复运动转变为曲轴的旋转运动，同时将作用于活塞上的力转变为曲轴对外输出的转矩，以驱动汽车的车轮转动。曲柄连杆机构由活塞组、连杆组和曲轴、飞轮组等零部件组成。

凸轮配气机构的作用是按照发动机每一气缸内所进行的工作循环和点火次序的要求，定时开启和关闭各气缸的进气或排气门，使新鲜油气混合气（对柴油机来说是纯净的空气）及时进入气缸，废气及时从气缸排出；在压缩与膨胀行程中，保证燃烧室的密封。

汽油发动机燃料系的任务是根据发动机各种不同工况的要求，配制出一定数量和浓度的可燃混合气，进入气缸并在临近压缩终了时点火燃烧而膨胀做功。最后，供给系统还应将燃烧产物——废气排入大气中。燃料系一般由汽油箱、汽油表、汽油管、汽油滤清器、汽油泵、化油器、空气滤清器、进气、排气管等组成。

汽车冷却系的作用是将受热零件吸收的部分热量及时散发出去，保证发动机在最适宜的温度状态下工作。发动机的冷却系有风冷和水冷两种形式，以空气为冷却介质的冷却系称为风冷系；以冷却液为冷却介质的称水冷系；汽车的冷却系多为水冷系，一般由水箱、水泵、散热器、风扇、节温器、水温表和放水开关组成。

润滑系的作用是对发动机进行润滑，其基本任务就是将润滑油不断地供给各零件的摩擦表面，减少零件的摩擦和磨损。润滑系虽然不参与发动机功能转换，但却能保证发动机正常工作，并使其具有较长的使用寿命。发动机润滑系由机油泵、集滤器、机油滤清器、油道、限压阀、机油表、感压塞及油尺等组成。

点火系是点燃式发动机为了正常工作，按照各缸点火次序，定时地供给火花塞以足够高能量的高压电(为15000～30000V)，使火花塞产生足够强的火花，点燃可燃混合气的设备，通常由蓄电池、发电机、分电器、点火线圈和火花塞等组成。汽油机点火系统是汽油发动机重要的组成部分，点火系统的性能良好与否对发动机的功率、油耗和排气污染等影响很大。

起动系将储存在蓄电池内的电能转换为机械能，要实现这种转换，必须使用起动机。起动机的功用是由直流电动机产生的动力，经传动机构带动发动机曲轴转动，从而实现发动机的起动。起动系统包括蓄电池、点火开关(又称起动开关)、起动机总成、起动继电器等部件。

2.底盘

底盘的作用是支承、安装汽车发动机及其各部件、总成，形成汽车的整体造型，并接收发动机的动力，使汽车产生运动，保证正常行驶。底盘由传动系、行驶系、转向系和制动系四部分组成。

传动系的作用是将发动机的动力传给驱动车轮，由离合器、变速器、传动轴、主减速器及差速器和半轴等构成。

行驶系的作用是支撑整车质量，传递和承受路面作用于轮胎的各种力和力矩，缓和冲击，吸收震动，保证汽车在各种情况下都能正常行驶，它由支撑全车的承载式车身、前悬挂、后悬挂、前轮、后轮等组成。

转向系的作用是确保汽车按驾驶员选定的方向行驶，由方向盘及其操控机构、转向器和转向传动机构组成，有的汽车还带有动力转向机构、转向减速器等部件。

制动系的作用是控制汽车减速或停止，保证汽车可靠地长时间停驻，由前轮制动器、后轮制动器及控制装置、供能装置和传动装置等部分组成。

3.车身

车身安装在底盘的车架上，供驾驶员、旅客乘坐或装载货物，轿车、客车的车身一般是整体结构，货车车身一般是由驾驶室和货箱两部分组成。

4.电器与电子设备

汽车的电气设备由电源和用电设备两大部分组成。电源包括蓄电池和发电机；用电设备包括发动机的起动系、汽油机的点火系和其他用电装置，如照明、信号、仪表、刮水器、音响、电子防抱死系统等。

12.3 汽车的总体布置

汽车发动机按燃料类型可分为汽油发动机和柴油发动机两种；按工作方式分为二冲程和

四冲程两种,一般发动机为四冲程发动机。

四冲程发动机是活塞往复四个行程完成一个工作循环,包括进气、压缩、做功、排气四个过程。四行程柴油机和汽油机一样经历进气、压缩、做功、排气的过程,但与汽油机的不同之处在于汽油机是点燃,柴油机是压燃。

按照发动机相对于各总成的位置不同,通常有以下几种布置形式:

发动机前置前轮驱动(FF),这是家用轿车普遍采用的布置形式,也是绝大多数乘用车上比较常见的布置形式,发动机前置前轮驱动中,发动机可采用纵向布置或横向布置,但多数采用便于与设计紧凑的变速驱动桥相连的横向布置。

发动机前置后轮驱动(FR),这是一种最传统的汽车布置形式,在国内外大多数货车和部分客车中得到广泛应用。

发动机后置后轮驱动(RR),目前,在大、中型客车和部分超级跑车上得到应用,由于后置后驱车的重量大多集中于后方,又是后轮驱动,所以起步、加速性能在所有驱动形式中是最好的,因此超级跑车一般都采用后置后驱的方式。后置后驱的转弯性能比前置后驱及前置前驱更加敏锐,但由于后轴承受较大负荷,因此后轮的抓地力达到极限时,会有打滑甩尾现象,且不容易控制。后置后驱的另一特点是车头较轻,所以开始进入转弯时较容易造成转向过度现象。

发动机中置后轮驱动(MR),方程式赛车和大多数跑车采用,少数大、中型客车也采用。

四轮驱动(4WD),又称全轮驱动,是指汽车前后轮都有动力。可按行驶路面状态不同而将发动机输出扭矩按不同比例分布在前后所有的轮子上,以提高汽车的行驶能力。许多越野车采用这种形式。

12.4 汽车的主要技术参数和性能指标

1.汽车的尺寸参数

(1)车高:车辆空载时支承平面与最高突出部分之间的距离,车高对车的中心和空间大小有直接影响,大部分轿车的高度在 1.5 米以下,主要是考虑重心的问题。

(2)车长:汽车前后最外端突出部位之间的距离,汽车的长度决定了吨位和载客人数。

(3)车宽:车辆两侧平面突出部位之间的距离,车宽主要影响乘坐的空间和灵活性。

(4)轴距:车辆同一侧面相邻两个车轮中心线之间的距离。车长确定后轴距就是制约车辆内乘空间的主要因素。

(5)前悬:前轮中心与车前端的水平距离。前悬的长度应足以固定和安装发动机、散热器、转向器等。

(6)后悬:汽车后轮中心到汽车最后端的水平距离。后悬的长度主要取决于车厢的长度、轴距和载荷分配的情况。后悬不宜过长,否则,离去角偏小转弯也不灵活。

(7)轮距:左右两轮胎中心之间的距离。

(8)底盘高:汽车底盘离开地面的距离,决定道路行驶路况。

汽车的各项参数尺寸如图12-2所示。

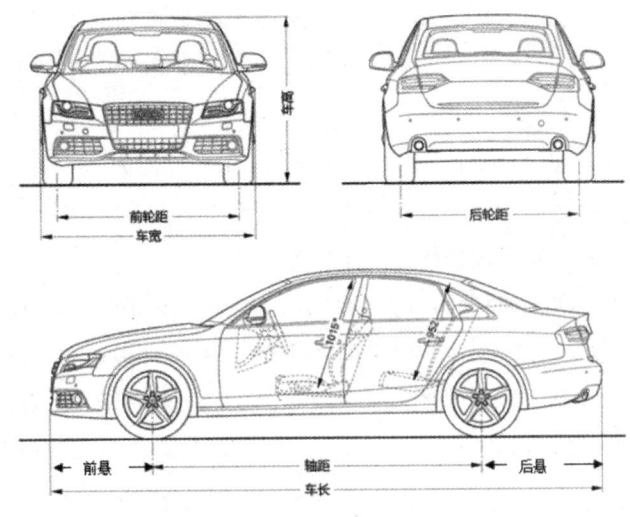

图12-2 汽车的尺寸参数示意图

2.汽车的动力性指标

汽车动力性是指汽车在良好路面上直线行驶时由汽车受到的纵向外力决定的、所能达到的平均行驶速度。汽车是一种高效率的运输工具,运输效率之高低在很大程度上取决于汽车的动力性。所以,动力性是汽车各种性能中最基本、最重要的性能。

从获得尽可能高的平均行驶速度的观点出发,汽车动力性主要由以下几个方面的指标来评定,即汽车的最高时速、汽车的加速时间、汽车的最大爬坡度、燃油的经济性和最大输出功率。

最高时速:是指在水平良好的路面(混凝土或沥青)上汽车能达到的最高行驶速度。

加速时间:表示汽车的加速能力,包括原地起步加速时间和超车加速时间。原地起步加速时间是指汽车由一挡或者二挡起步,并以最大的加速强度(包括选择恰当的换挡时机)逐步换至最高挡后到某一预定车速所需的时间。超车加速时间是指用最高挡或者次高挡位由某一较低车速全力加速至某一较高车速所需的时间。因为汽车超车是与被超车车辆并行,容易发生安全事故,所以超车加速能力强,并行行驶的时间就短,行程也短,行驶就安全。一般用0～400m所用时间(秒)来表明汽车原地起步的加速能力;也有用静止加速到100km/h速度所需的时间来表明加速能力。

最大爬坡度:汽车的爬坡能力用满载(或某一载质量)时汽车在良好路面上的最大爬坡度表示。

显然,最大爬坡度是指一挡最大爬坡度(在发动机输出力矩相同的条件下,一挡的牵引力是最大的,因为一挡时变速箱和主减速器的减速增矩作用最强)。轿车最高车速大,加速时间短,经常在较好的道路上行驶,一般不强调它的爬坡能力;货车在各种地区的各种道路上行驶,所以必须具有足够的爬坡能力,一般在30%即16.7°左右。越野汽车的行驶条件比较苛刻,因而爬坡能力是一个很重要的指标,它的最大爬坡度可达60%即31°左右。需要说明的是,最大爬坡度代表了汽车的极限爬坡能力,它应比实际行驶中遇到的道路最大坡度超出很多。

燃油的经济性:是在一定的条件下以最少的燃油消耗所能完成一定运输工作量的能力。这个指标的影响因素比较复杂,有汽车本身的因素,也有外界的因素,习惯上所称的百公里油耗是在特定道路上等速行驶的理论值,只能作为参考。

最大输出功率:是描述汽车的动力性能的指标。汽车功率是指汽车在单位时间内所做的功,最大输出功率就是发动机能够输出功率的最大值。一般来说,功率越大扭矩就越大,汽车的拉力也越大。最大功率一般用马力(PS)或千瓦(kw)来表示,1马力等于0.735千瓦。由于发动机的输出功率与转速有关,故一般汽车的最大输出功率都用转速表示。例如,100PS/5000r/min(转速为5000转每分是输出功率100马力)。

3.汽车的操作及行驶指标

制动距离(mm):指车辆处于某一时速的情况下,从开始制动到汽车完全静止时所通过的距离,制动距离是衡量一款车的制动性能的关键性参数之一。

操控性:汽车快速、准确响应驾驶员发出的加、减速和转向指令的能力。

稳定性:汽车受到外界干扰时能抵抗干扰并保持稳定行驶的能力。

通过性:汽车的通过性是描述汽车通过能力的性能指标,亦称越野性能。指在一定装载质量时,以足够高的平均车速通过各种坏路和无路地带的能力或克服各种障碍的能力。通过性主要的几个参数是最小离地间隙、接近角、离去角、纵向通过角和横向通过半径等。

通过角:是当汽车满载静止时,通过障碍物的能力。

最小转弯半径:方向盘打到极限位置,车辆转弯时外侧前轮的转弯半径,是反映汽车的机动性能的参数。

接近角(°):汽车满载静止时,汽车前端突出点向前轮所引切线与地面的夹角。

离去角(°):汽车满载静止时,汽车后端突出点向后轮引的切线与地面的夹角。

行驶的平顺性:汽车在一般使用速度范围内行驶时,乘客不致因车身震动引起不适和疲惫的感觉以及保证所运货物完好无损的能力。

4.发动机的指标

缸数:气缸的个数,通常有2缸、3缸、4缸、5缸、6缸、8缸、10缸、12缸。

气缸的排列方式:一般5缸以下采用直列方式排列,也就是说气缸一字排开,结构简单,制造成本比较低,性能也比较好。6~12缸的汽车采用"V"行排列,"V"行发动机是比较高级的发动机,是区别轿车级别的标志之一。

气门数:国产汽车多数采用2个气门,一个进气门,一个排气门,国外多采用4个气门,2进2出,提高了进气和排气的效率。

气缸工作容积:气缸工作时活塞从上止点移动到下止点所通过的空间容积称为气缸排量,如果发动机有若干个气缸,所有气缸工作容积之和称为发动机排量。

扭矩:扭矩是使物体发生转动的力。发动机的扭矩就是指发动机从曲轴端输出的力矩。在功率固定的条件下它与发动机转速成反比关系,转速越快扭矩越小;反之越大。它反映了汽车在一定范围内的负载能力。

5.汽车变速器

通过改变传动比,改变发动机曲轴的转矩,适应在起步、加速、行驶以及克服各种道路阻碍等不同行驶条件下对驱动车轮牵引力及车速不同要求的需要。通常分为手动变速器(MT)、自动变速器(AT)、手动/自动变速器、无级式变速器四类。

12.5 欧、美、日三大车系介绍

国内进口轿车中以美国、日本、欧洲三大车系为主,尽管各国轿车都在向更安全、更环保、更经济的共同目标发展,但由于各国的地理环境和民族文化背景的不同,三大车系也会存在一定的差异,具有各自的特点。

美系车:由于美国大部分地区地势平坦,高速公路四通八达,路面条件好,人们长途驾车已是一件很平常的事。因此一般美国制造的汽车马力大,加速性能较好,底盘高度适中,轮胎较宽,具有较好的稳定性和抓地力,适合平地驾驶。尤其是宽敞的车厢是美国车的一大特色,车厢宽敞,座位空间就宽敞,乘坐起来没有压抑感,舒适感好。美国轿车的钢板比较厚实,质量重,车身造型刚劲,安全防御能力强,车上的辅助设备简单实用,少见令人眼花缭乱的一排排控制开关。车内装饰有浓厚的欧洲风格,这与大多数美国人是欧洲后裔有关,但做工一般没有欧洲车细腻。美系车常见品牌主要有雪佛兰、福特、别克、悍马、凯迪拉克、欧宝、林肯等。

欧系车:泛指德国、意大利、法国和瑞典等欧洲国家生产的轿车。由于阿尔卑斯山纵穿欧洲大陆,丘陵地带多、平原少,城镇星罗棋布,因此欧洲轿车的底盘较高,悬挂系统较好,震感少,乘坐舒适。由于要适合丘陵地带的需要,欧洲车操纵性能较好,扭力较大,爬坡快,加速度高,短距离超车得心应手。例如,广州标致505型轿车虽然耗油大,但它的悬挂系统比许多牌子的轿车都要好,跑起来较平稳,比较适应地处丘陵地带的华南地区使用。大部分欧系车轿车注重传统风格,车型设计富有艺术韵味,远远一看就知道它是属于哪一家的产品了。欧系车的主要品牌有:

俄罗斯——拉达汽车　　　　　　意大利——法拉利、菲亚特、兰博基尼、依维柯

法国——雪铁龙、标致、雷诺　　英国——宾利、捷豹、路虎、名爵、劳斯莱斯

捷克——斯柯达　　　　　　　瑞典——萨博、沃尔沃

德国——奔驰、宝马、大众、奥迪、迈巴赫、保时捷、欧宝

日系车：日本国土狭窄，人口密度大且集中于城市，人们善于精打细算，讲究效率。因此决定了日本轿车的特点是轻巧美观、造型新颖、改型快、适应面广。日本轿车钢板较薄，自重较轻，底盘较低，车身容积较小，油耗低，经济性好，使用效率高。车厢内各种设备齐全，装饰做工细腻，操纵性及刹车性能优良，适合城乡道路行驶。日系车的主要品牌有丰田、本田、尼桑、日产、马自达、凌志、三菱、日野、铃木等。

总结起来说，美国车系的特点是功率大、自重大、加速性能好、崇尚安全和安静、车身宽大、舒适。欧洲车系的特点是底盘扎实、悬架系统较好、注重操纵性、追求驾驶乐趣、制造工艺精良。日本车系的特点是轻巧美观、造型新颖、油耗低、使用效率高、注重经济性、装饰做工细腻。

在资讯发达的今天，各国的汽车制造业能取长补短，既保留自己的风格，也吸取他人的长处。在面向世界性的大市场中，各国汽车的差异在不断缩小，但是民族的文化意识和地理区域的差别总会反映在整车的设计思想上，反映在汽车的外观和性能上。

本章练习

一、名词解释

1.汽车排量

2.扭矩

二、单选题

1.家用轿车的主要布置方式是（　　）。
A.FF　　　　　　　B.FR　　　　　　　C.4WD　　　　　　　D.RF

2.轿车的分类依据是（　　）。
A.价格　　　　　　B.车身长度　　　　C.座位数　　　　　　D.排量

3.货车的分类依据是（　　）。
A.载重量　　　　　B.车身自重　　　　C.长度　　　　　　　D.车轮数目

三、多选题

1.关于汽车的分级，下列叙述正确的是（　　）。
A.轿车通常按发动机排量分级　　　B.货车通常按载重量分级
C.客车通常按座位数分级　　　　　D.各种车量都按排量分级
E.轿车都按照品牌分级

2.关于三大车系的特点，下列叙述正确的是（　　）。
A.美系车功率大、宽敞　　　　　B.美系车轻巧、经济
C.欧系车制造工艺精良　　　　　D.欧系车底盘扎实、悬挂好
E.日系车轻巧美观、油耗低

3.汽车的总体结构包括（　　）。
A.发动机　　B.车轮度　　C.底盘　　D.车身　　E.电器与电子设备

四、简答题

1.美系车、欧系车、日系车各有什么特点？

2.简述汽车的总体结构。

3.汽车的主要性能指标有哪些?

五、社会调查
调查校园内的汽车品牌,查阅资料,看看它们都属于什么车系?

参考文献

1. 万融.商品学概论(第 5 版)[M].北京:中国人民大学出版社,2013.
2. 曹汝英.商品学基础(第 4 版)[M].北京:高等教育出版社,2014.
3. 谢瑞玲.商品学基础(第 1 版)[M].北京:高等教育出版社,2001.
4. 汪永泰,李萍.商品学概论(第 4 版)[M].大连:东北财经大学出版社,2012.
5. 刘会福,黄本新.现代物流基础(第 1 版)[M].北京:中国人民大学出版社,2015.
6. 百度百科。